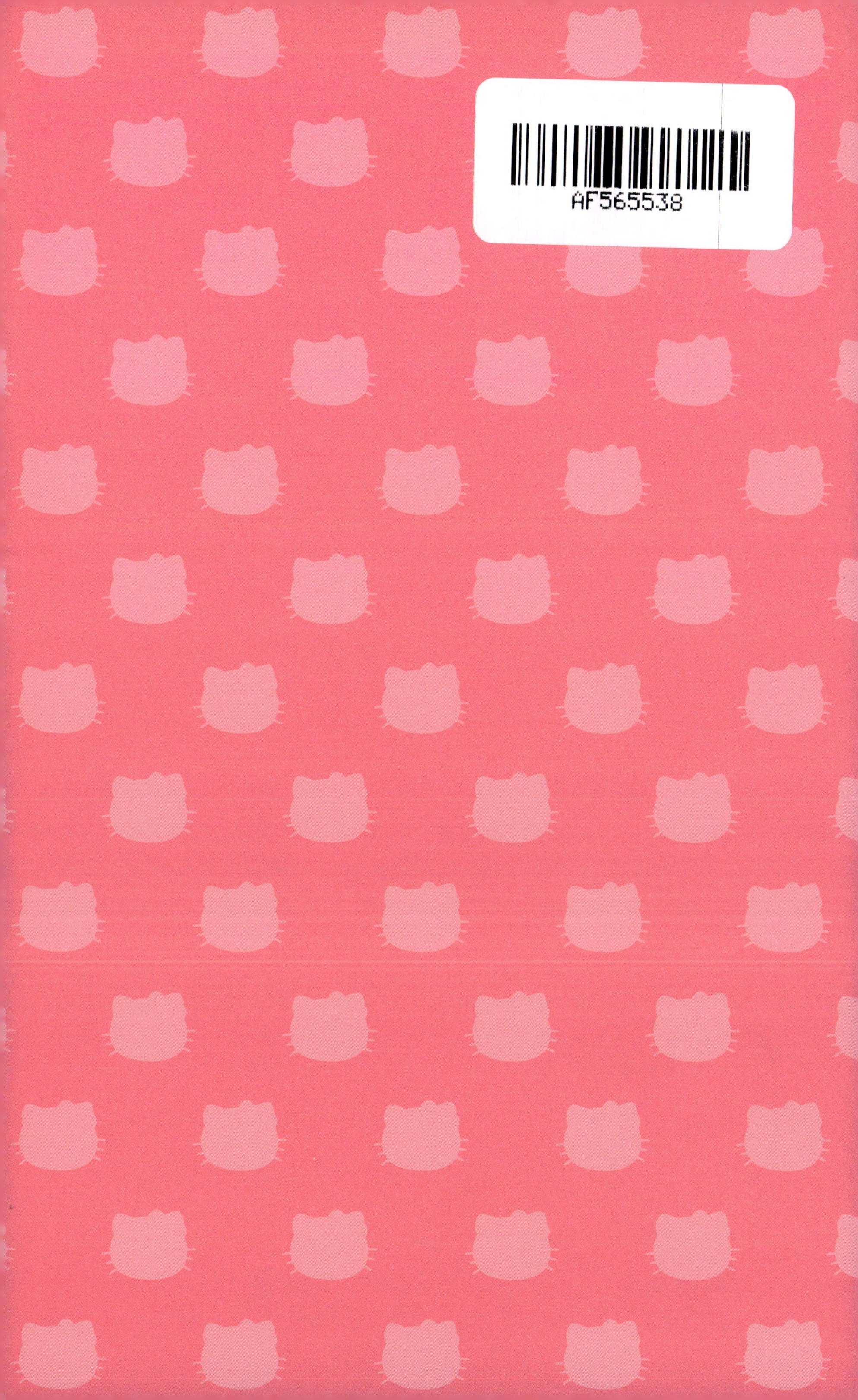

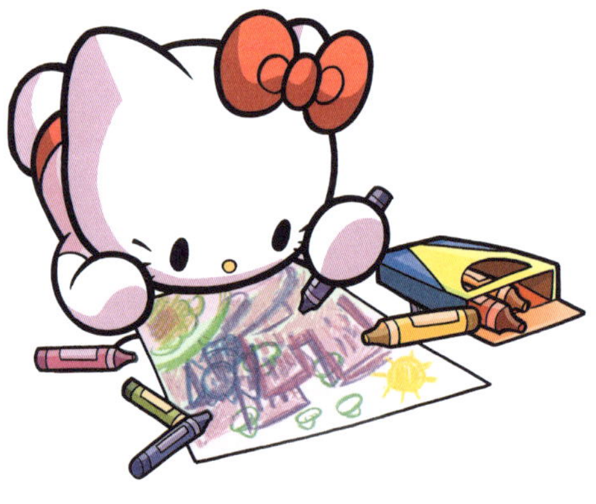

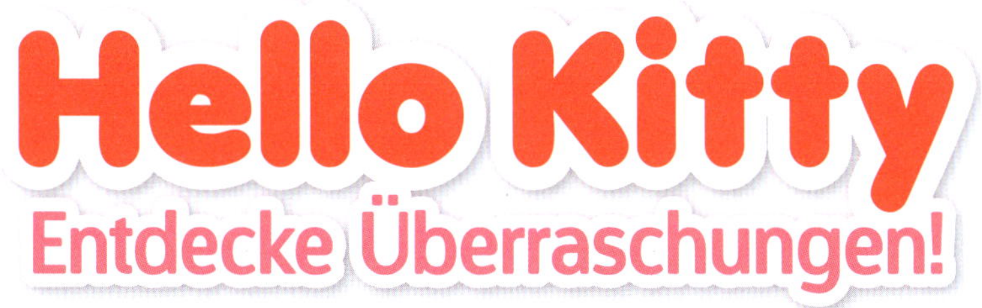

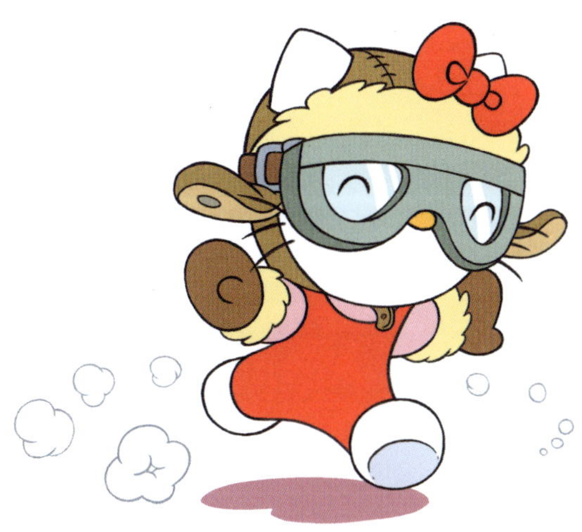

Texte und Zeichnungen

**Giovanni Castro, Jacob Chabot,
Ian McGinty und Jorge Monlogo**

Hello Kitty Kurzgeschichten

**Anastassia Neislotova
und Sarah Goodreau**

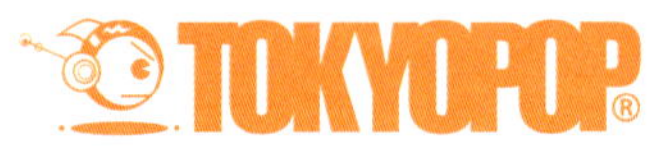

TOKYOPOP GmbH
Hamburg

TOKYOPOP
1. Auflage, 2018
Deutsche Ausgabe/German Edition

Aus dem Englischen von Hartmut Klotzbücher

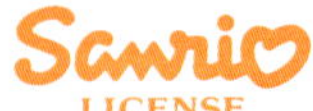

Redaktion: Beatrice Tavares und Lisa Duty
Handlettering: Hartmut Klotzbücher
Retusche: Vibrant Publishing Studio
Lettering: Sonja Lesch
Herstellung: Sonja Lesch
Druck und buchbinderische Verarbeitung:
CPI – Clausen & Bosse GmbH, Leck
Printed in Germany

ISBN 978-3-8420-4757-0

www.tokyopop.de

Inhalt

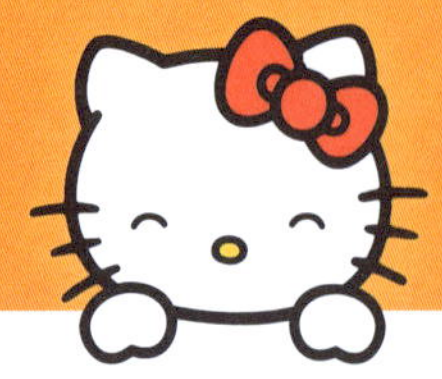

Familie

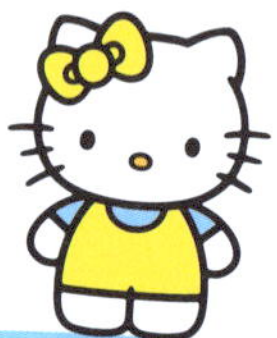

Mimmy

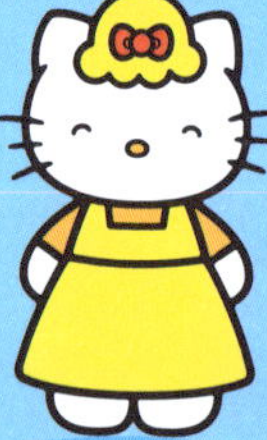

Mama

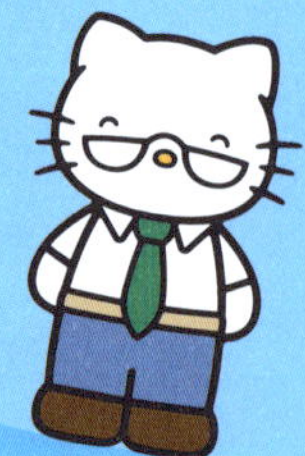

Papa

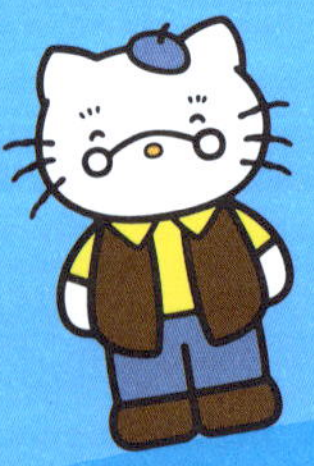

Opa

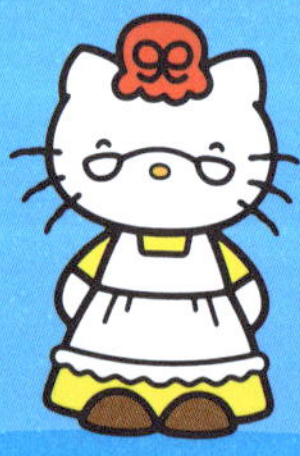

Oma

und Freunde

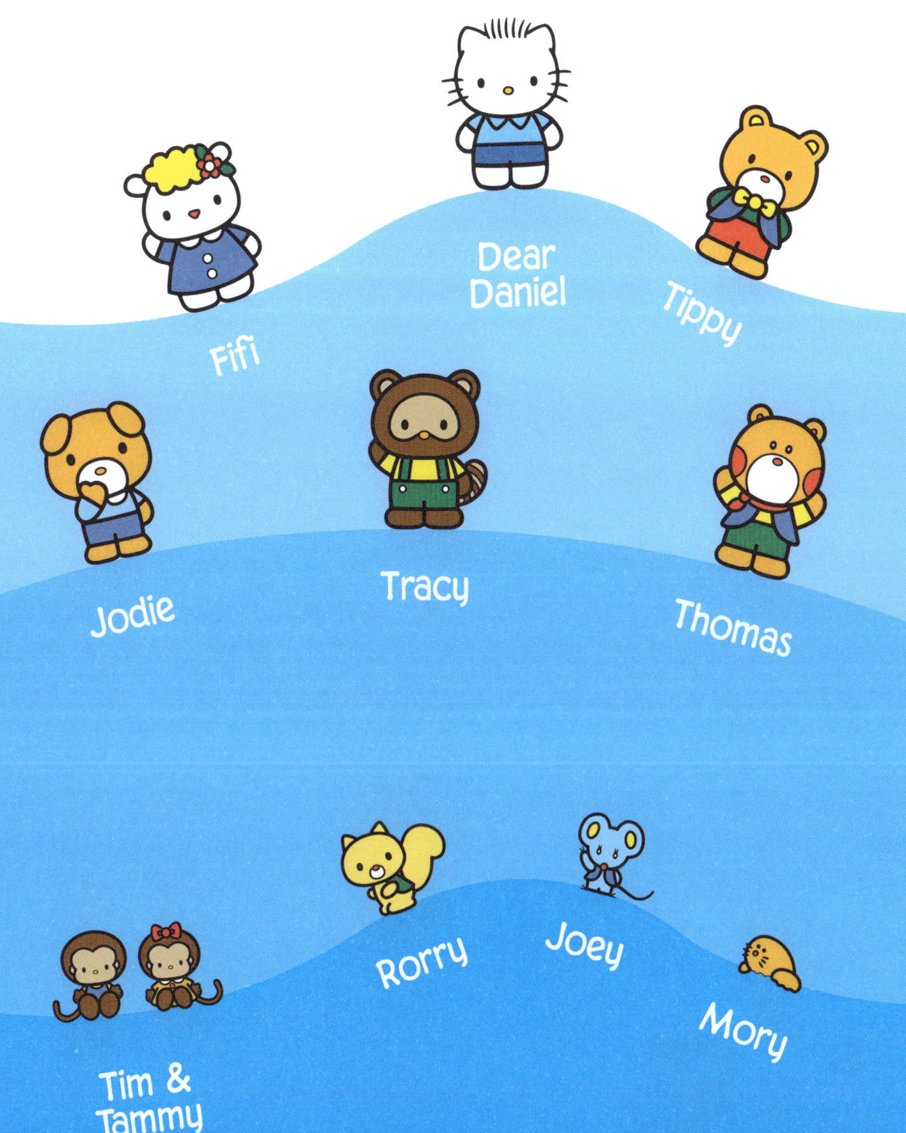
Dear Daniel
Fifi
Tippy
Jodie
Tracy
Thomas
Rorry
Joey
Mory
Tim & Tammy

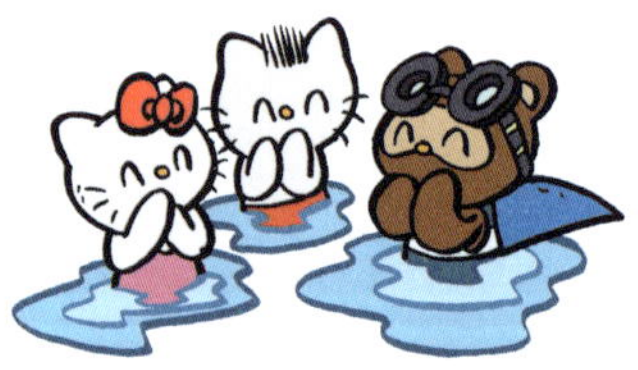

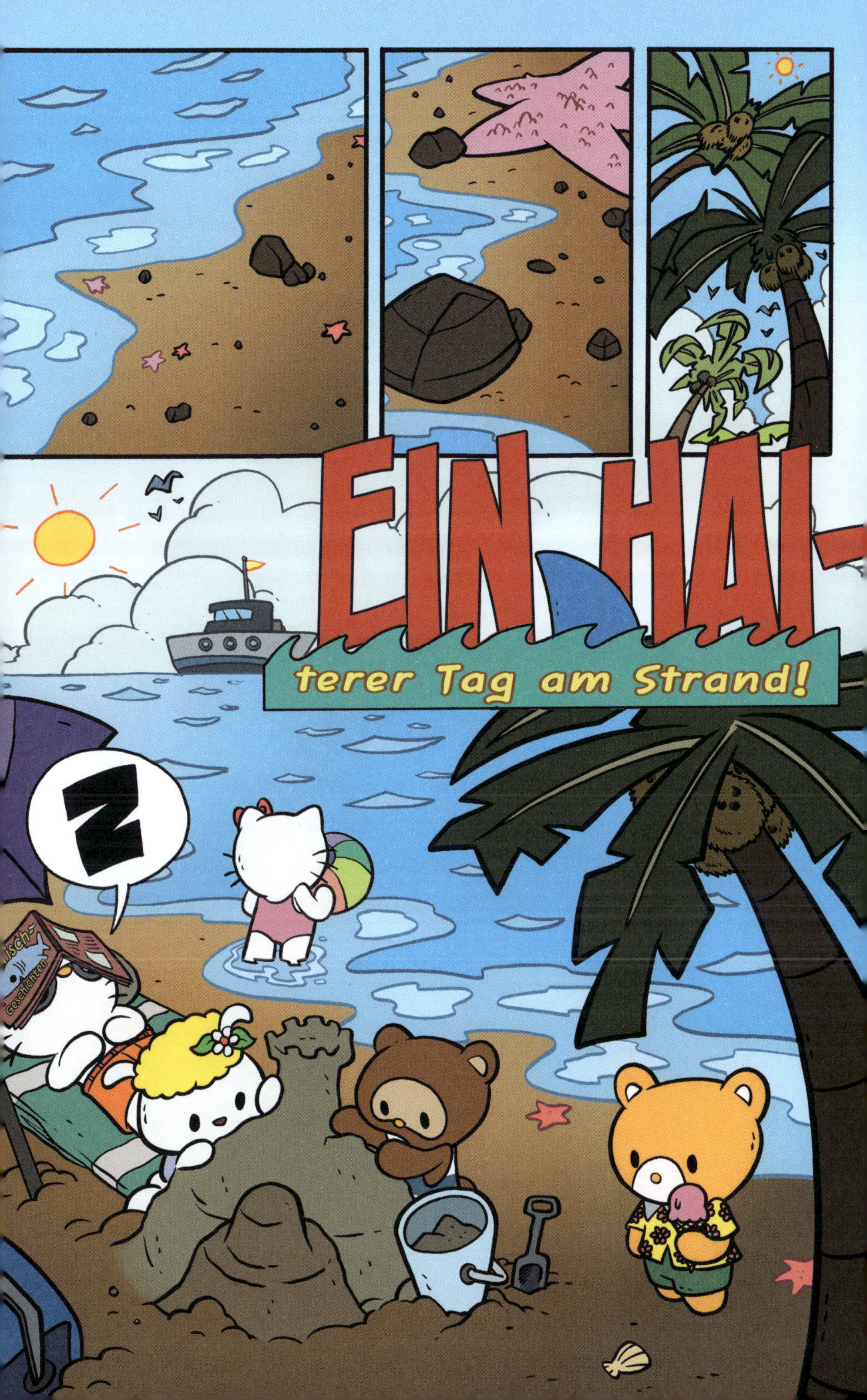
EIN HAI-
terer Tag am Strand!
Z

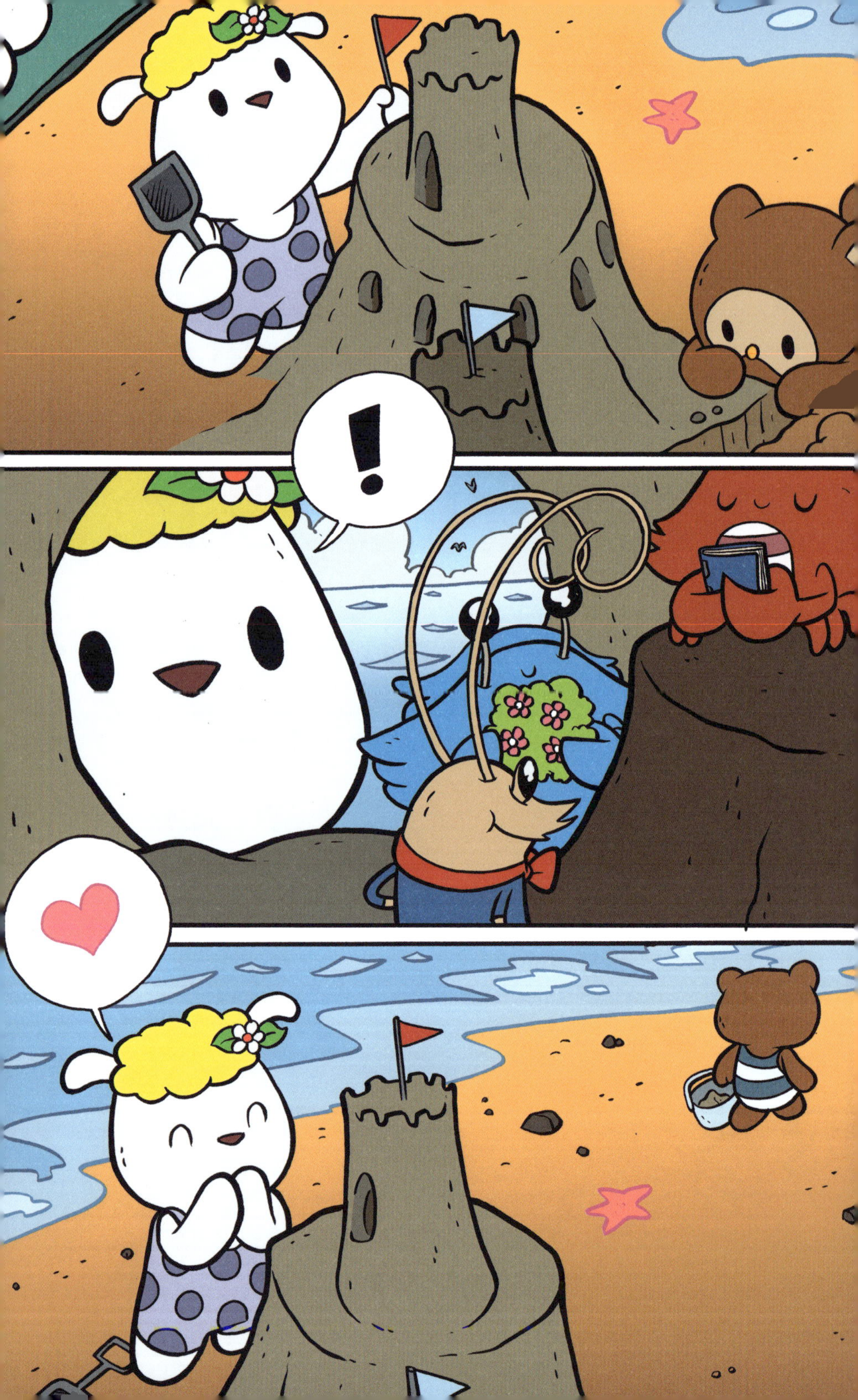

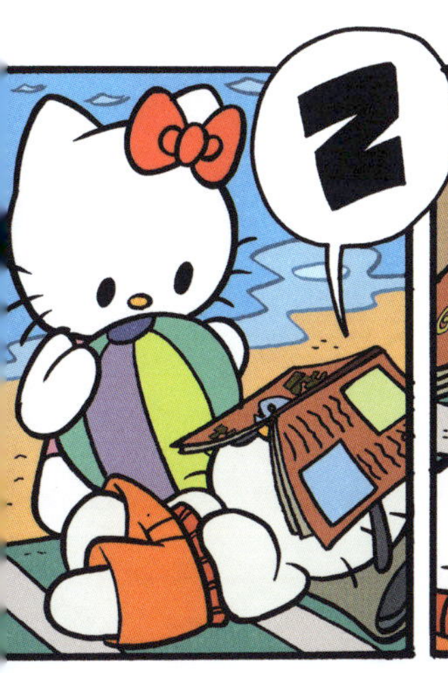
Z

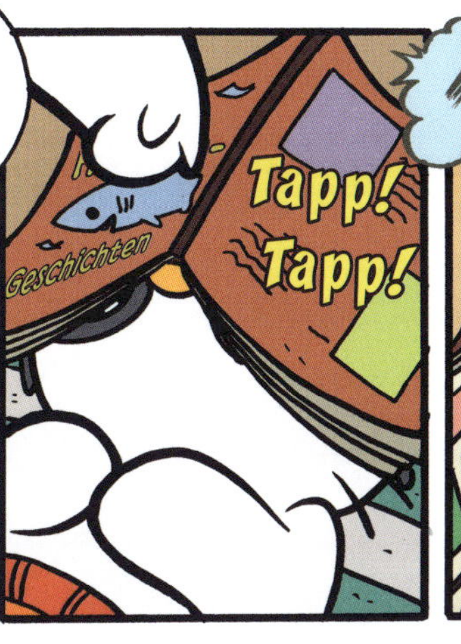
Geschichten
Tapp!
Tapp!

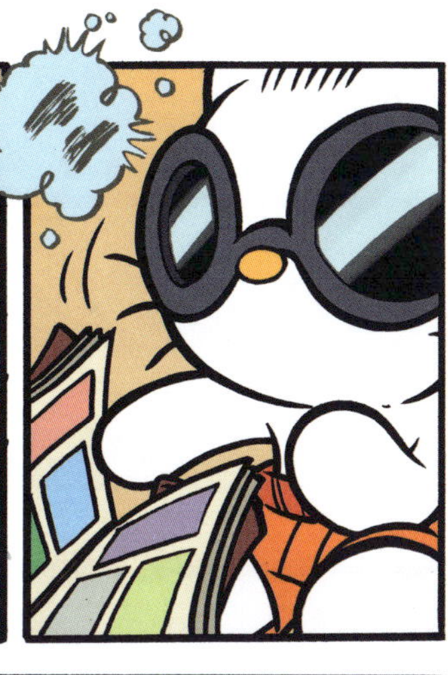

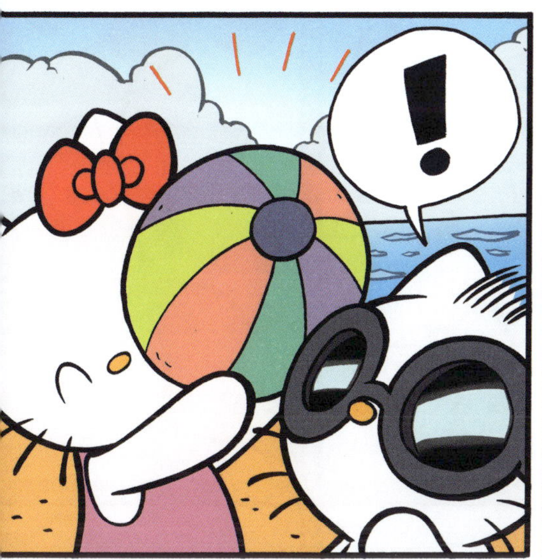
!

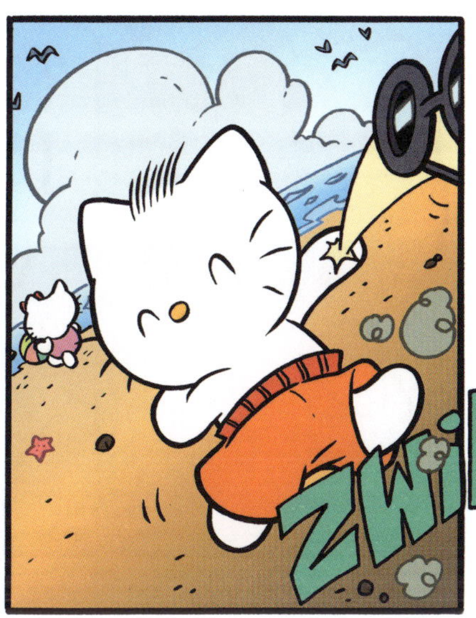
ZWiP!

Pack!

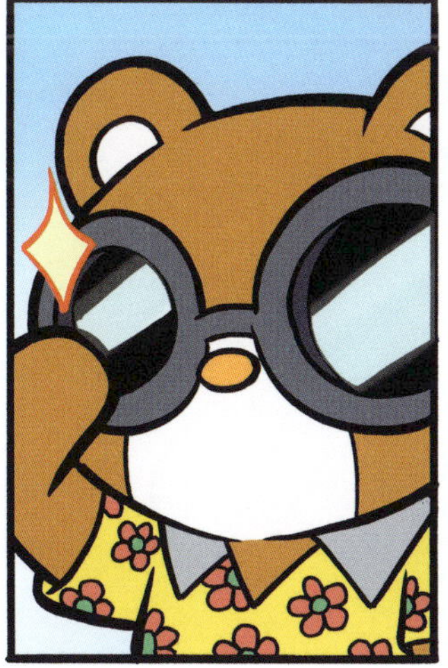

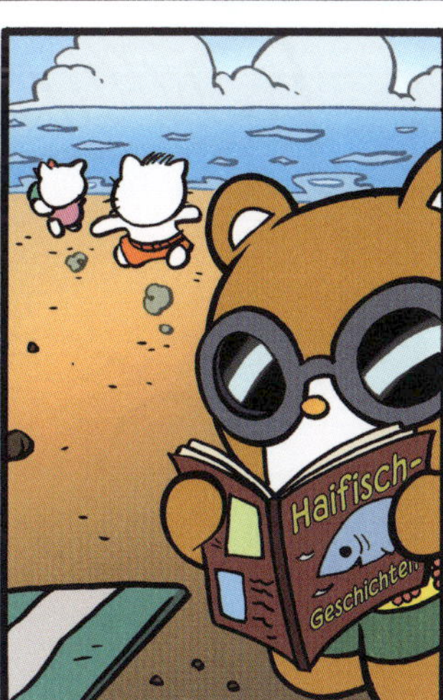
Haifisch-
Geschichten

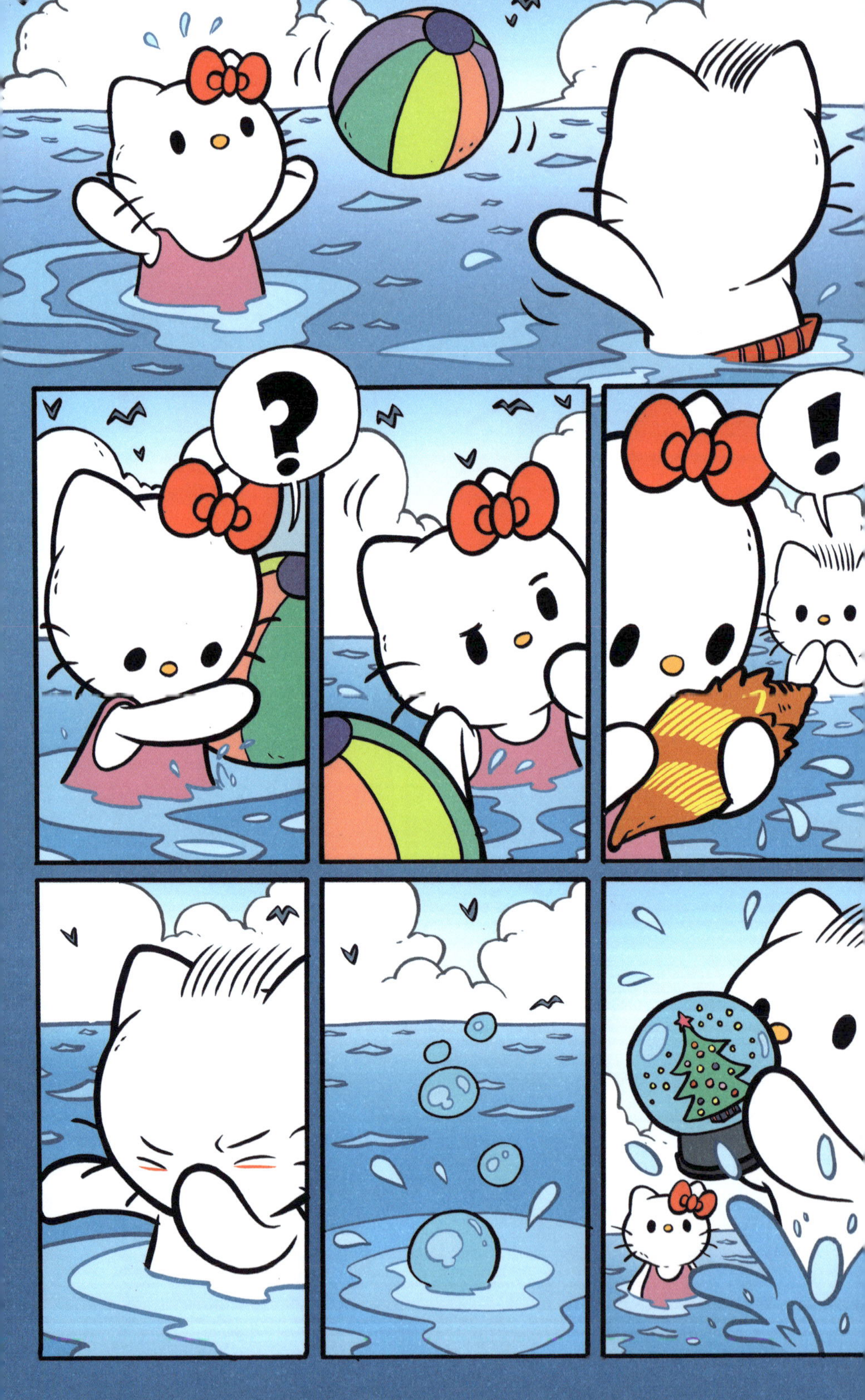

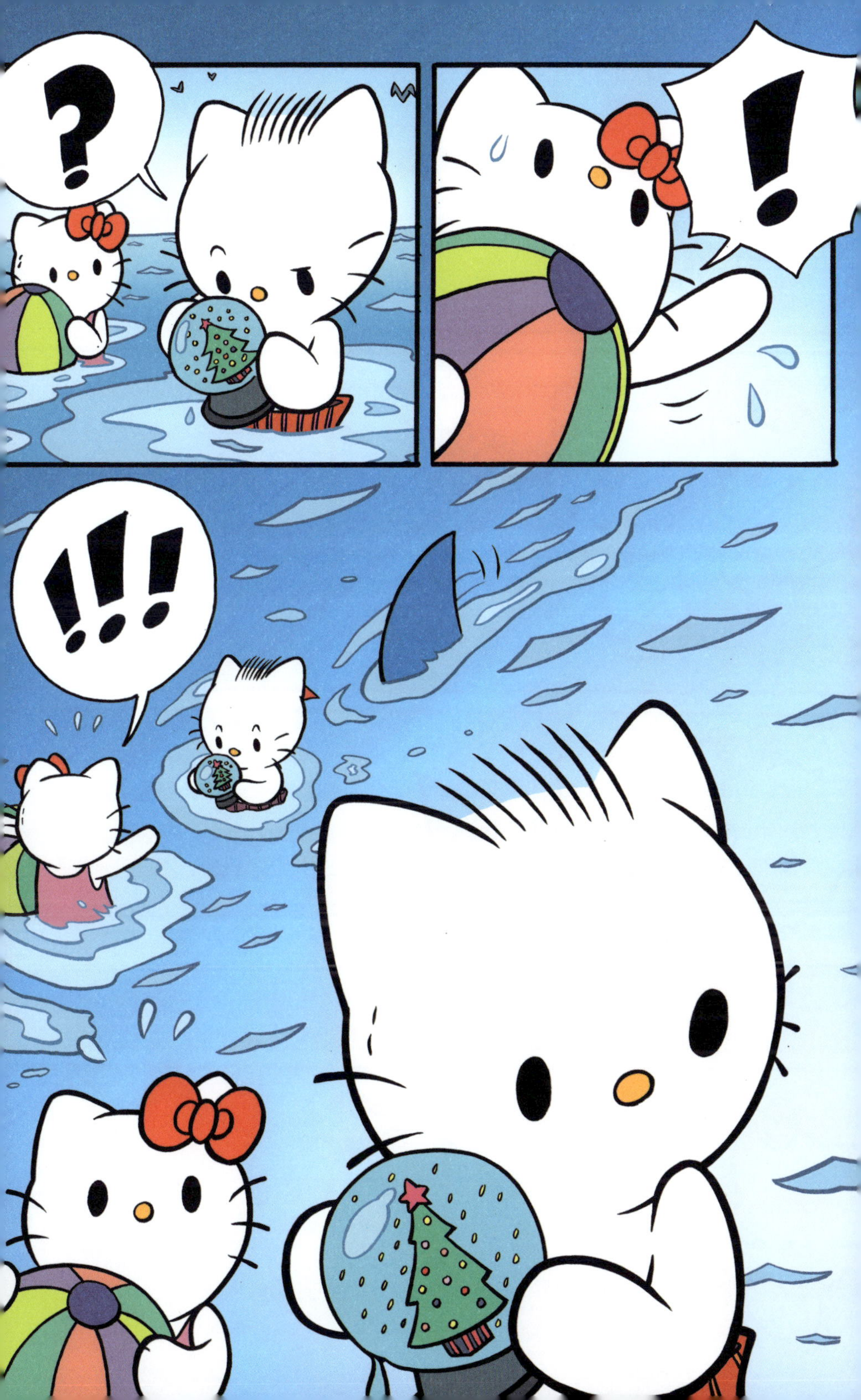

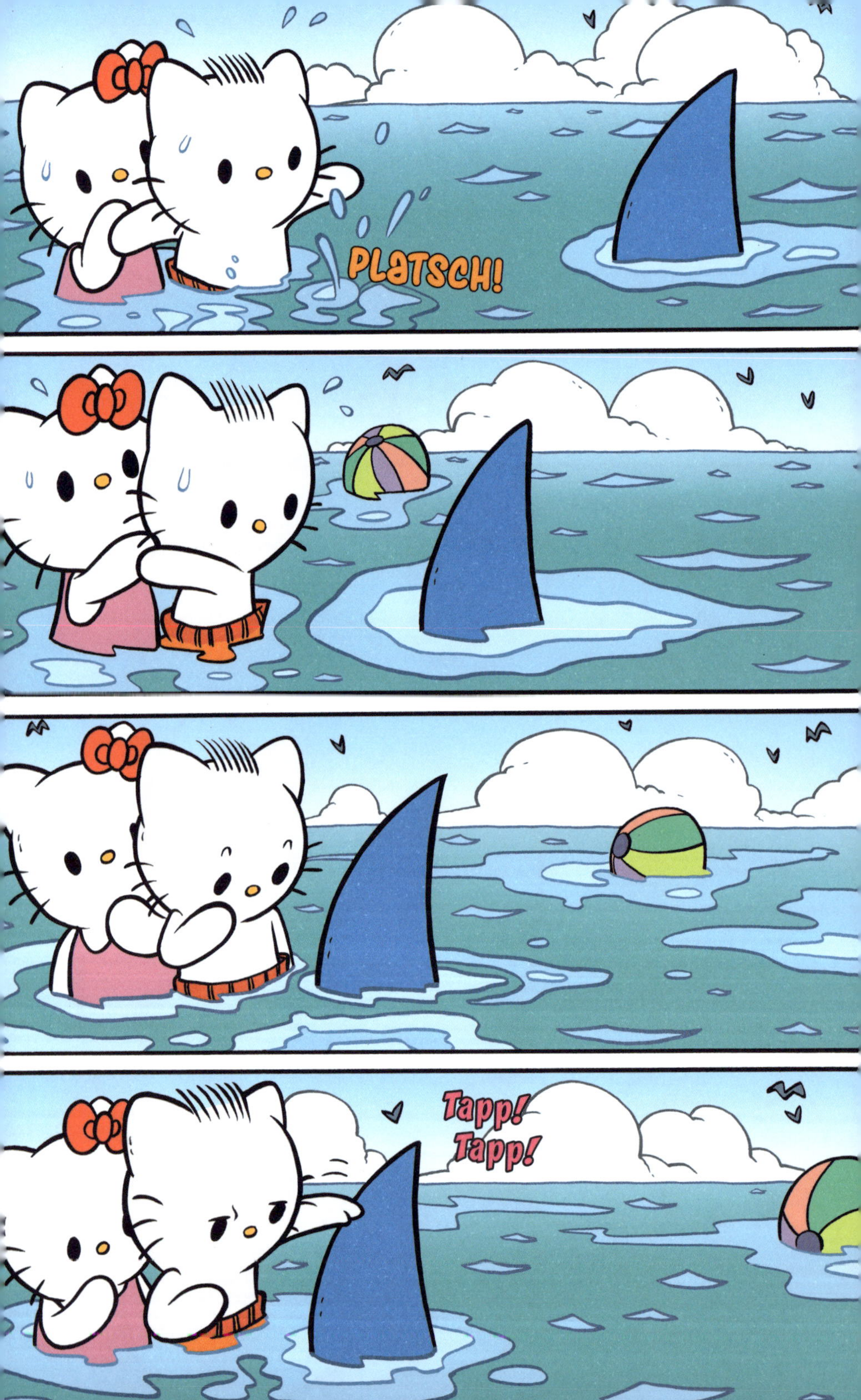
PLATSCH!
Tapp!
Tapp!

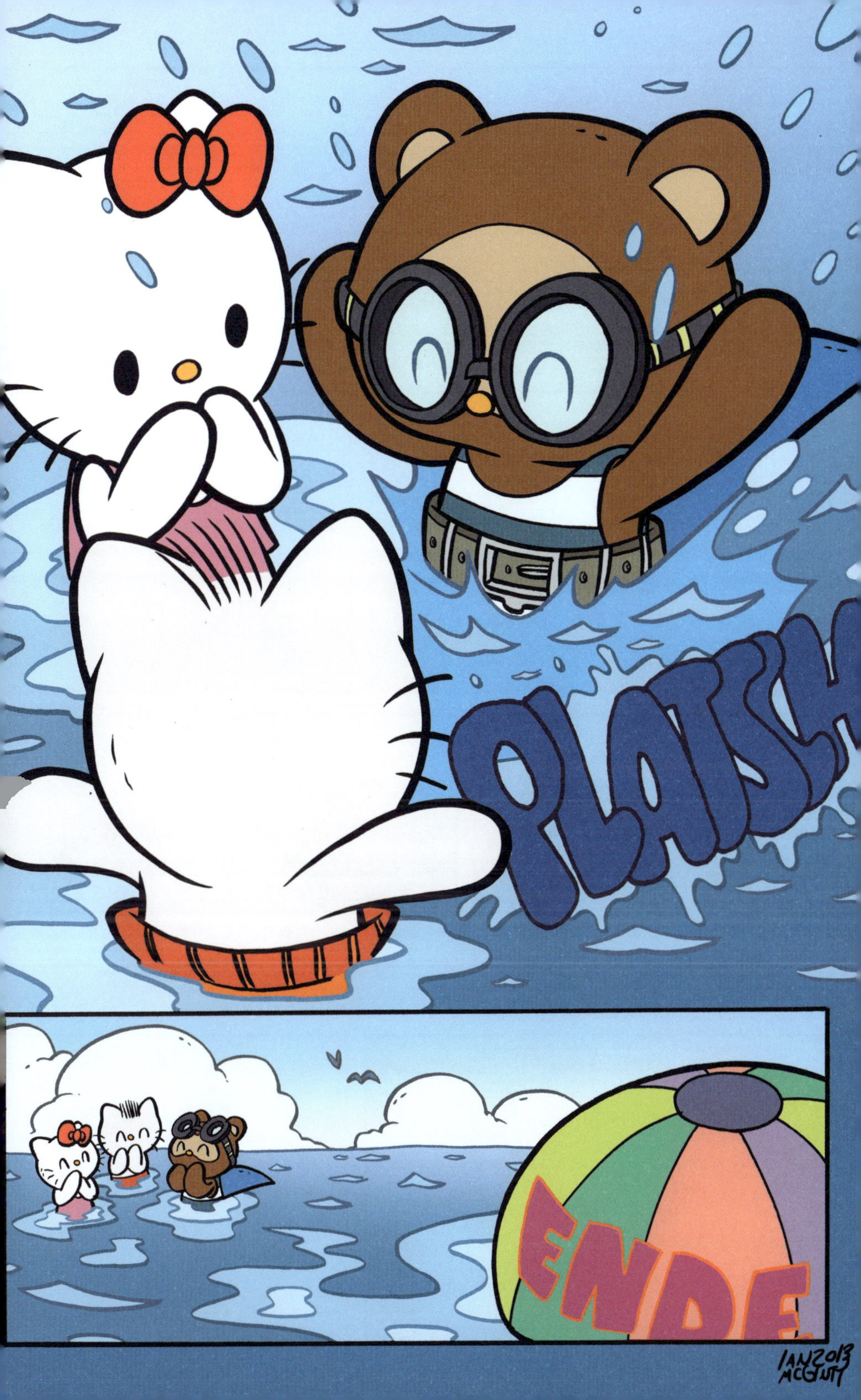
PLATSCH
ENDE.
IAN2013
MCGINTY

Wie die Zeit fliegt

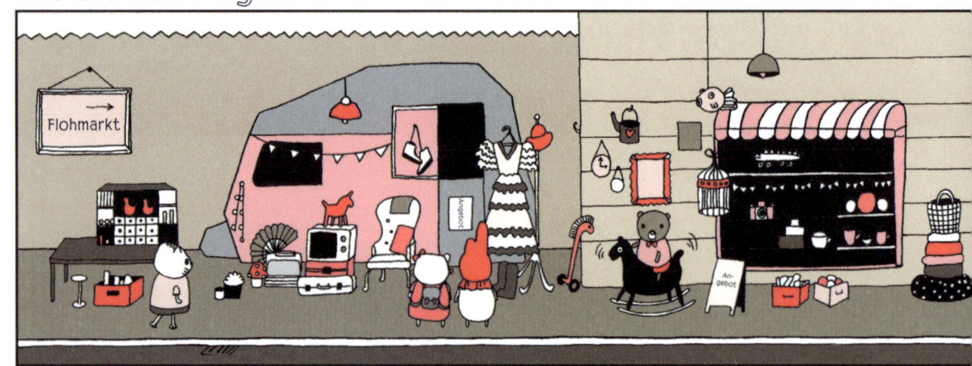

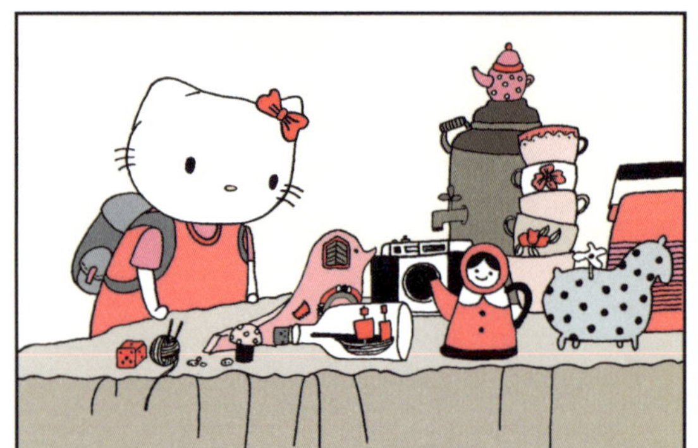

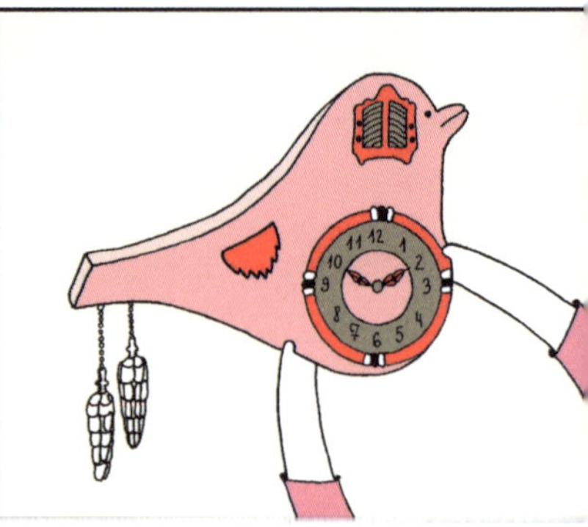

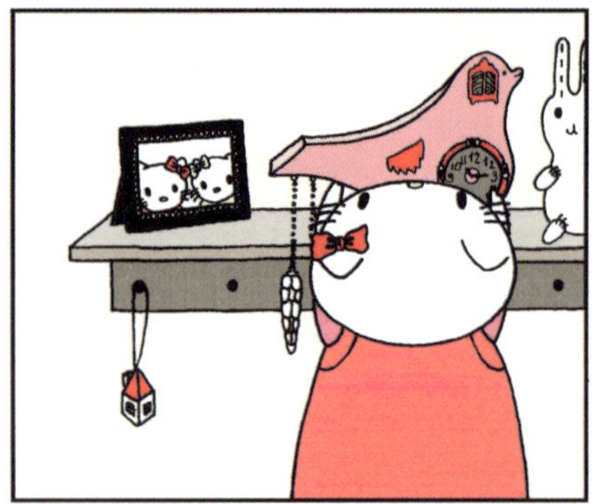

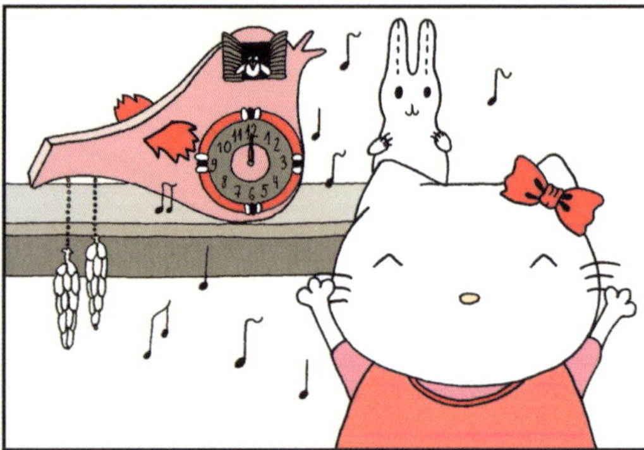

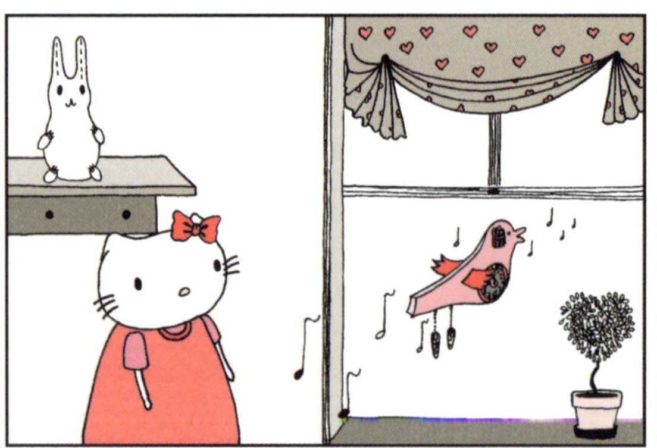

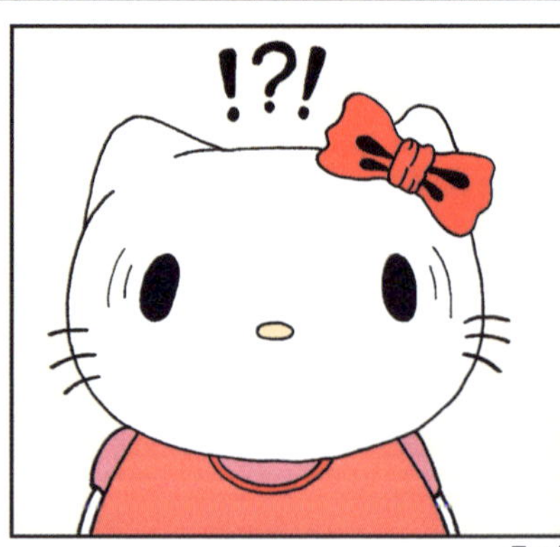

End

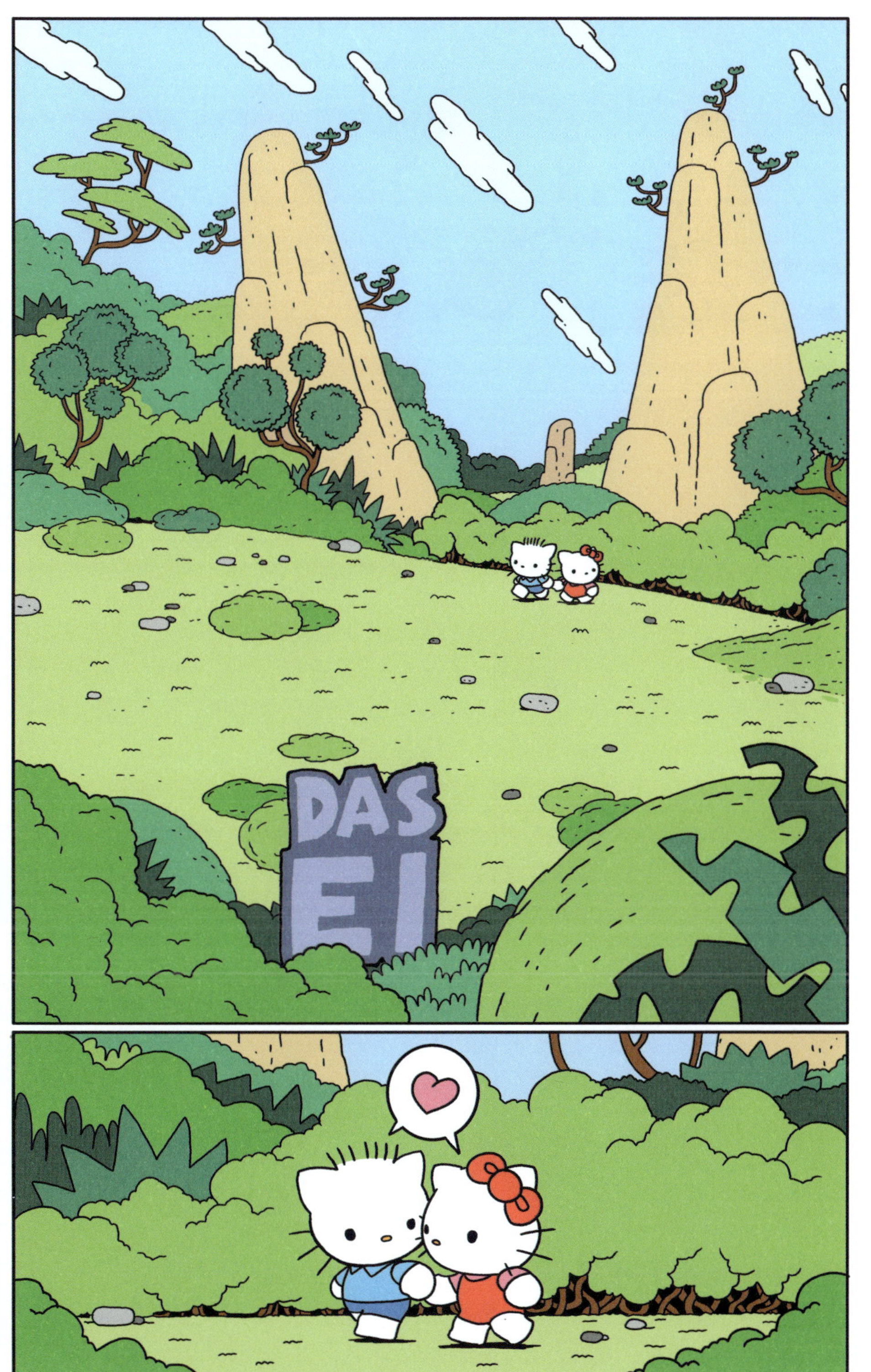
DAS
EI

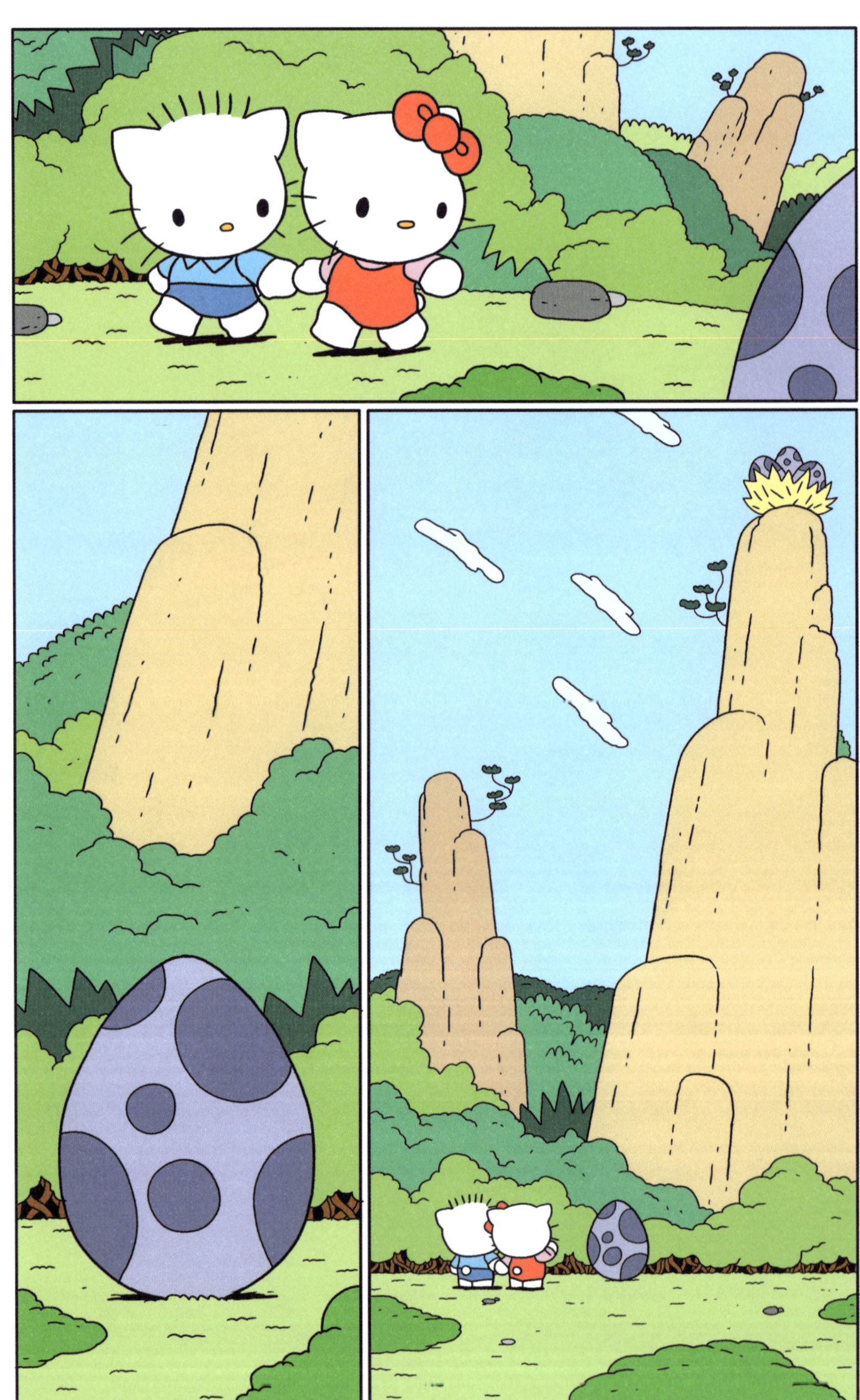

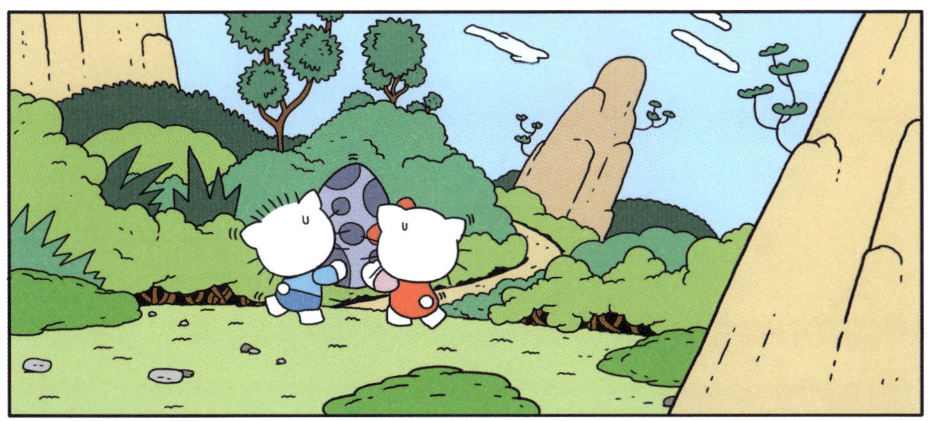

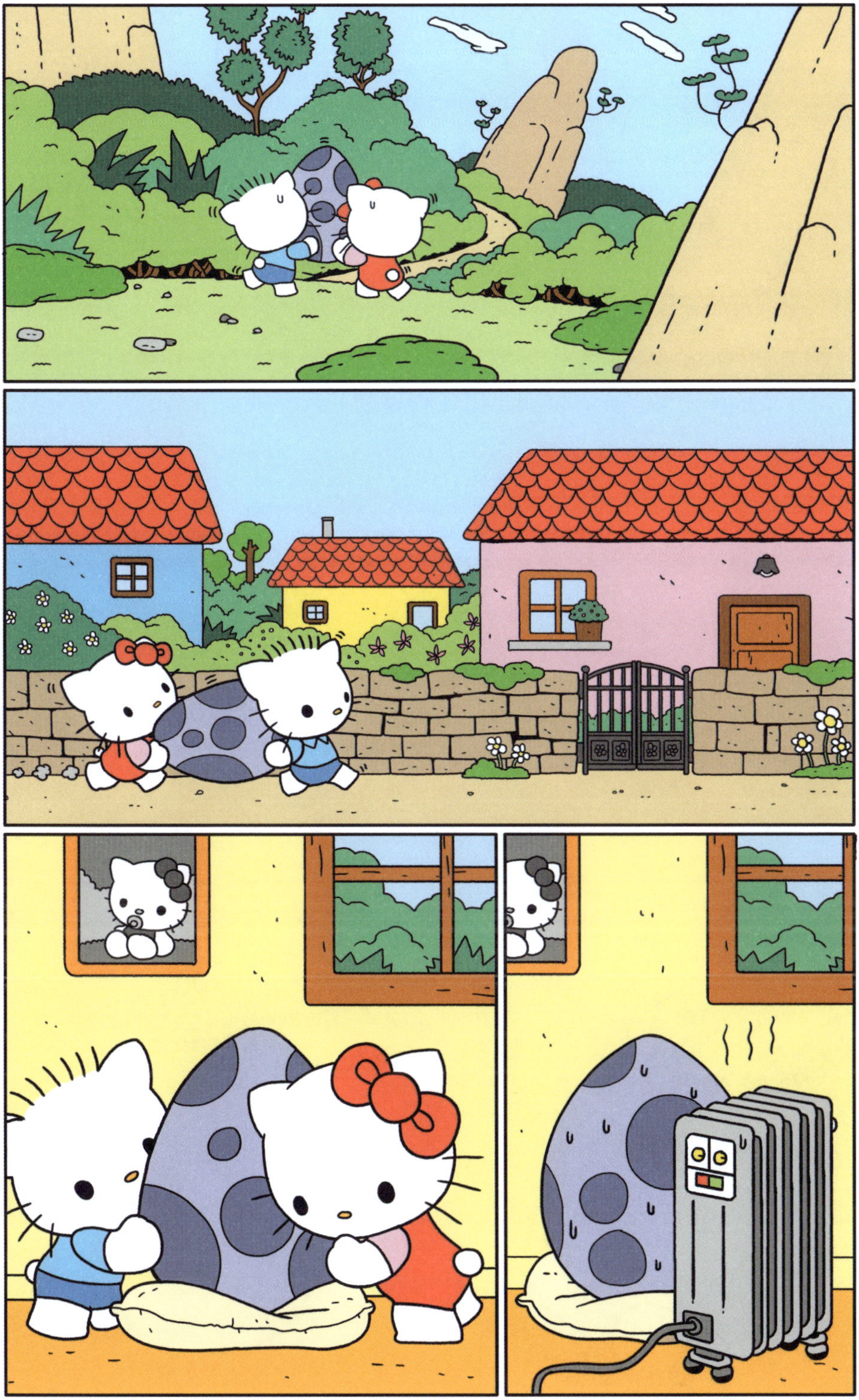

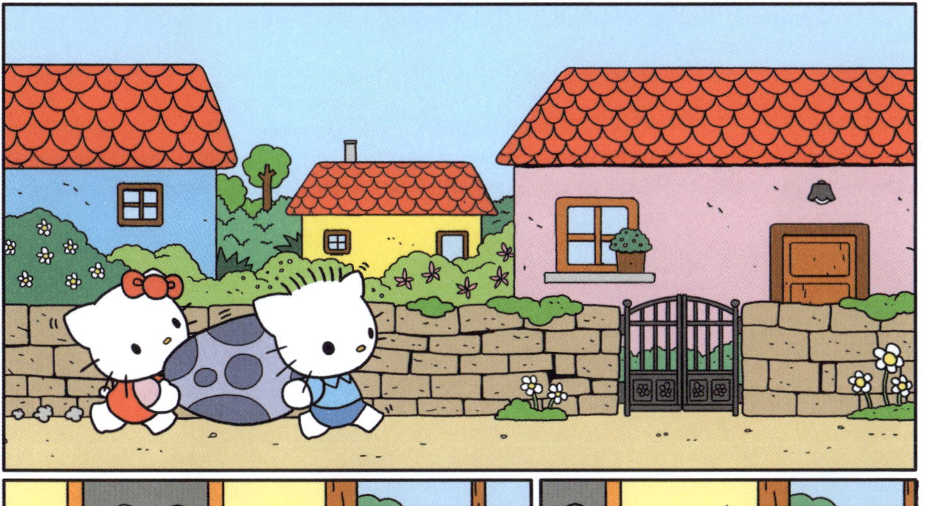

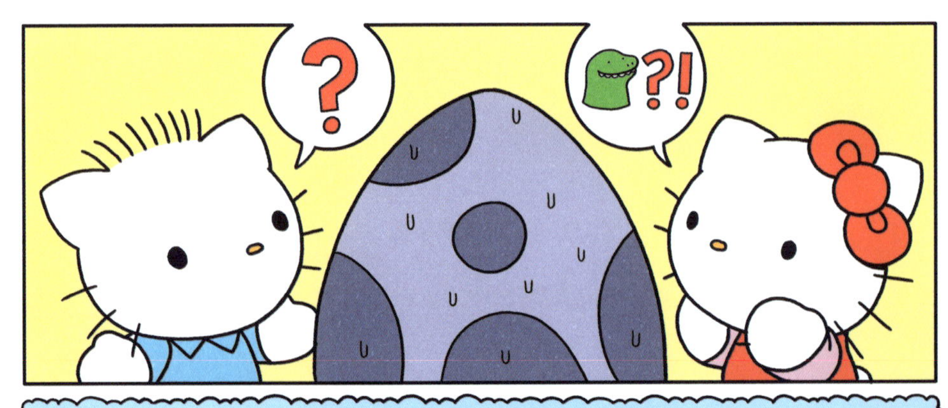

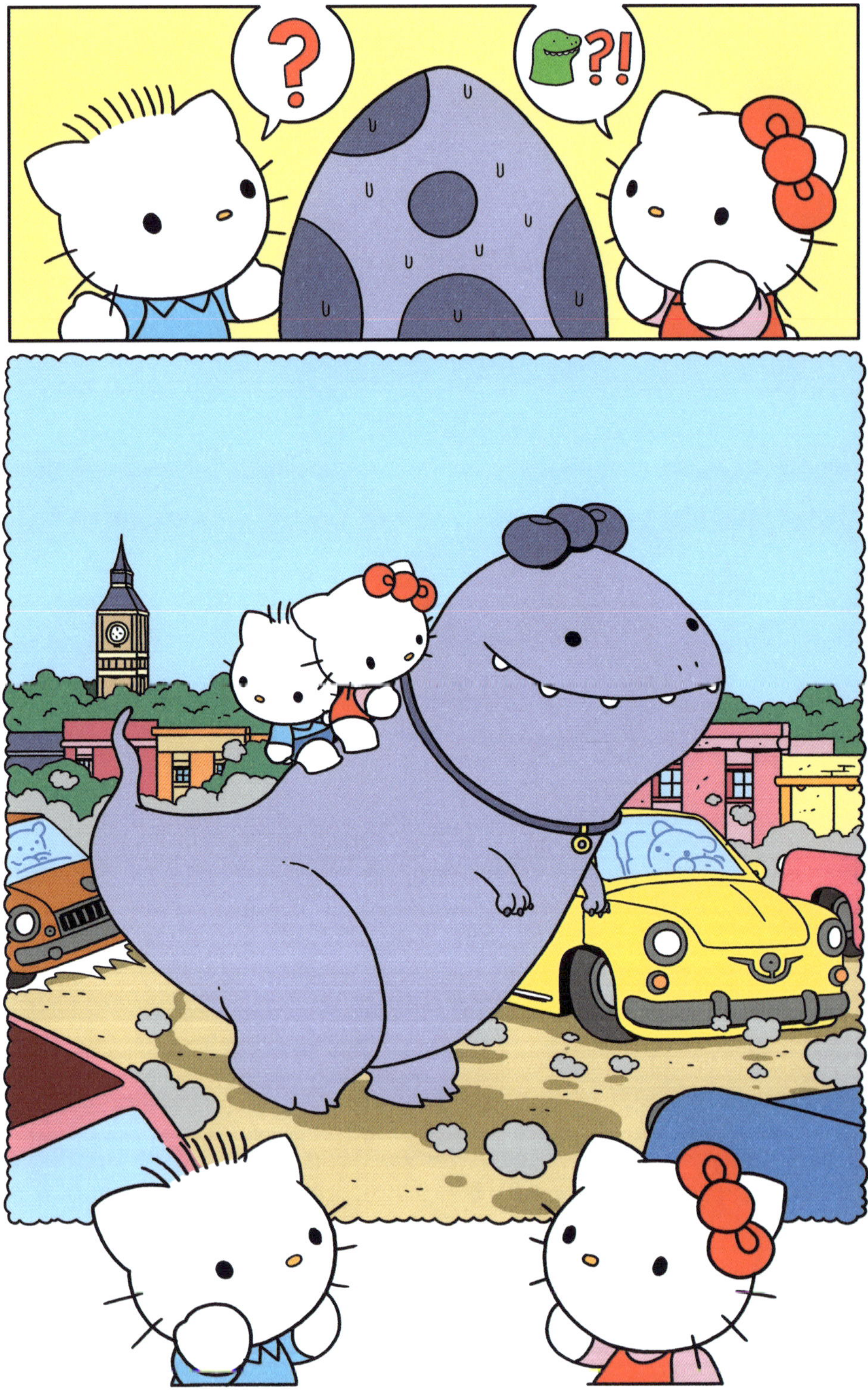

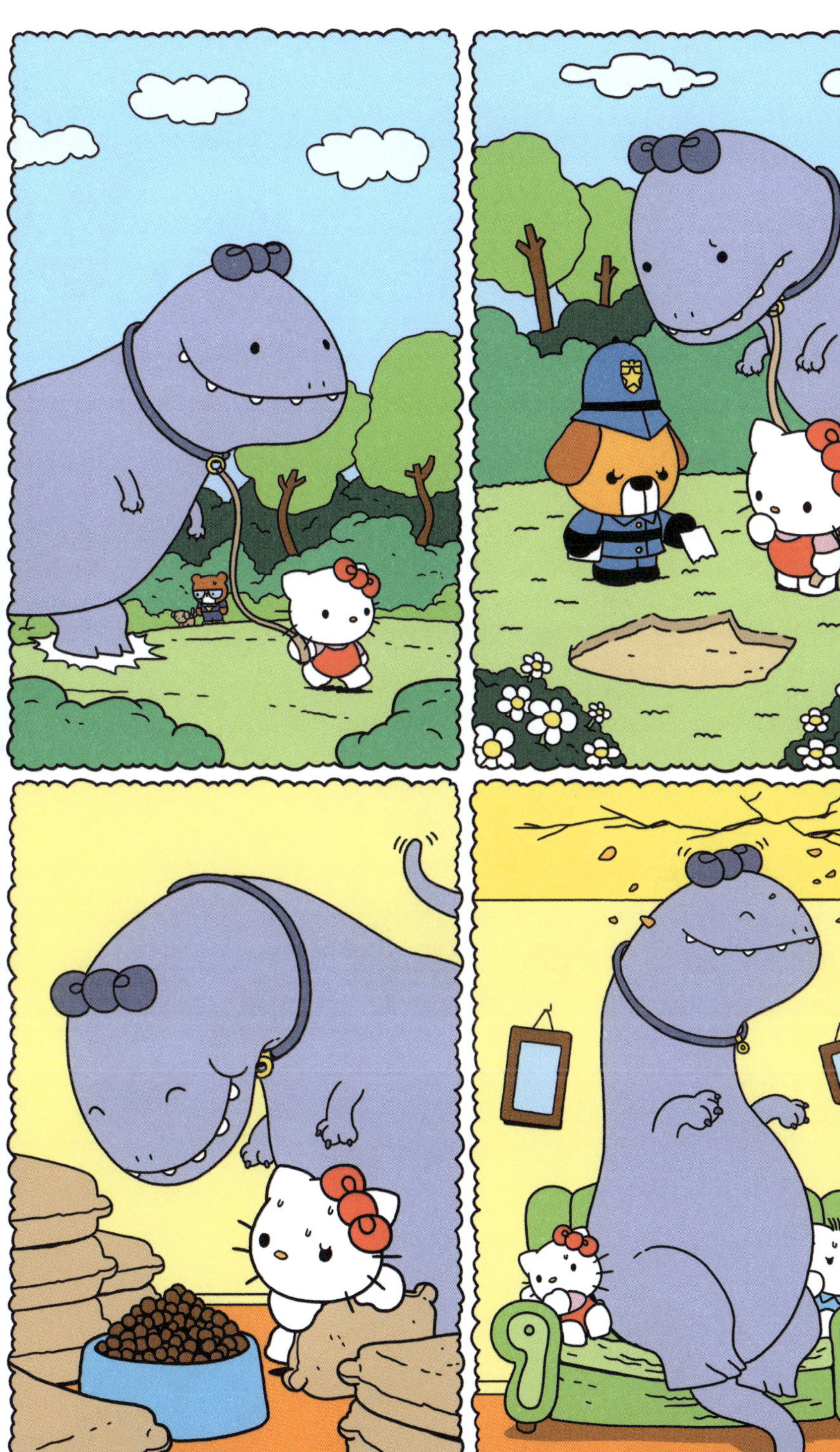

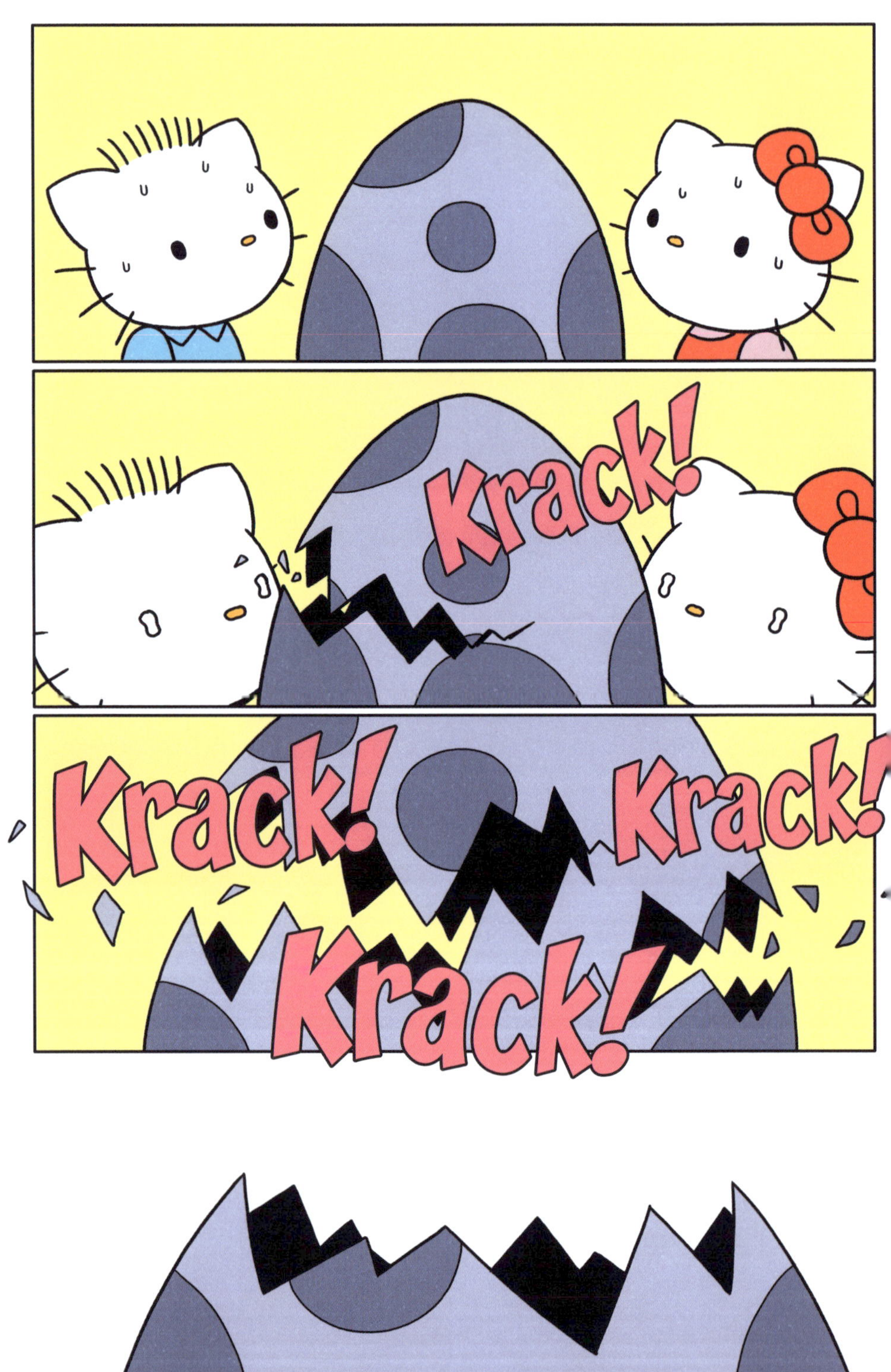
Krack!
Krack!
Krack!
Krack!

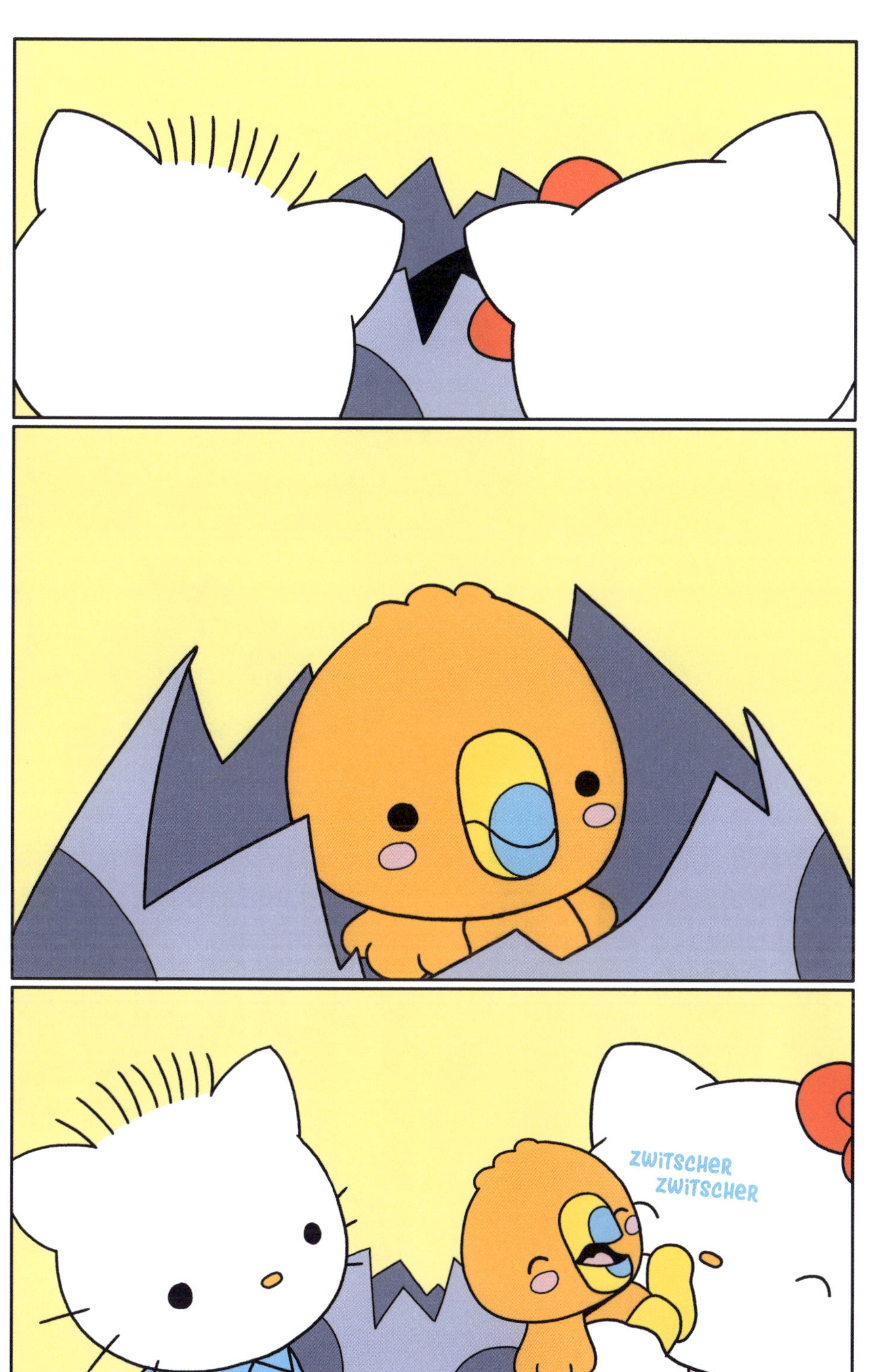
ZWITSCHER
ZWITSCHER

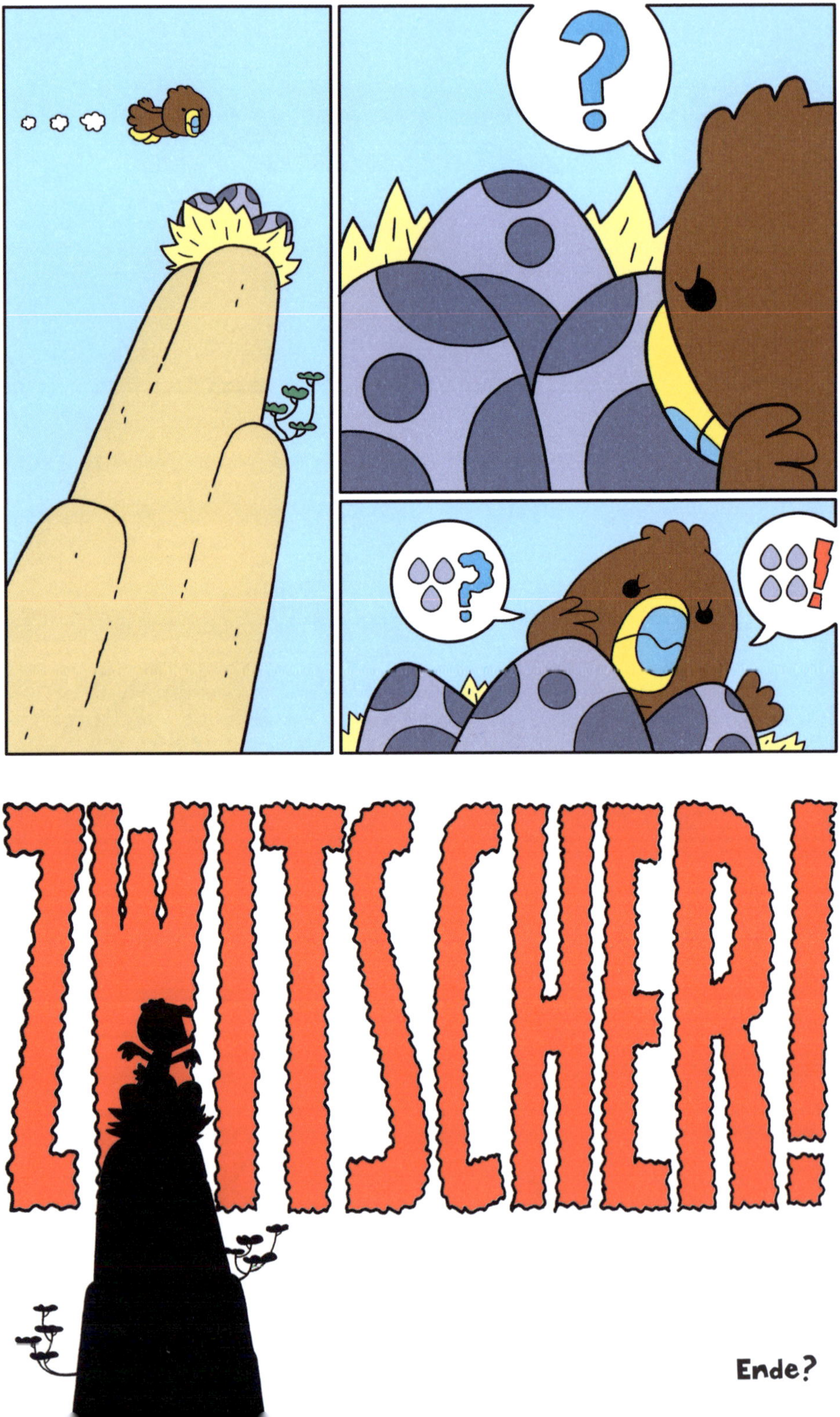

?

?

!

ZWITSCHER!

Ende?

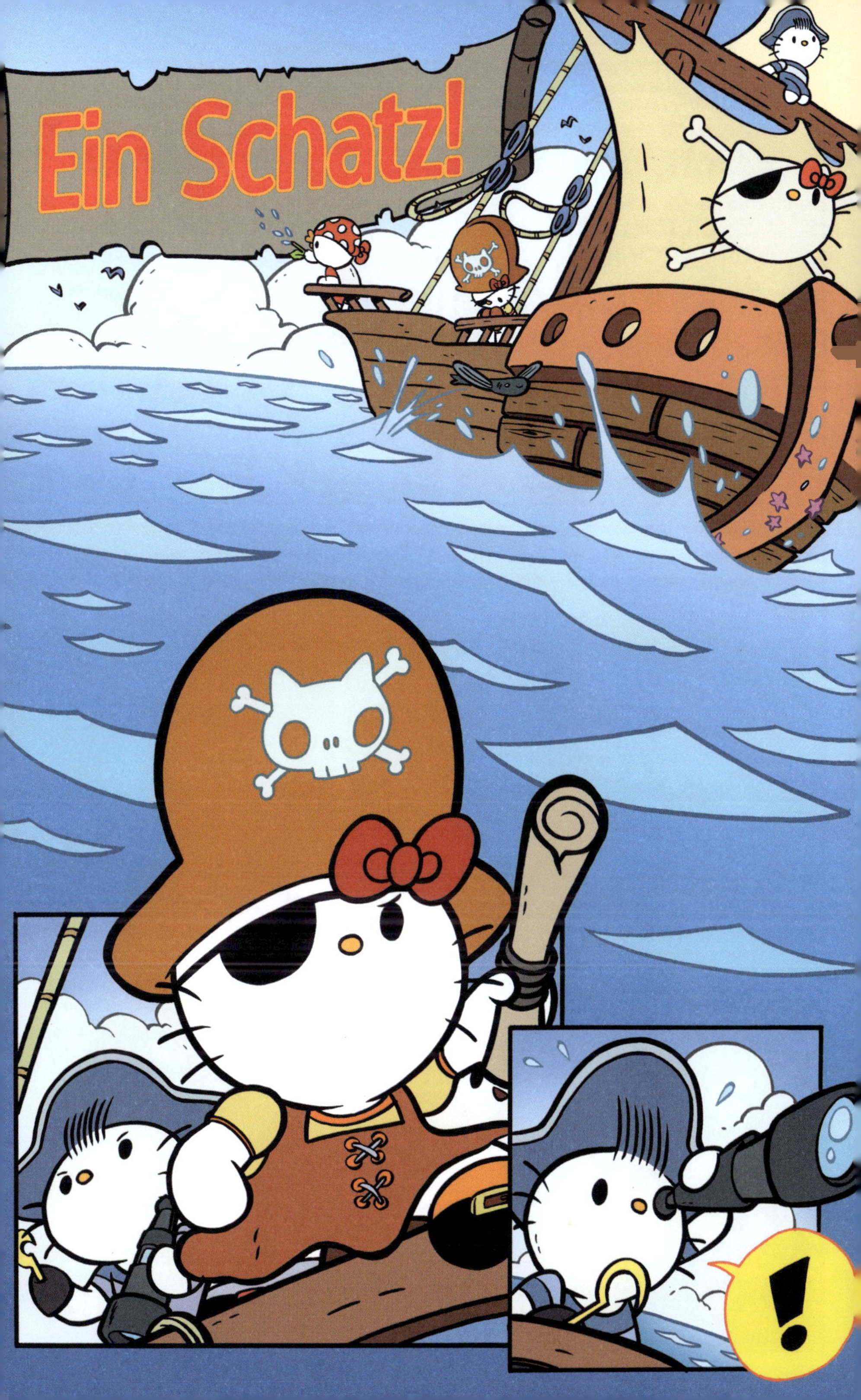
Ein Schatz!
!

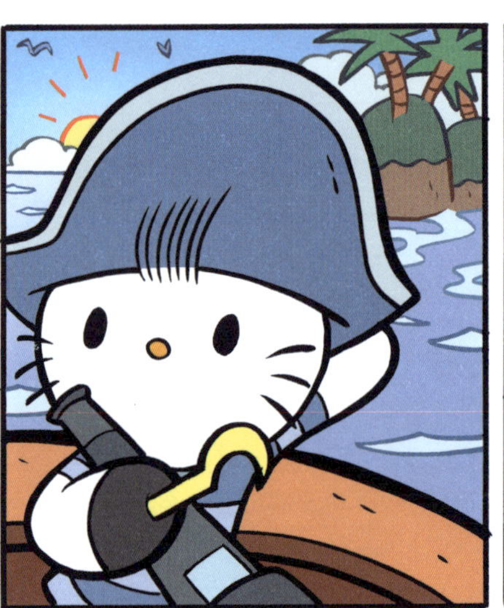

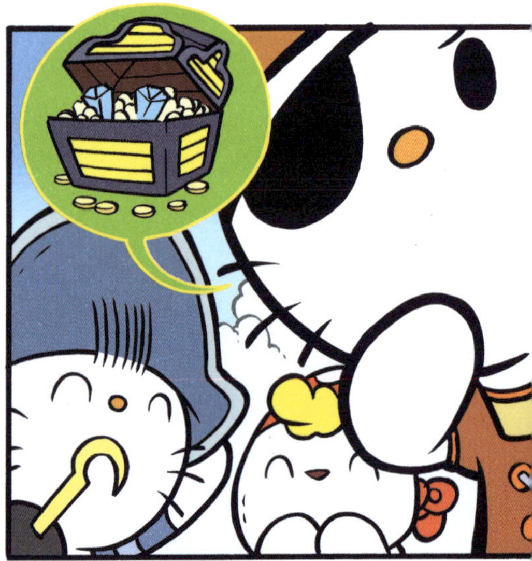

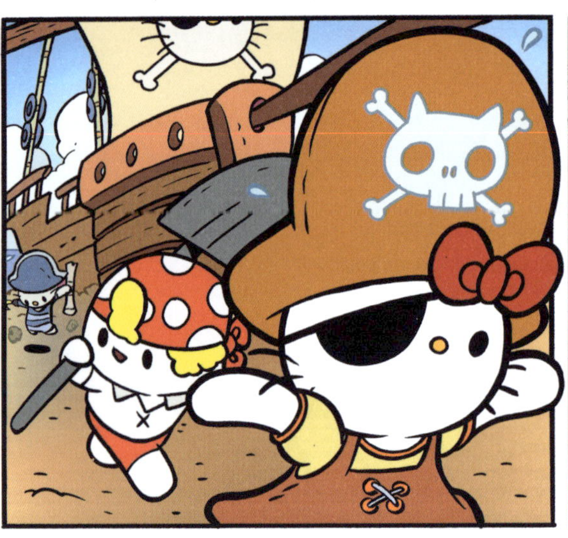

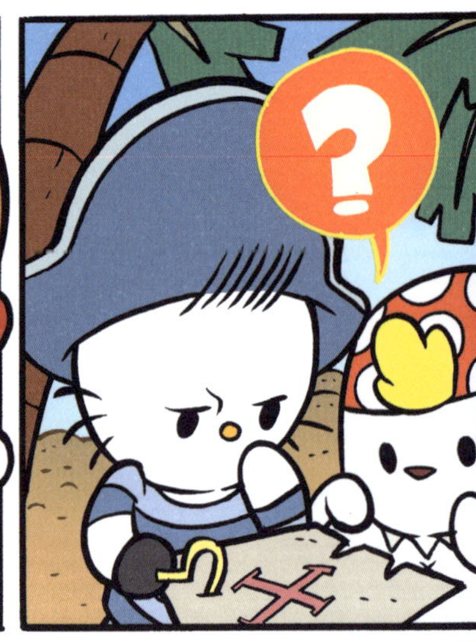

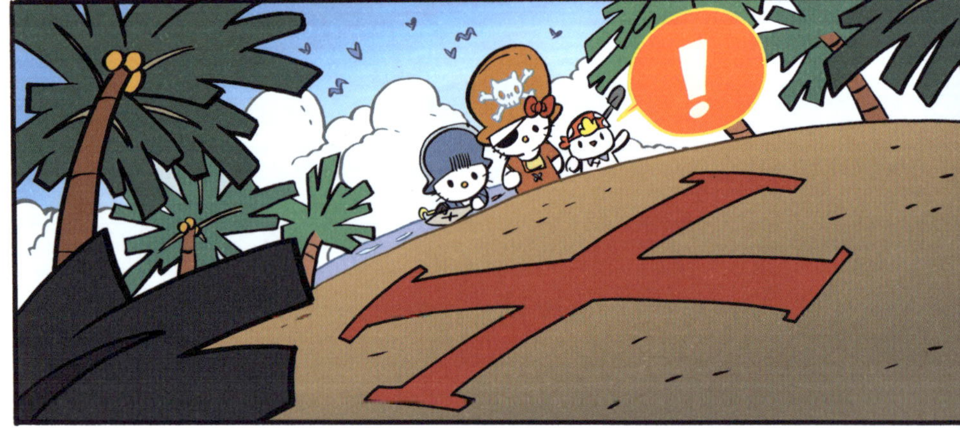

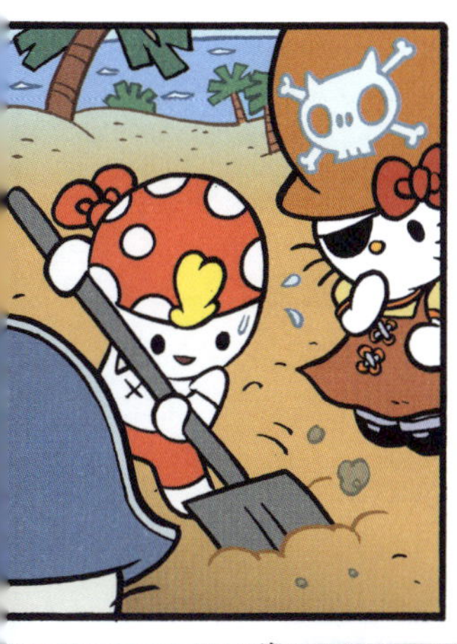
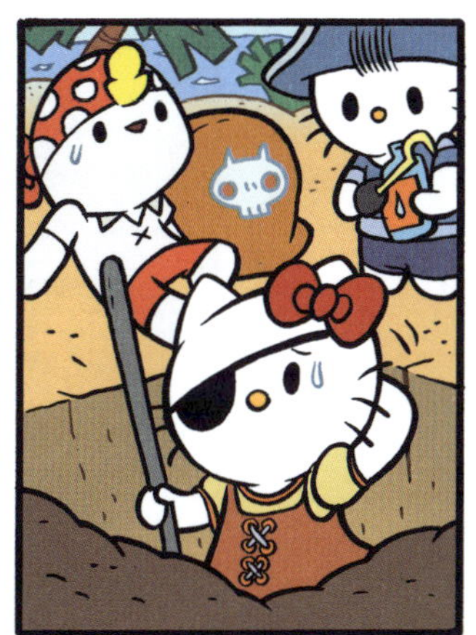
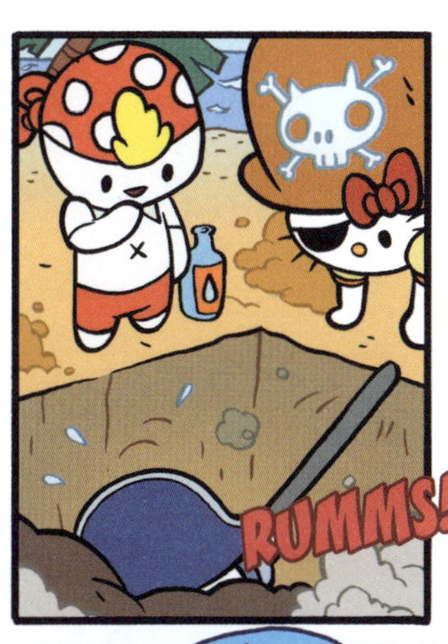
RUMMS!
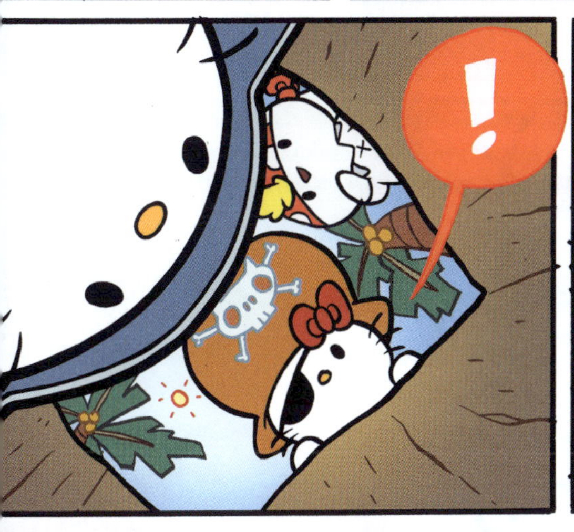
!
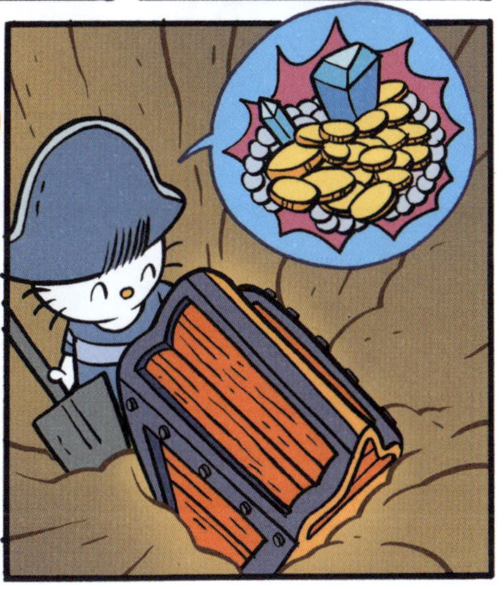
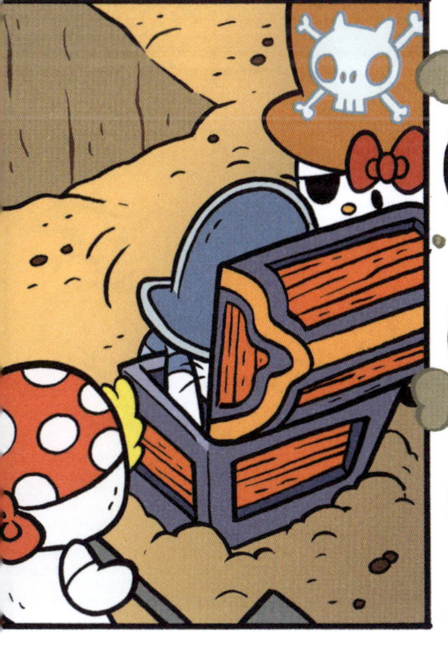
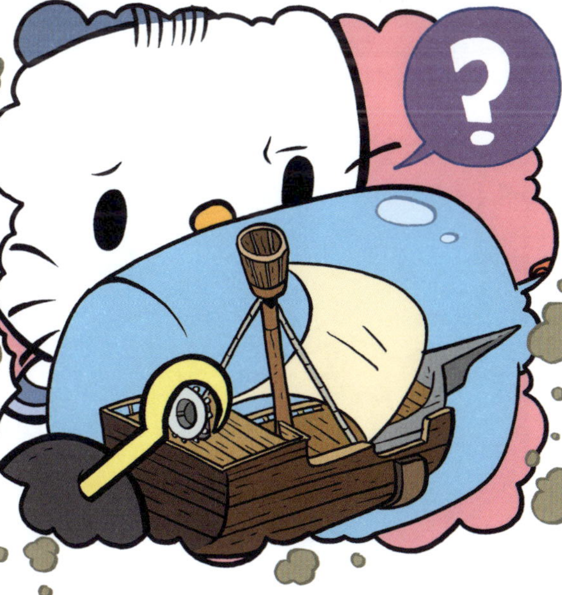
?

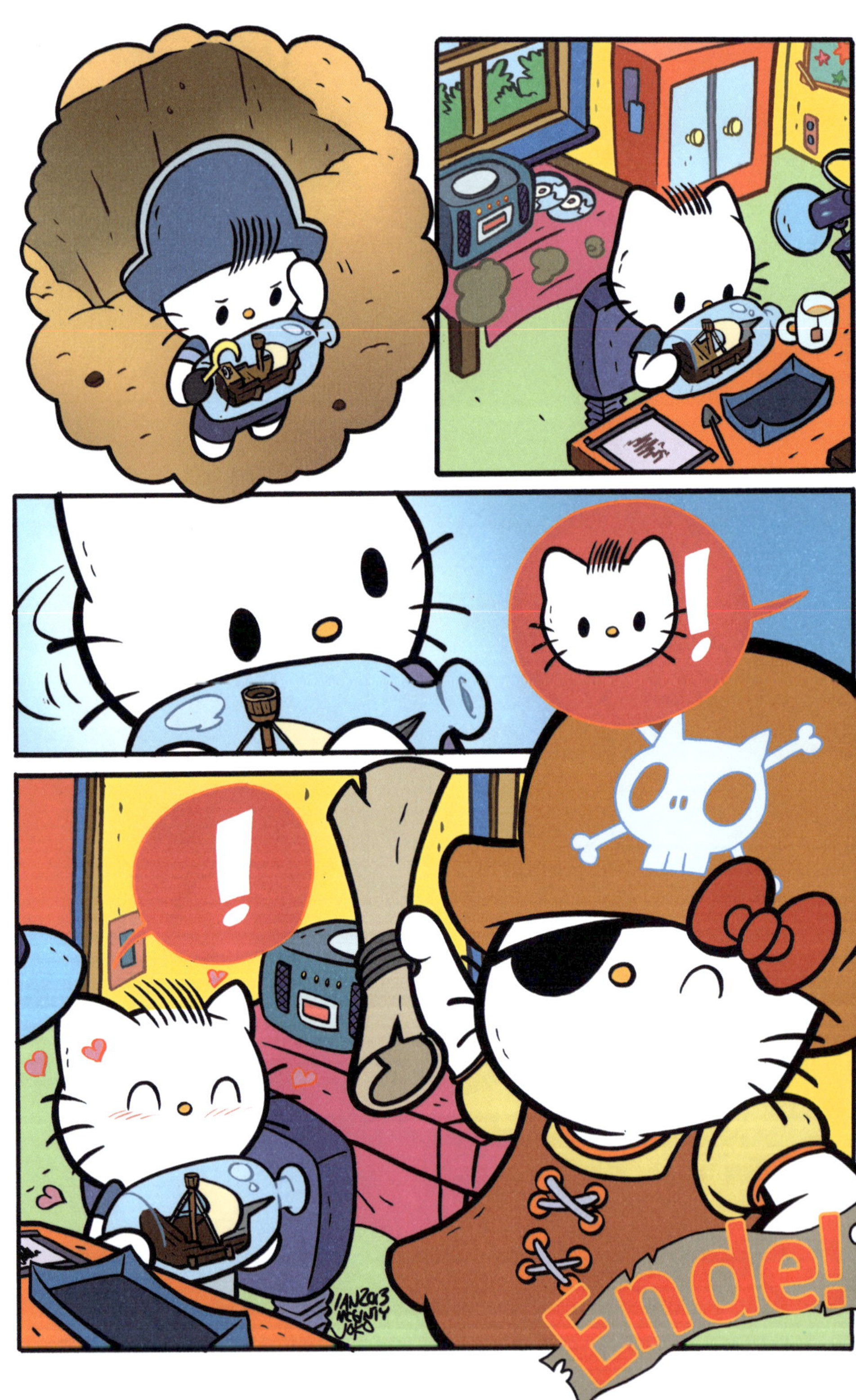

!
!
Ende!

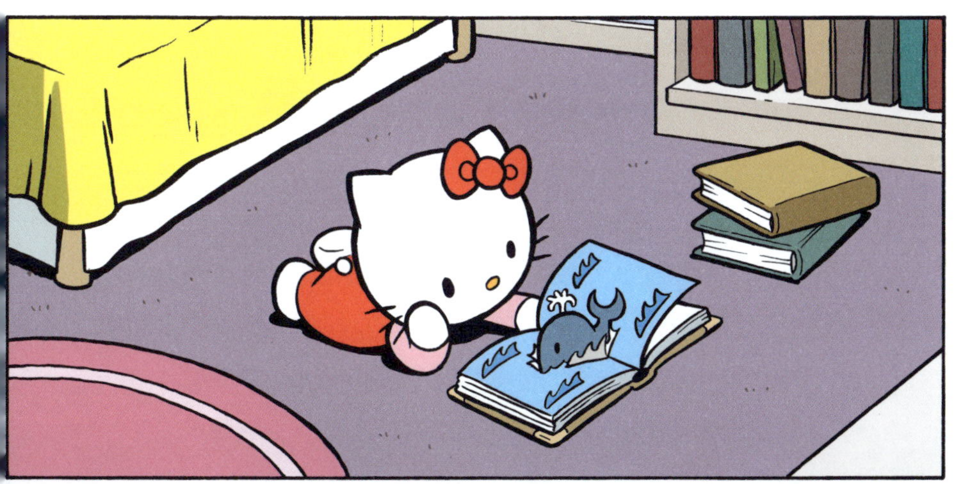
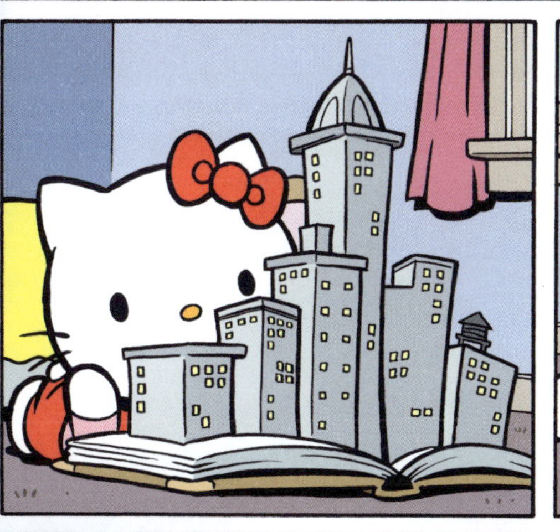
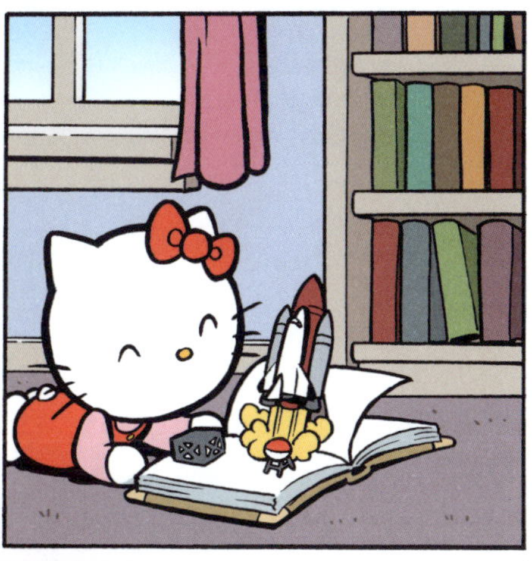
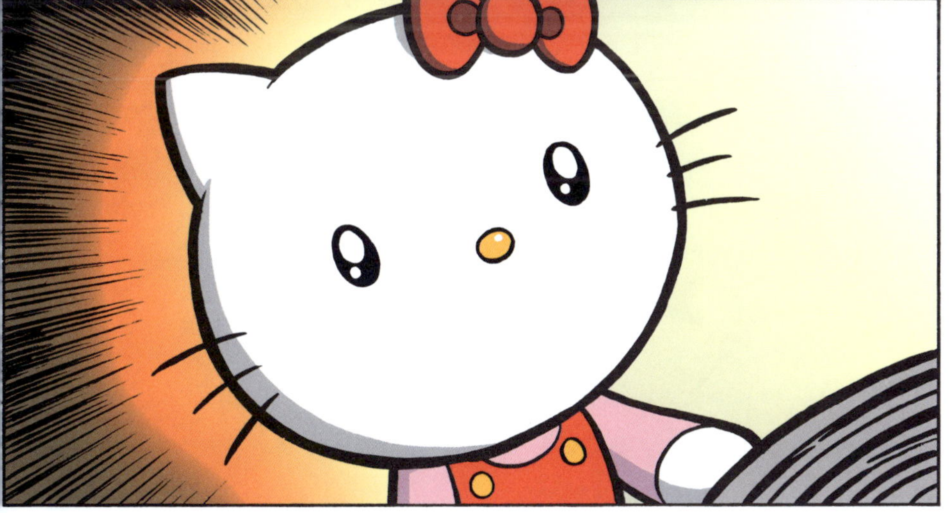

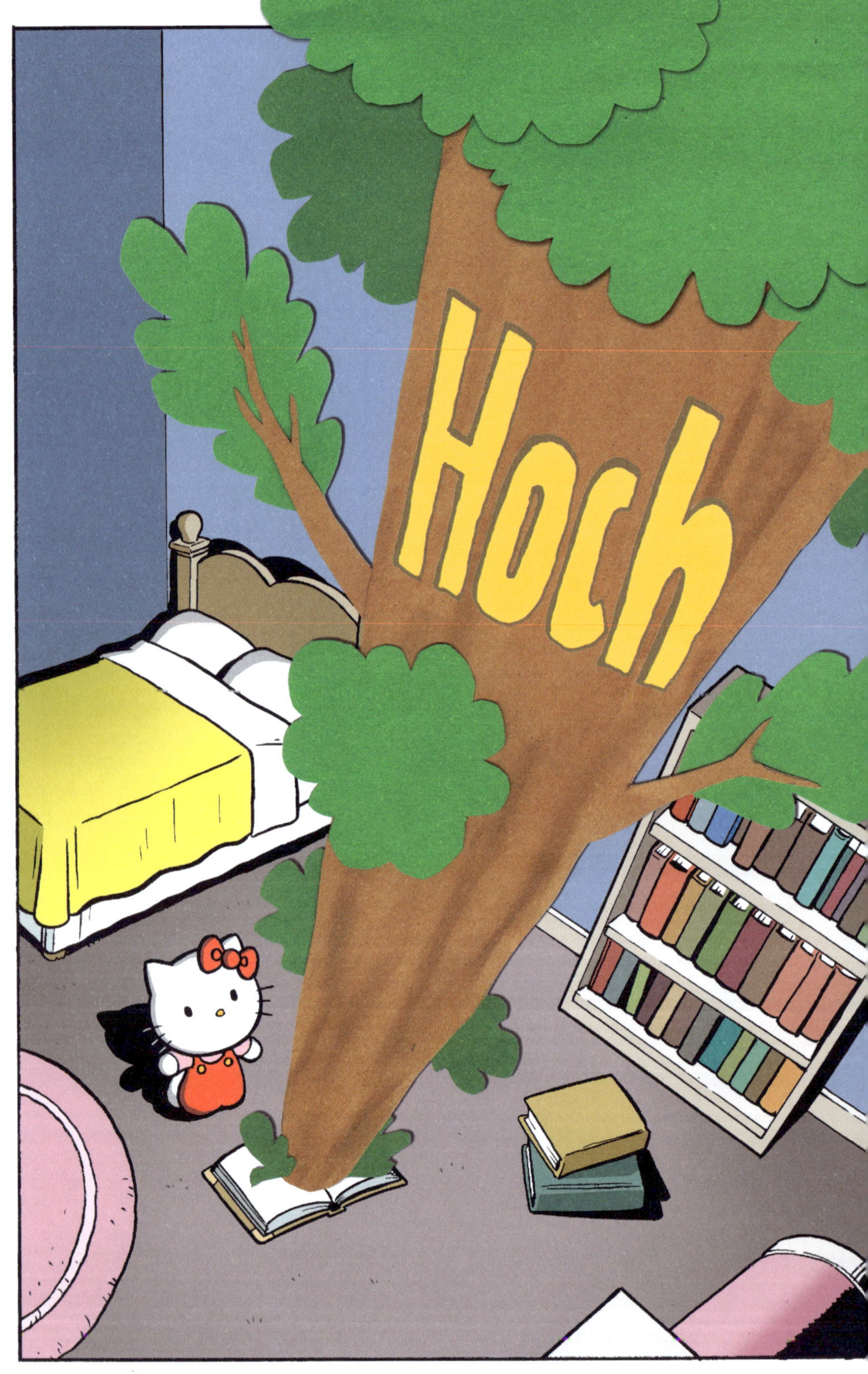
Hoch

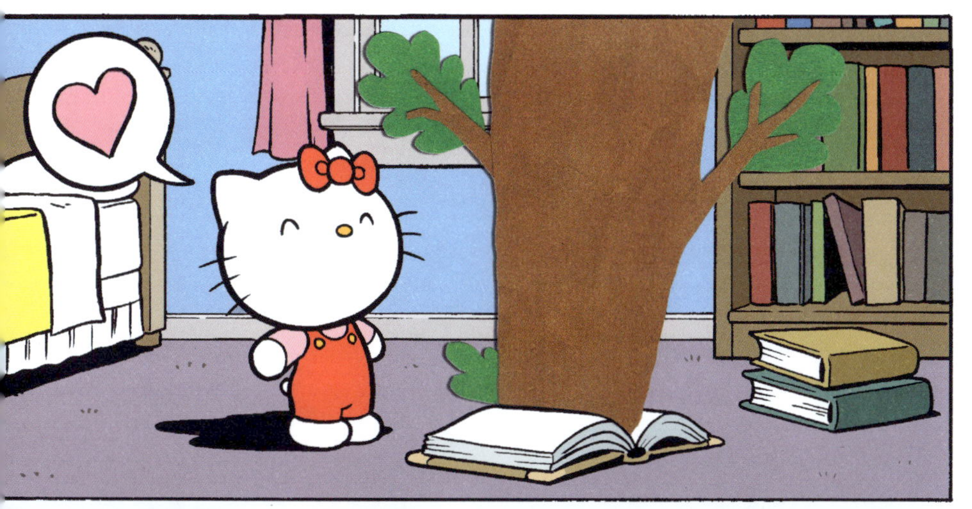
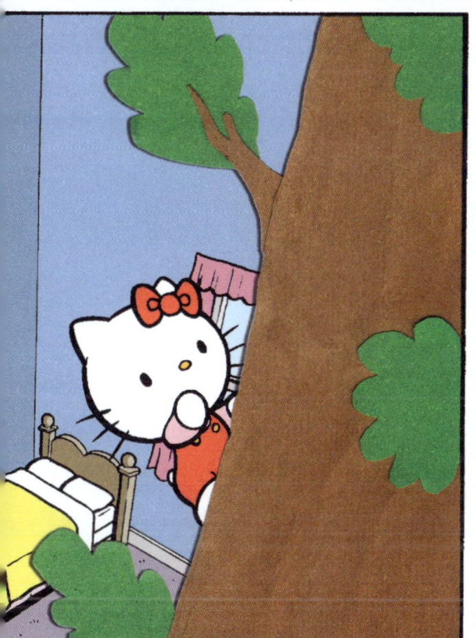
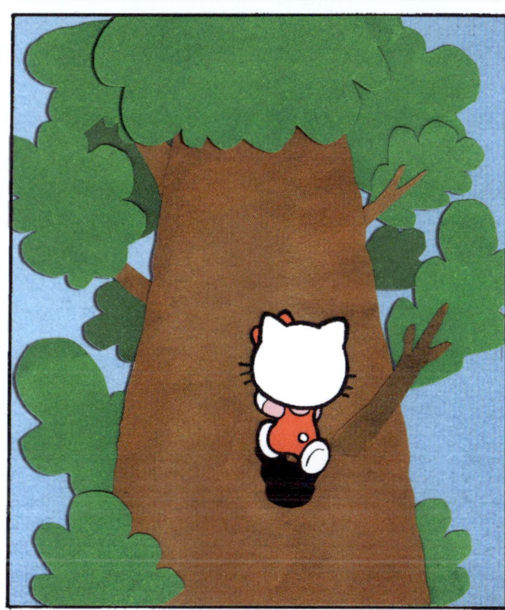
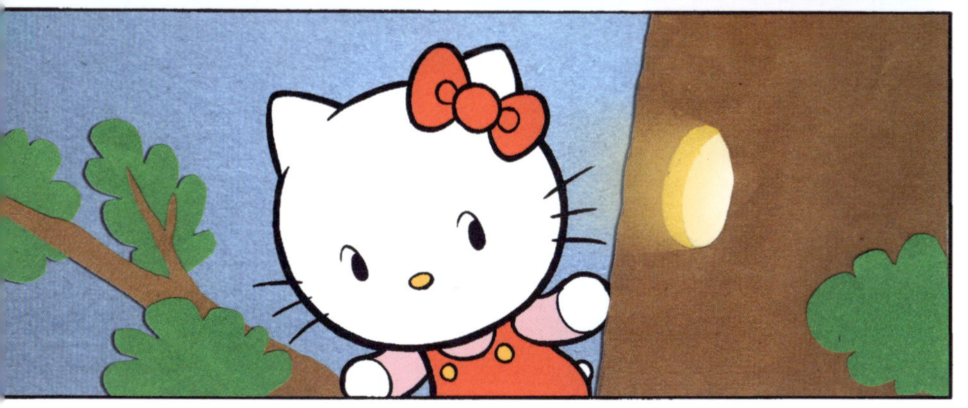

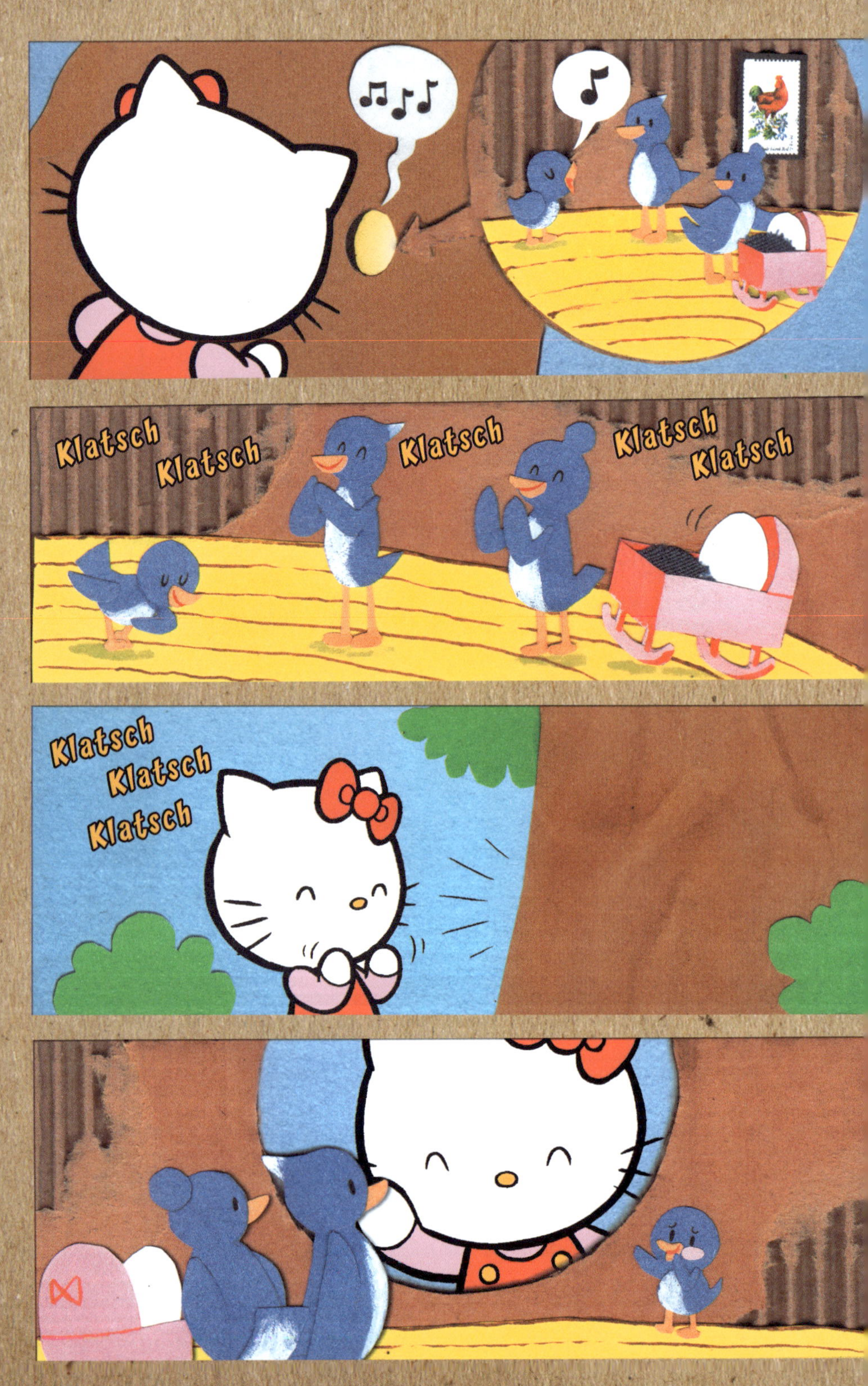
Klatsch
Klatsch
Klatsch
Klatsch
Klatsch
Klatsch
Klatsch
Klatsch

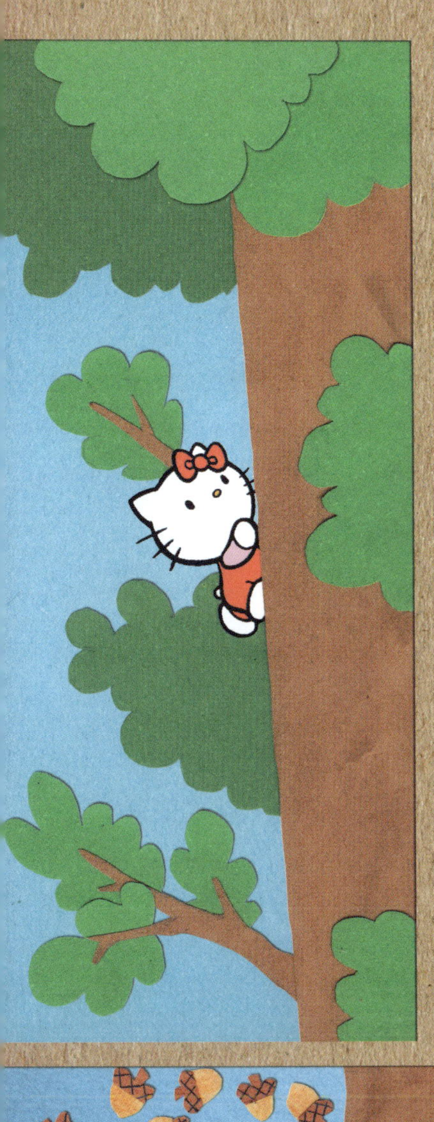
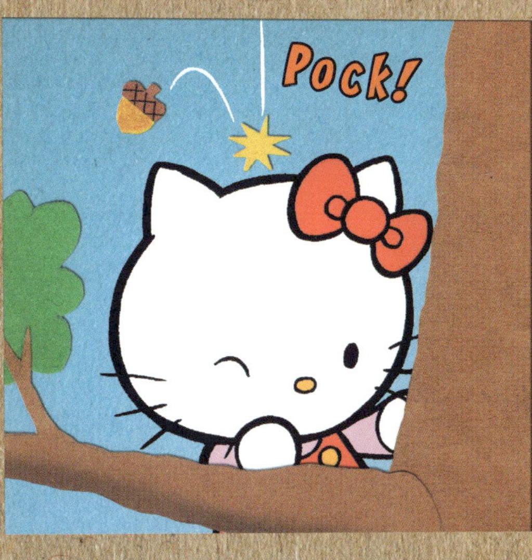
Pock!
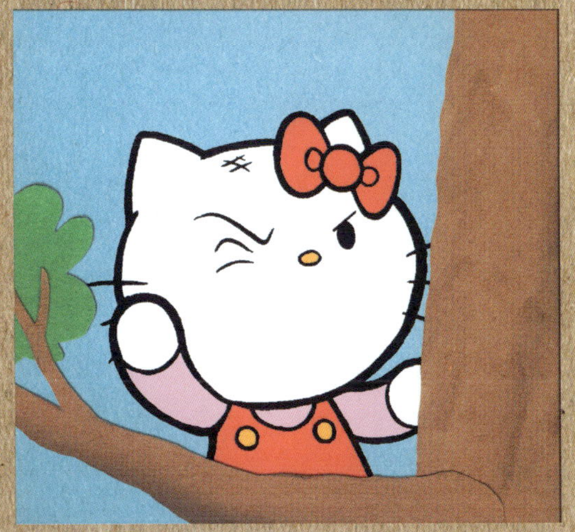
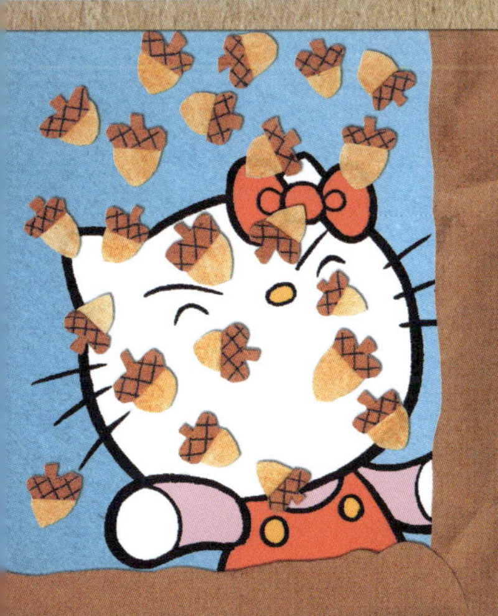
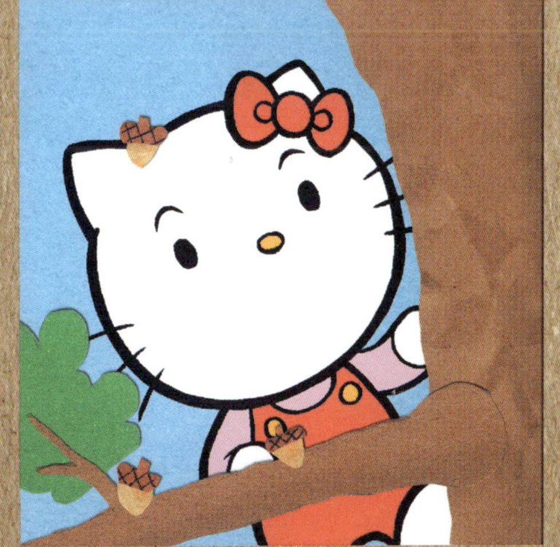

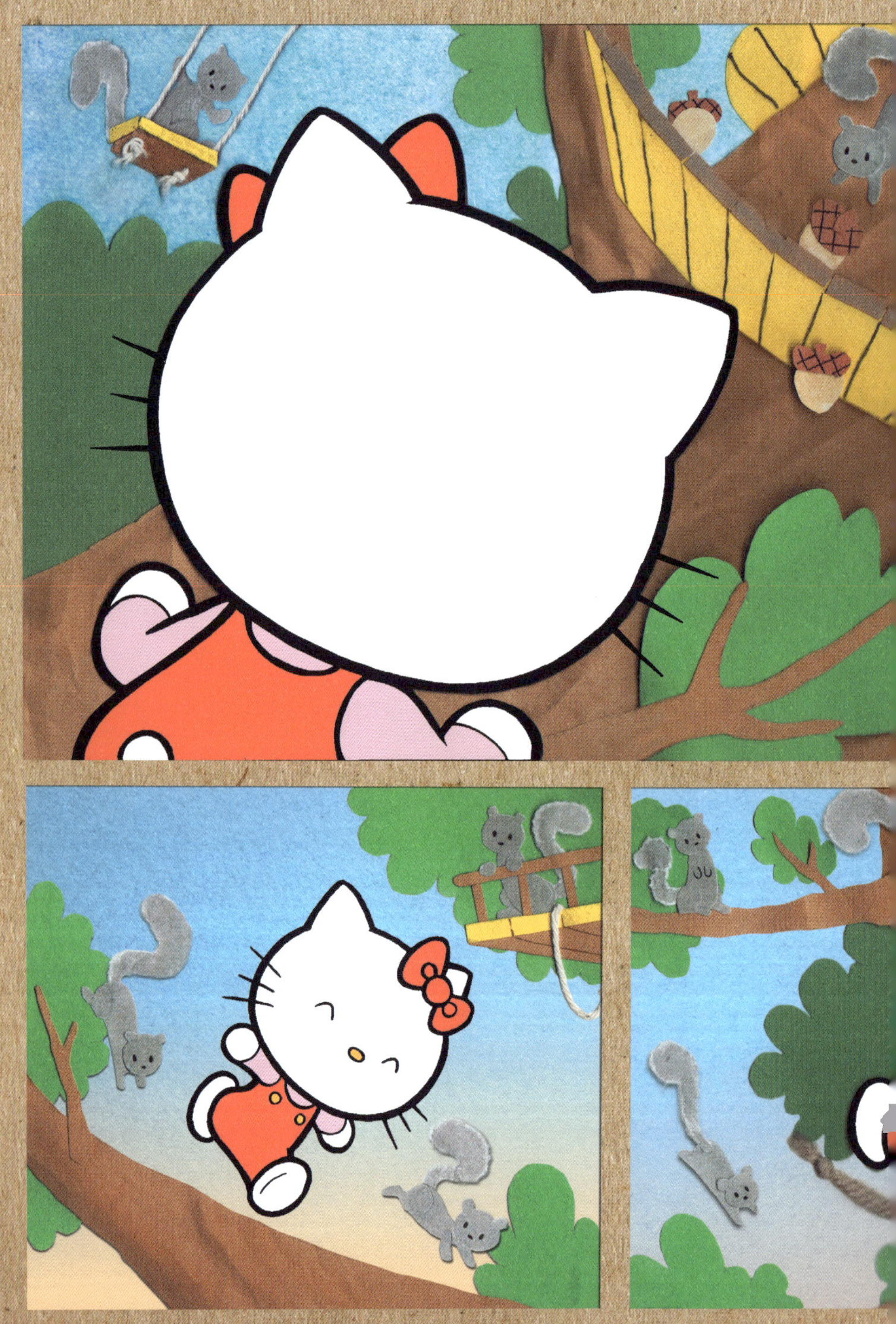

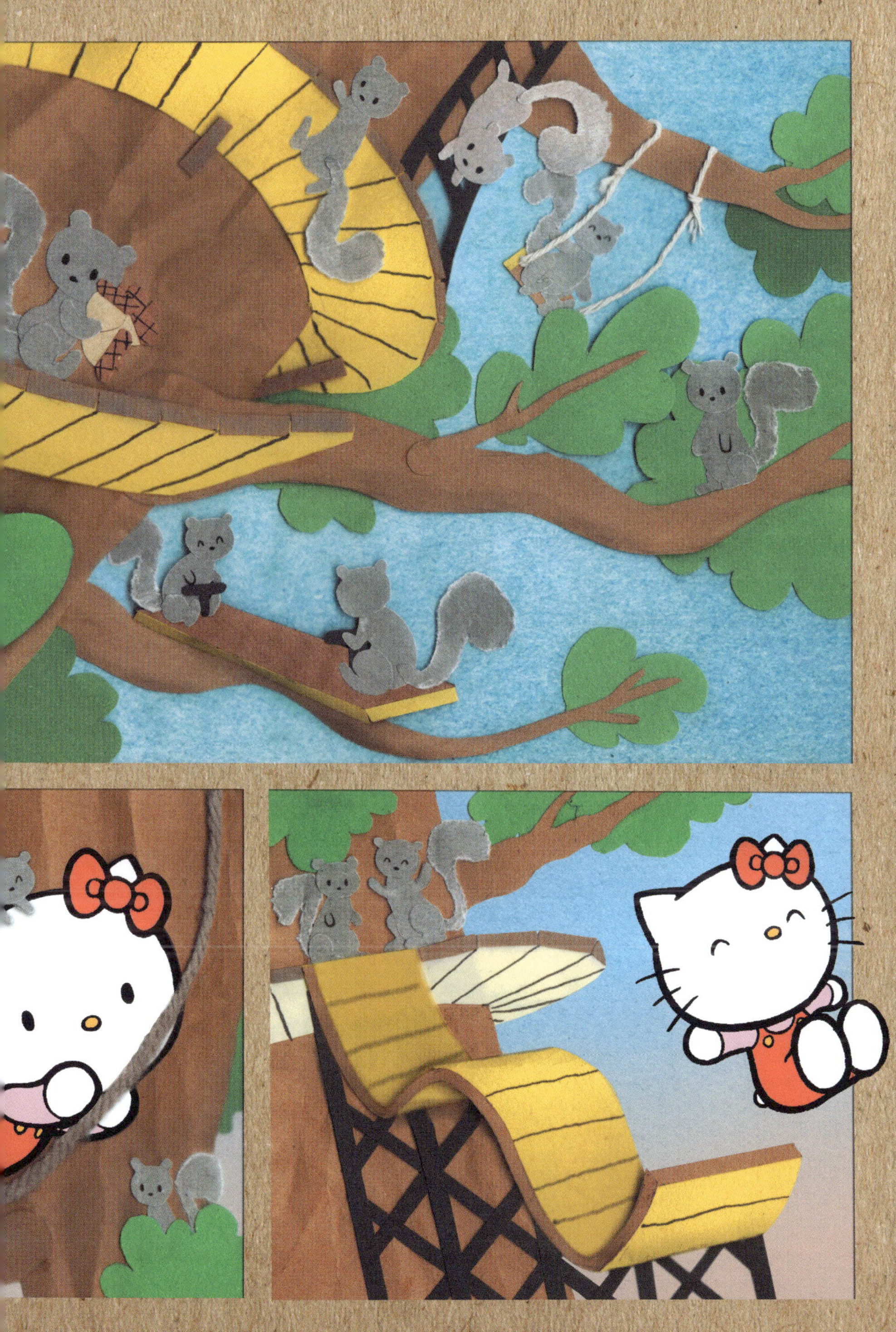

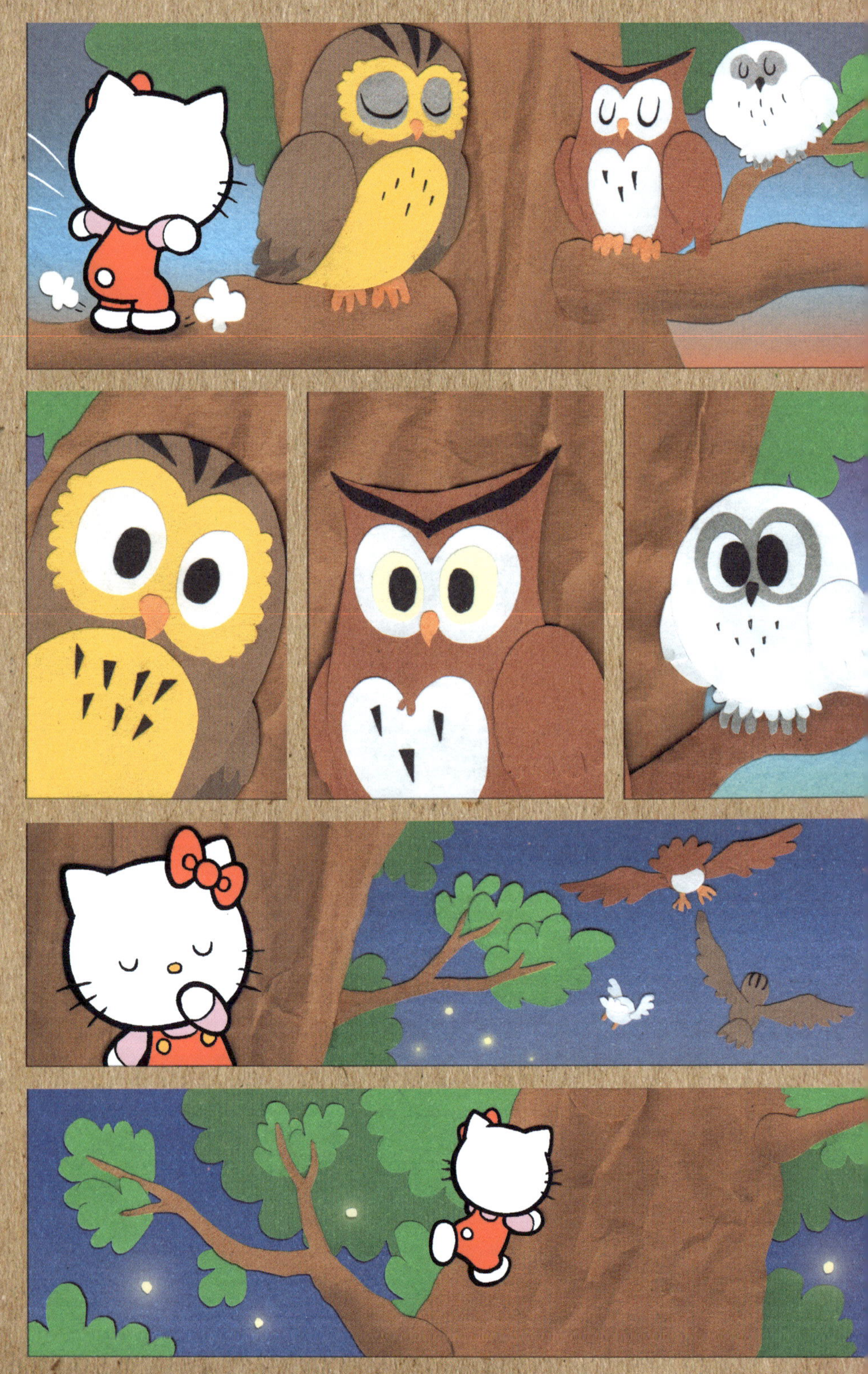

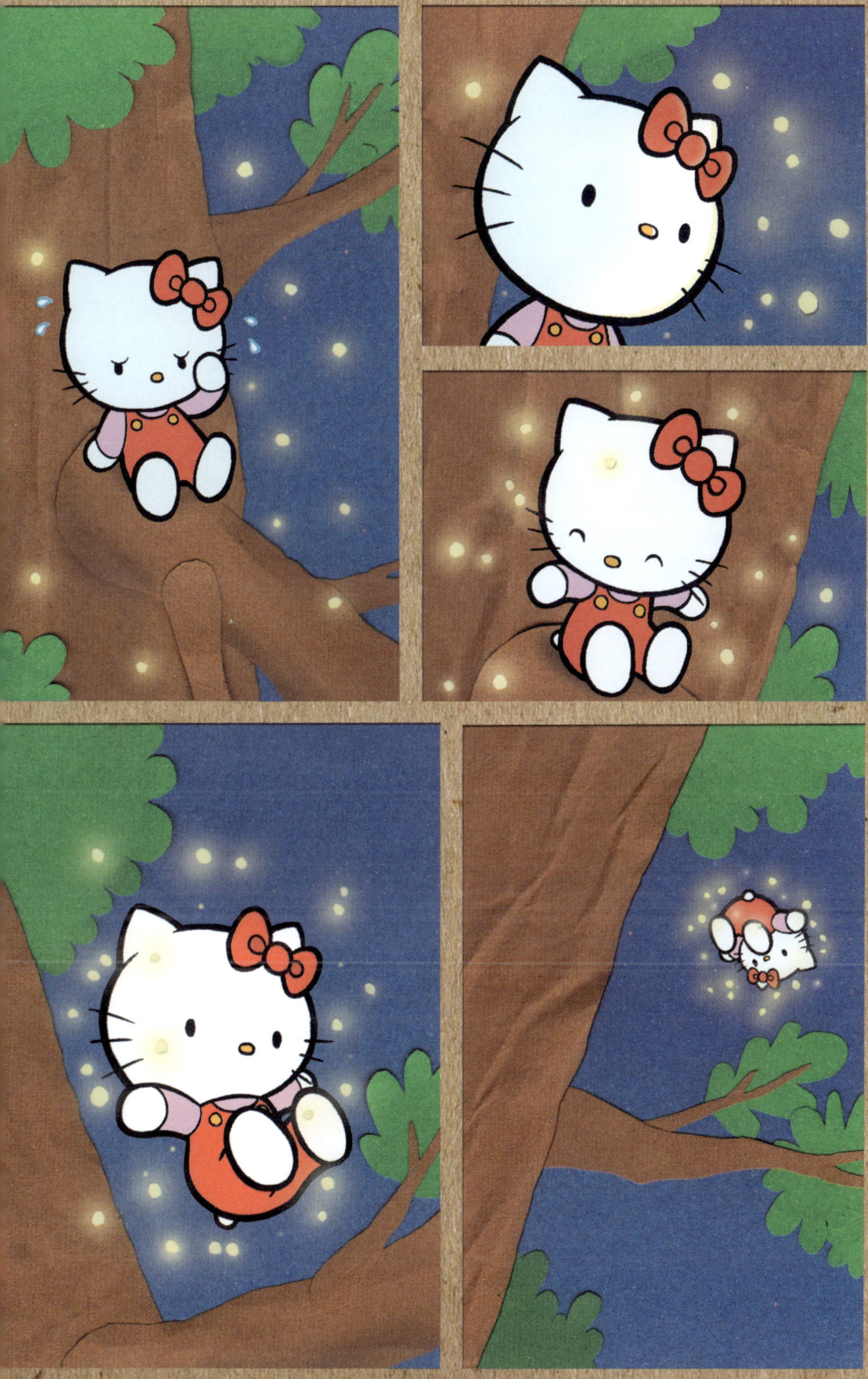

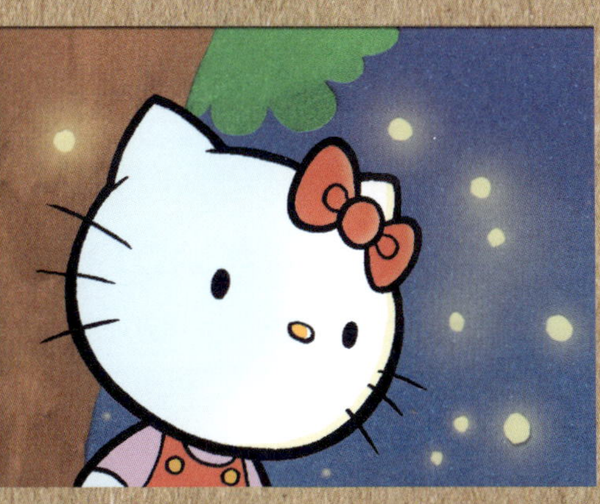

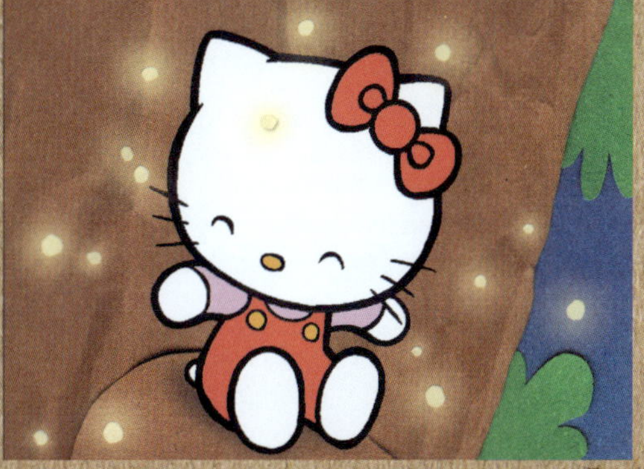

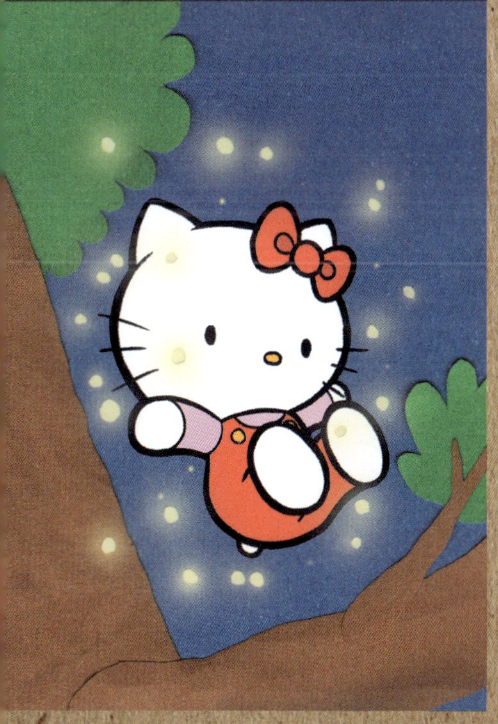

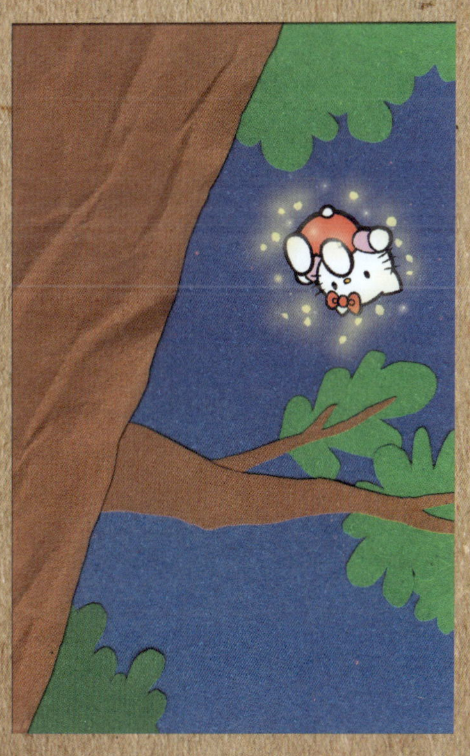

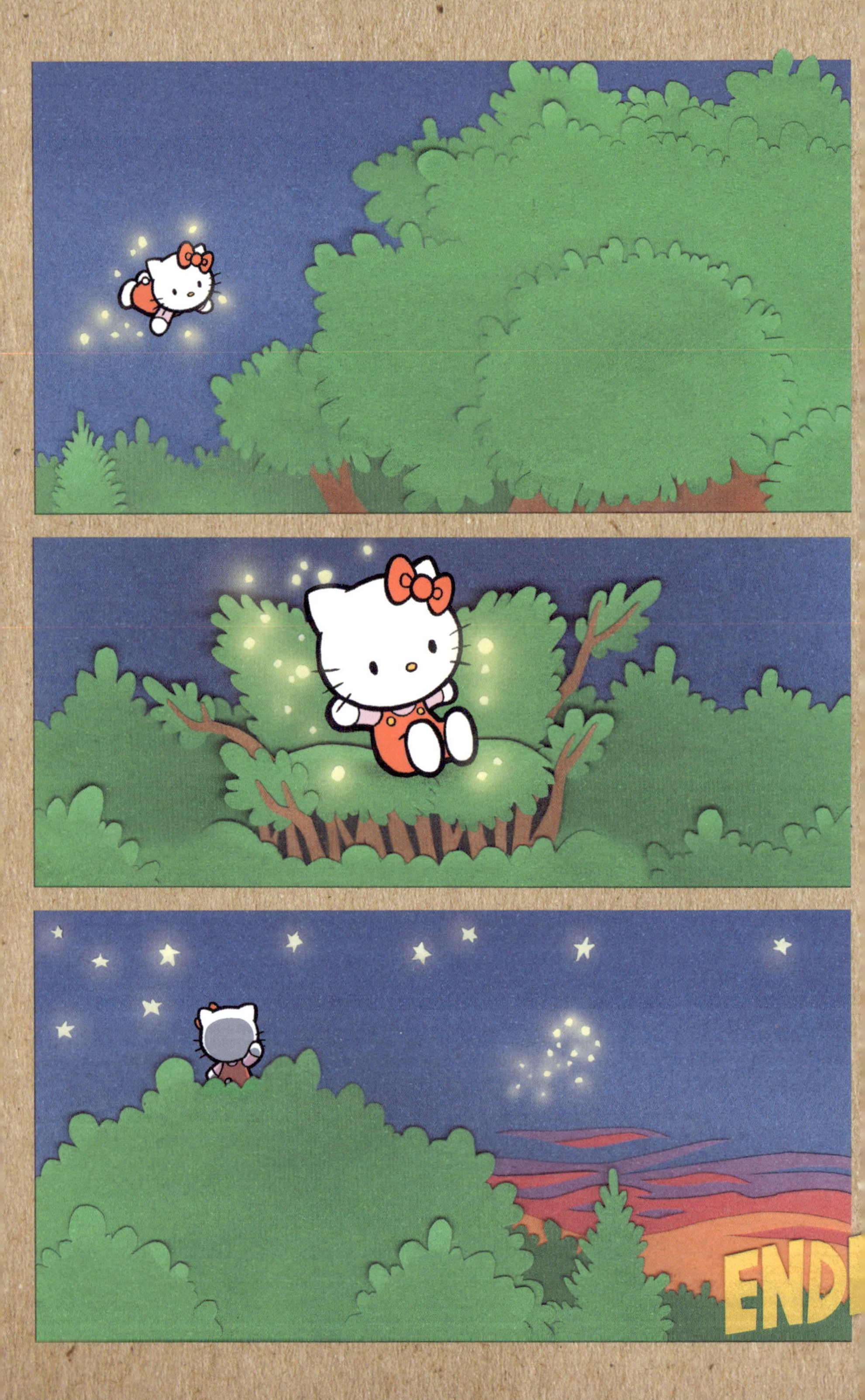
END

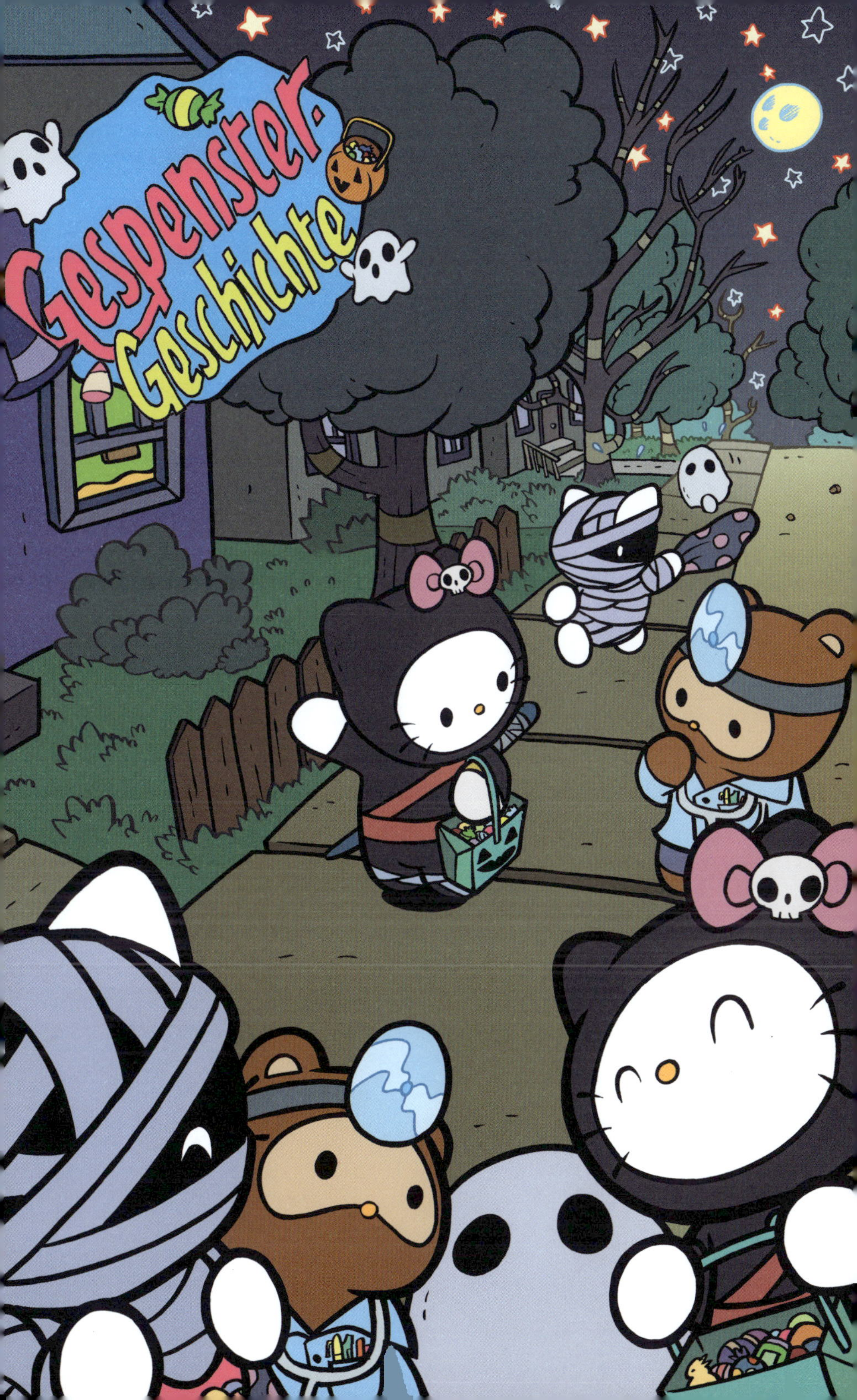
Gespenster-
Geschichte

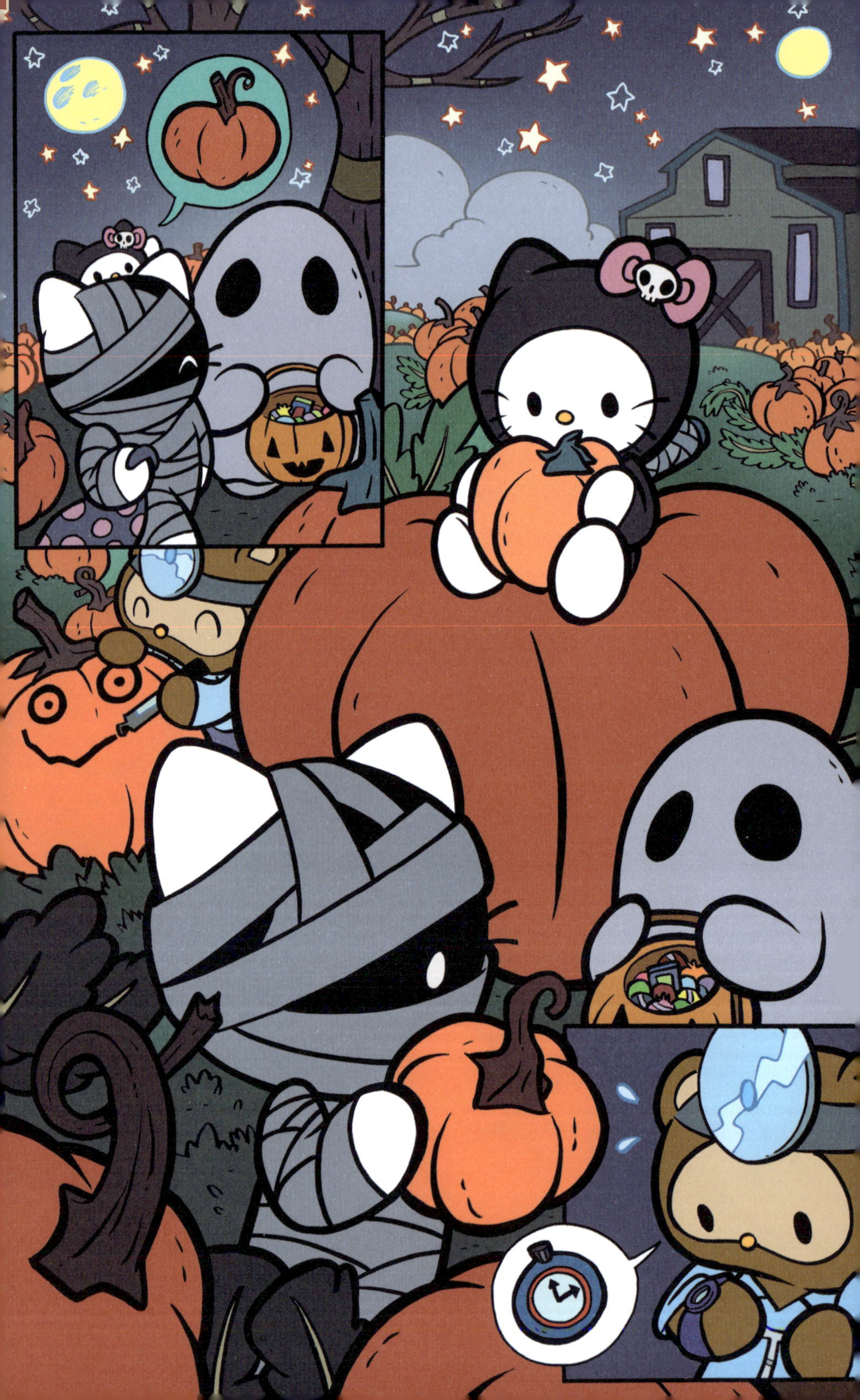

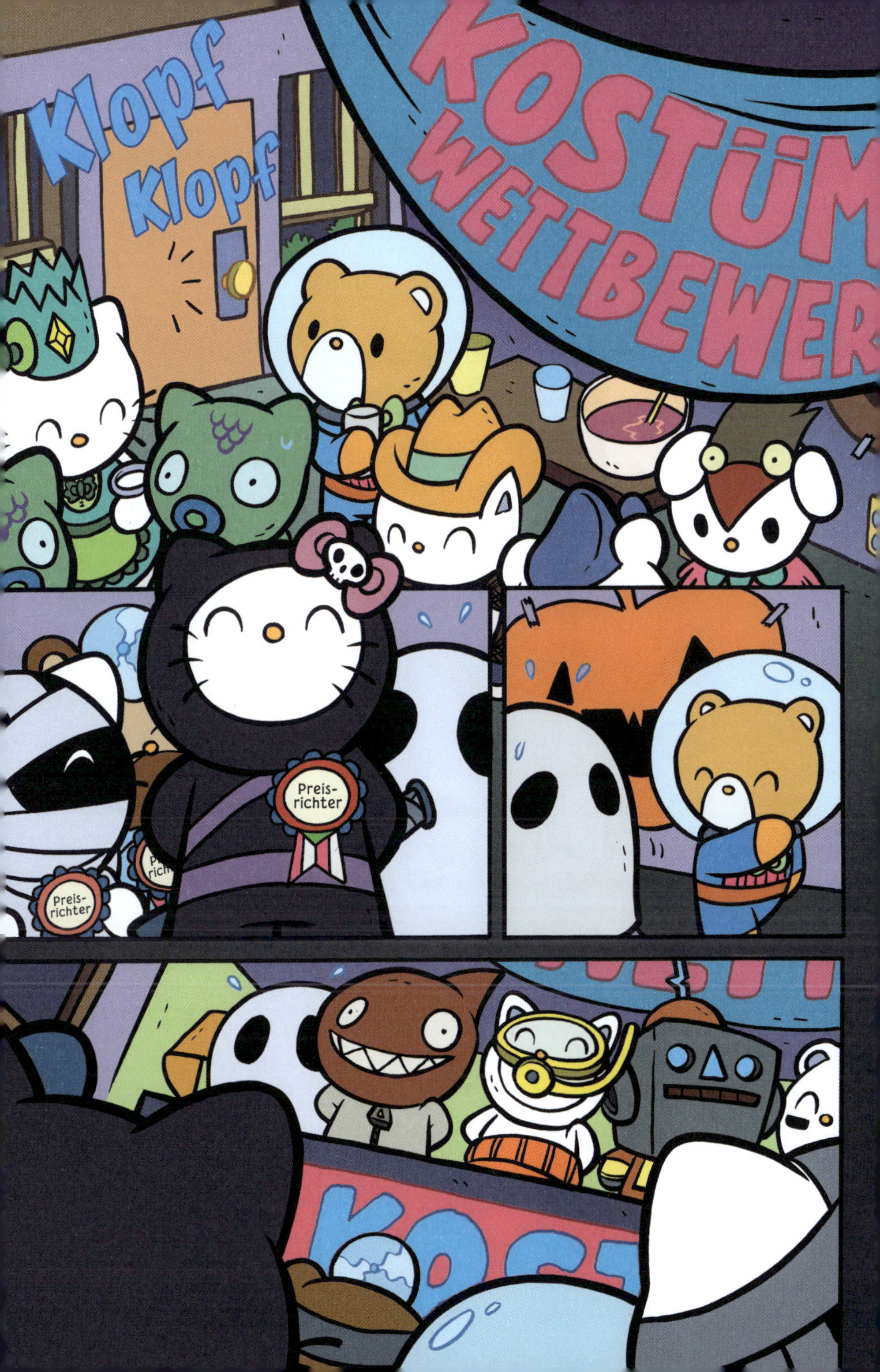
Klopf
Klopf
KOSTÜM
WETTBEWER
Preis-
richter
Preis-
richter

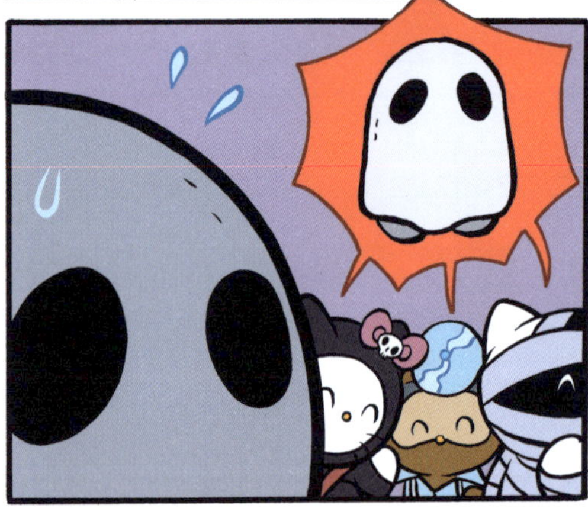

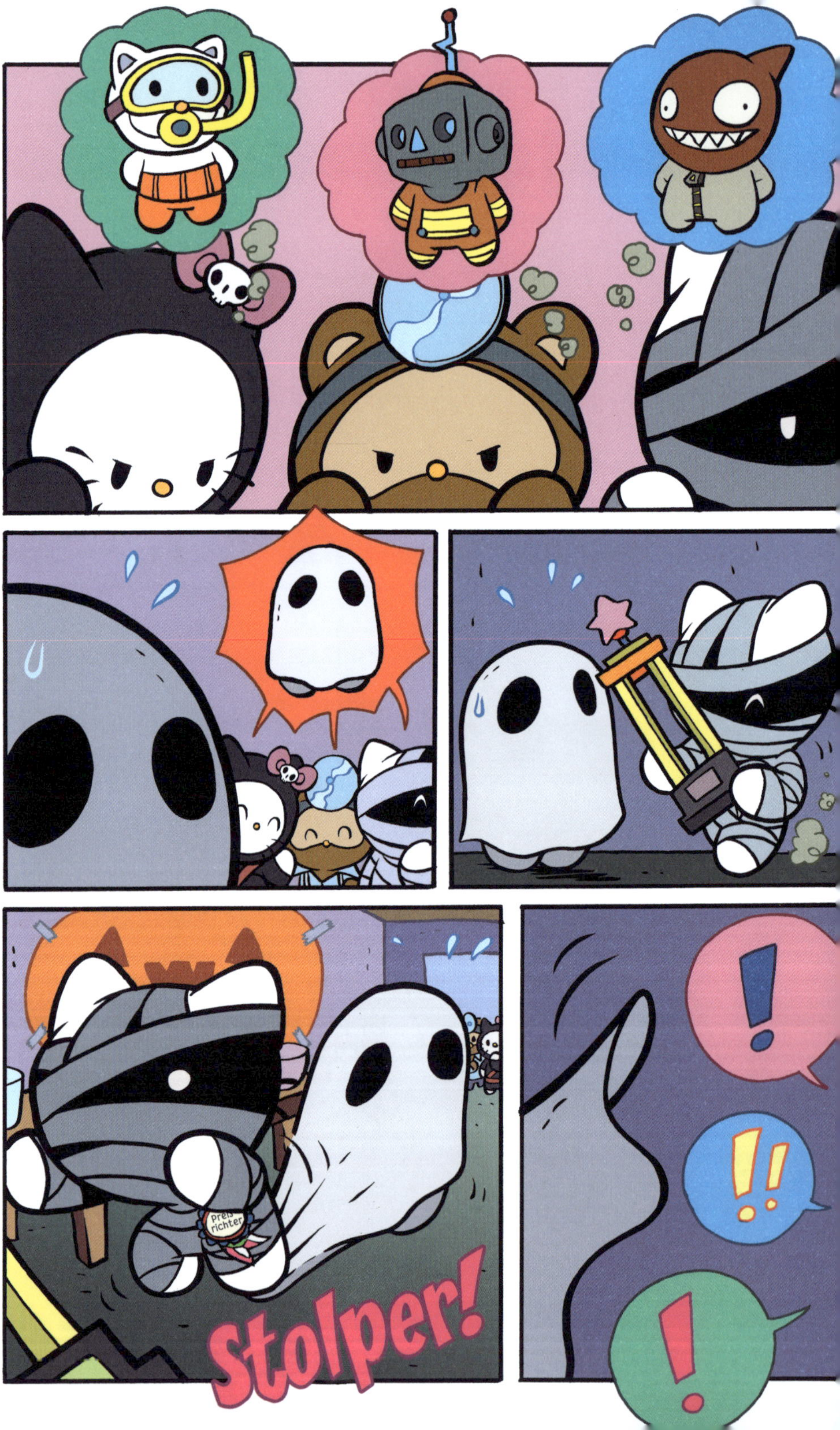

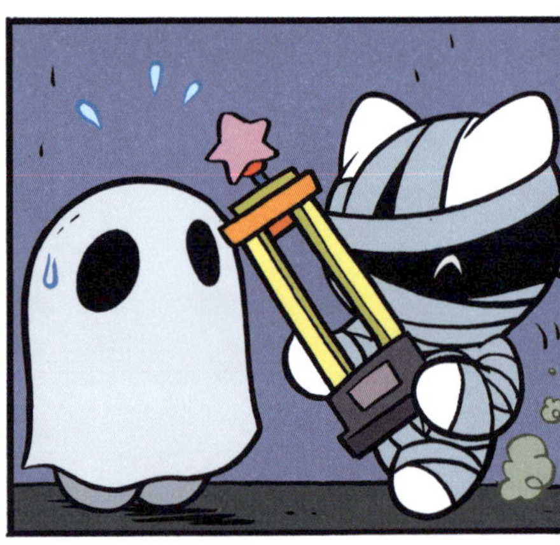

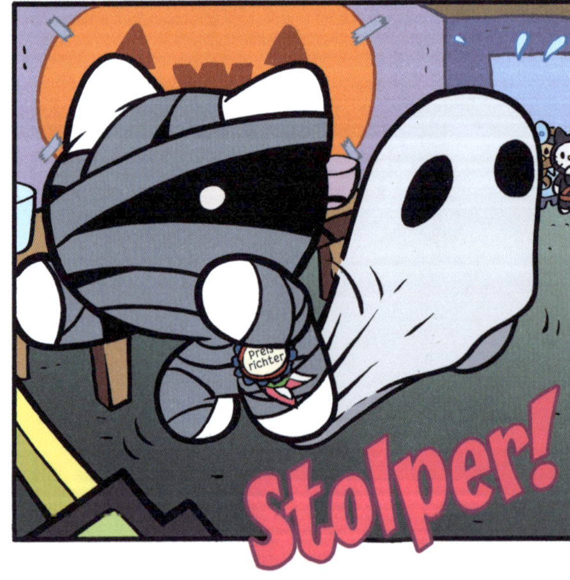
Preis richter
Stolper!

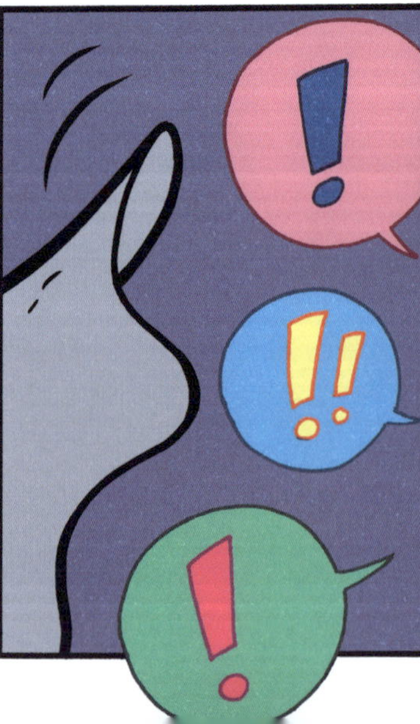
!
!!
!

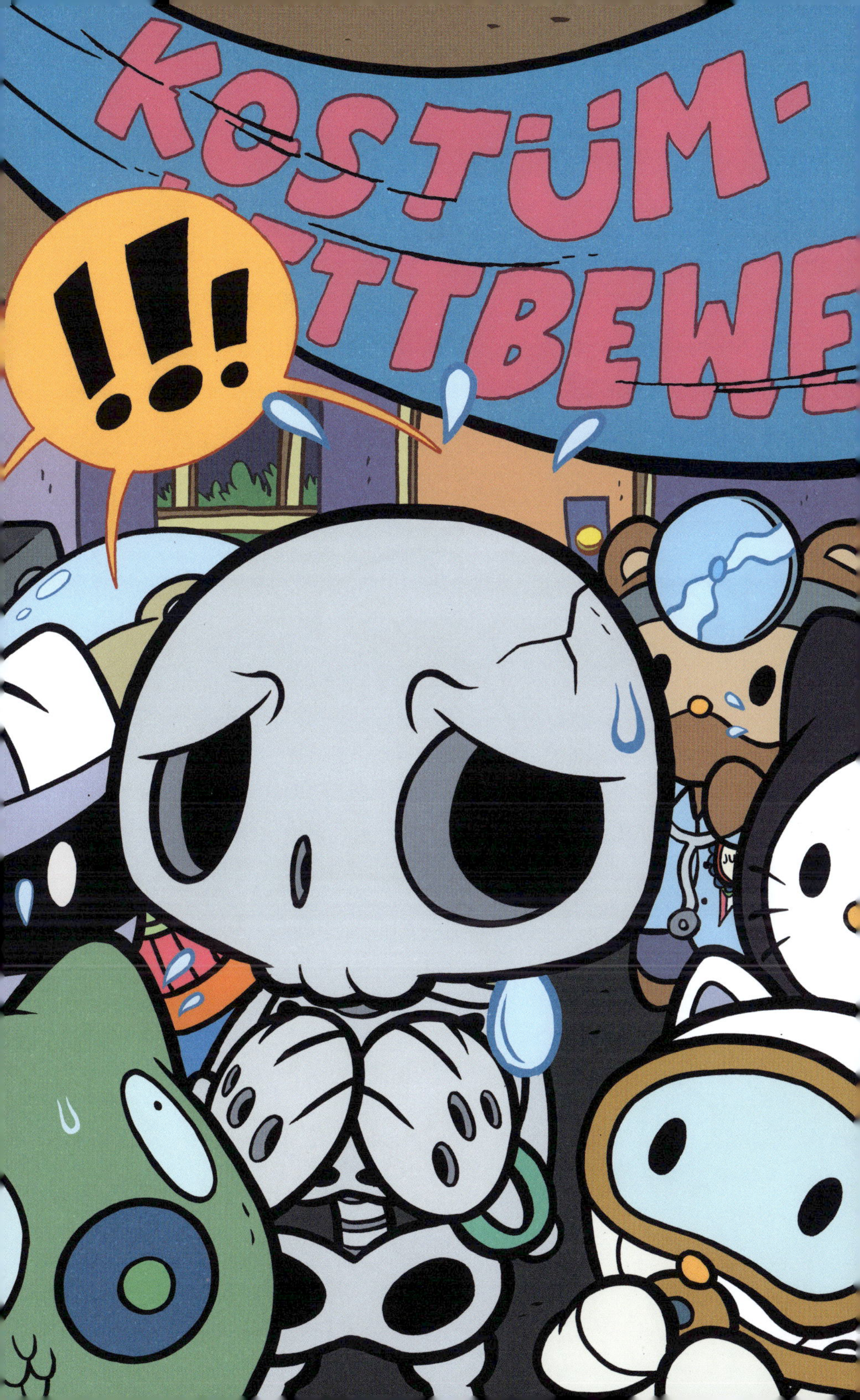
KOSTÜM-
TTBEWE
!!!

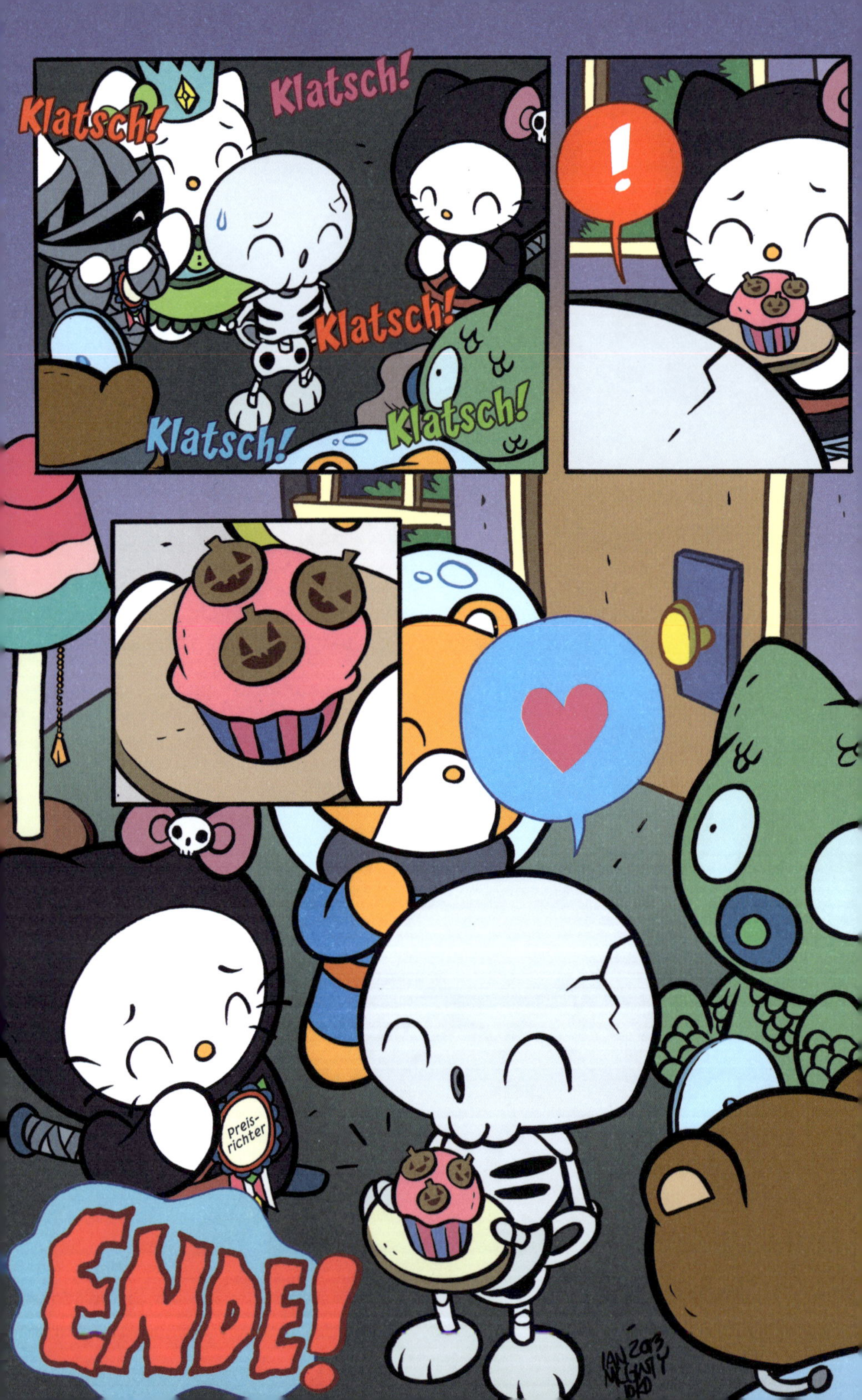
Klatsch!
Klatsch!
Klatsch!
Klatsch!
Klatsch!
!
Preis-
richter
ENDE!

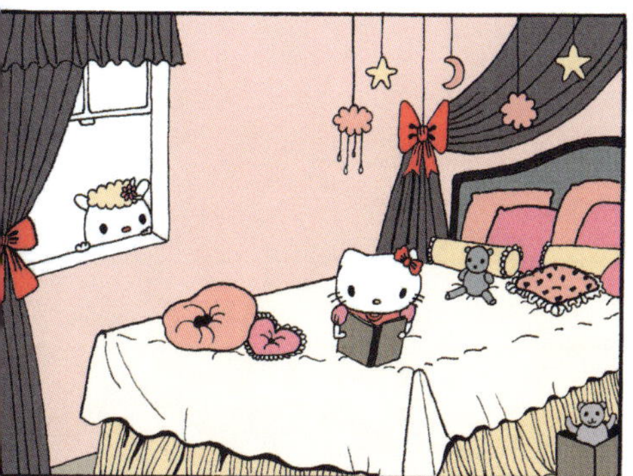

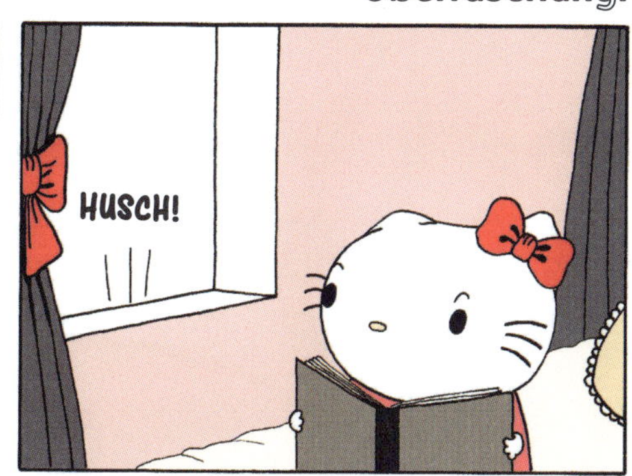

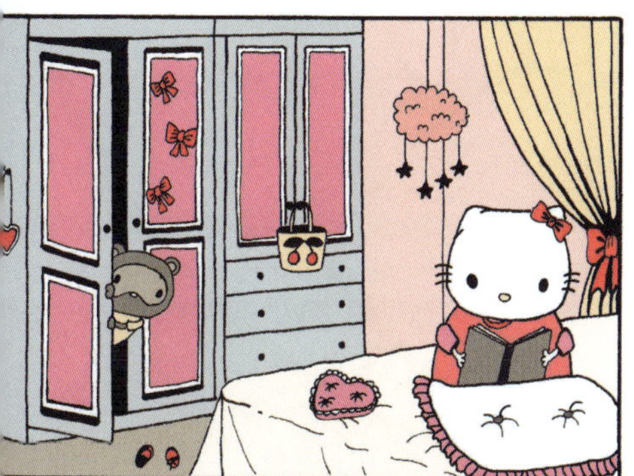

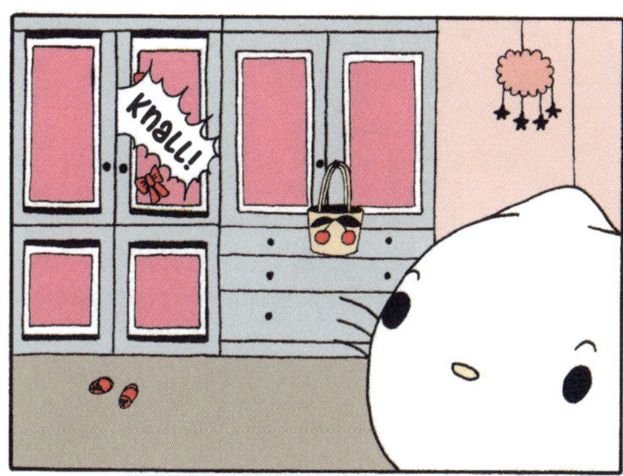

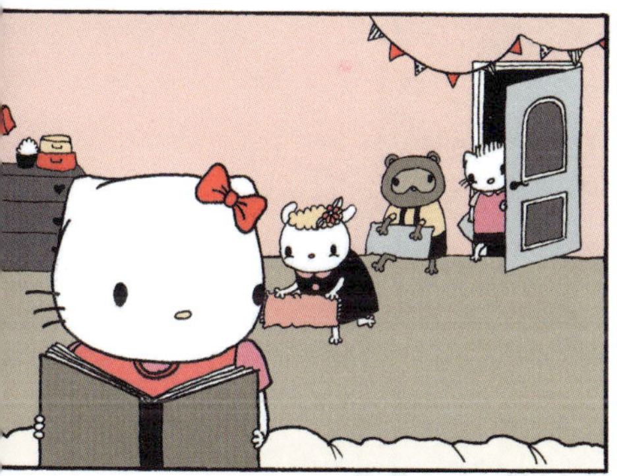

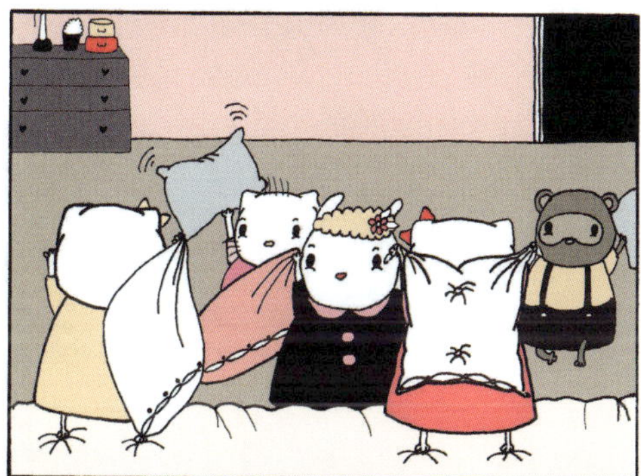

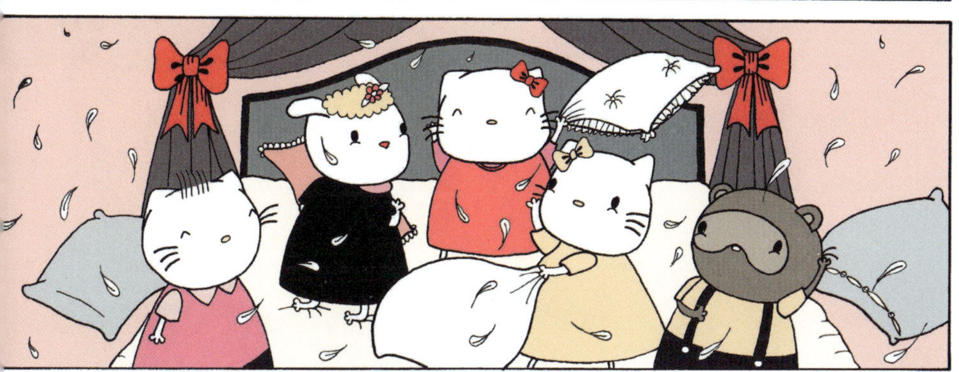

Ende

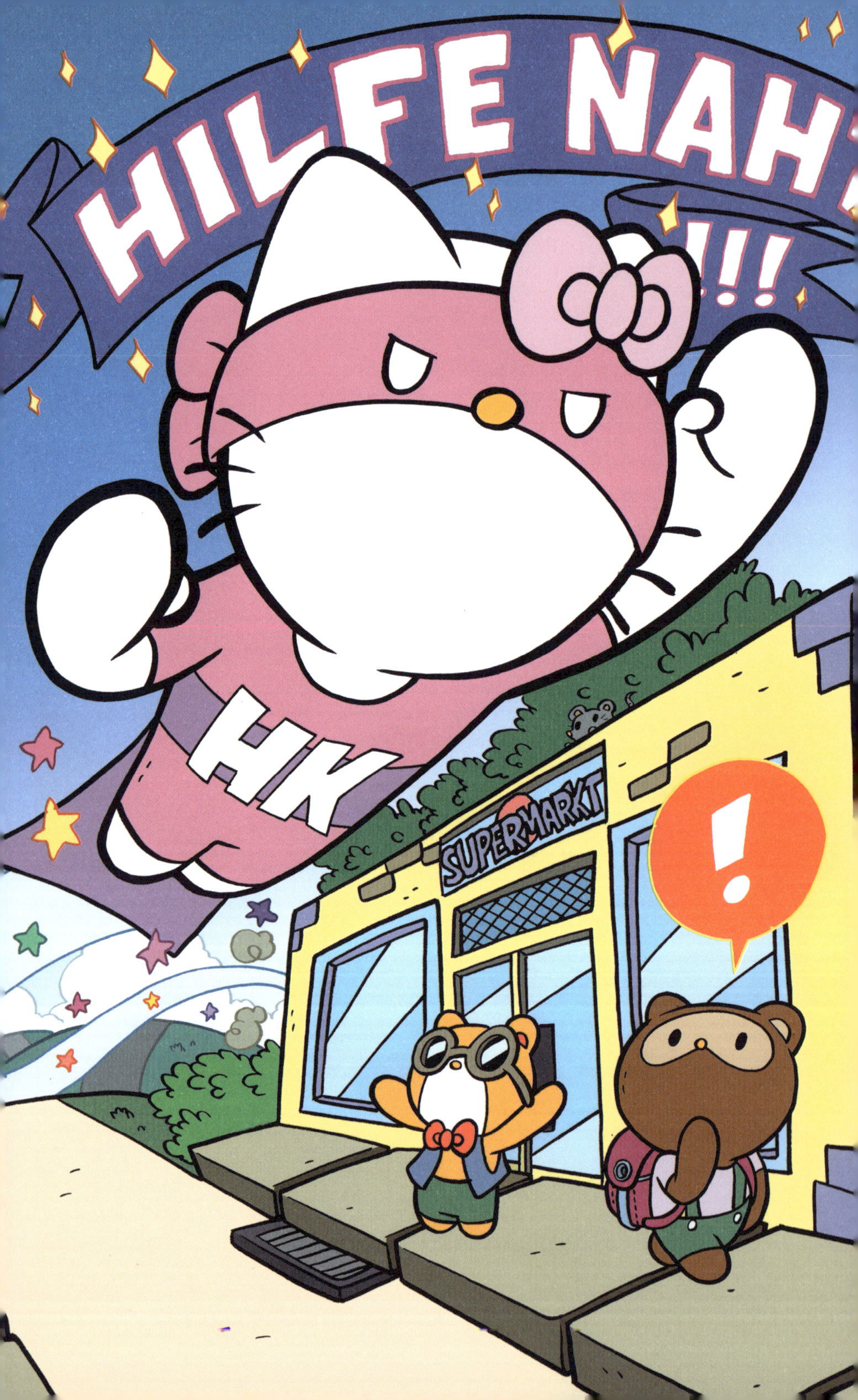
HILFE NAH
!!
HK
SUPERMARKT
!

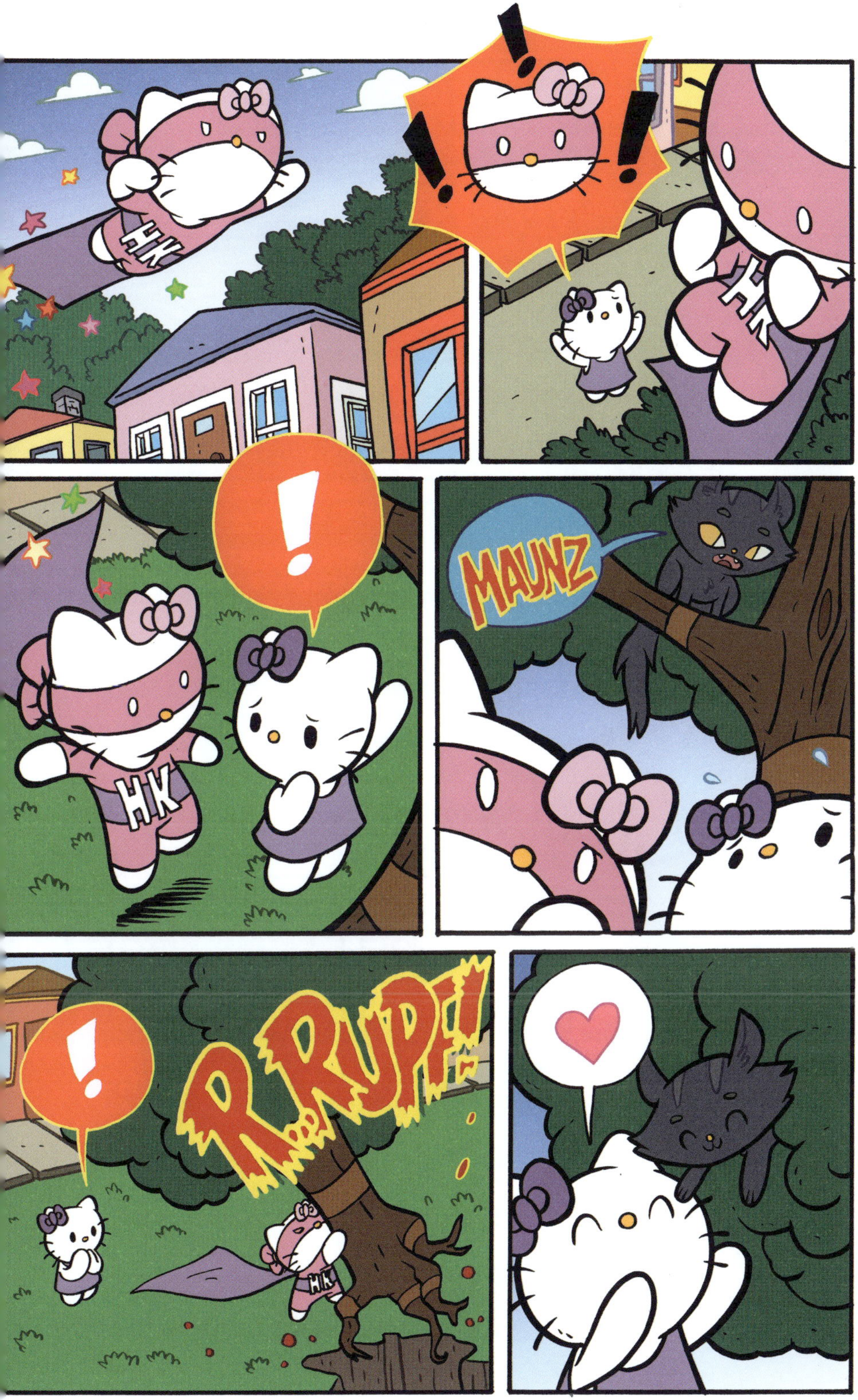

!!!

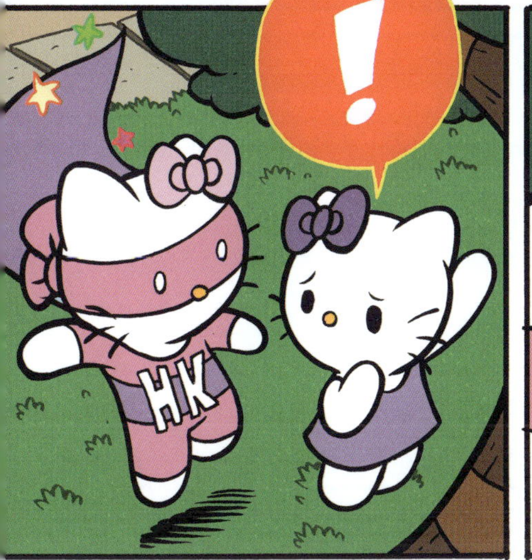
!

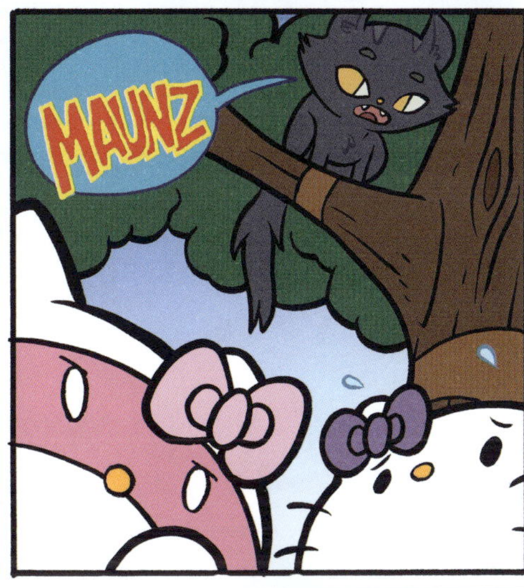
MAUNZ

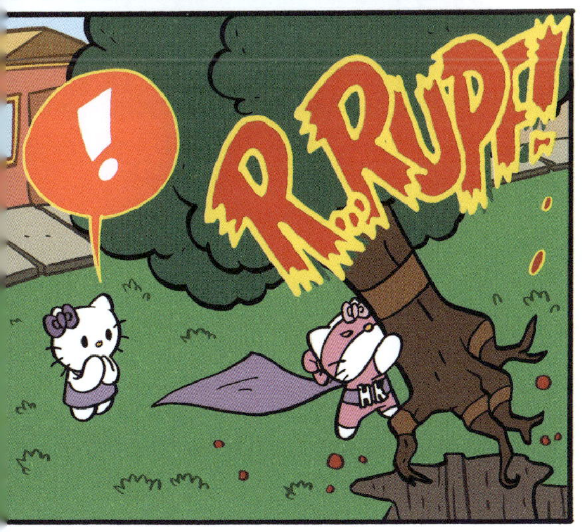
!
R..RUPF!

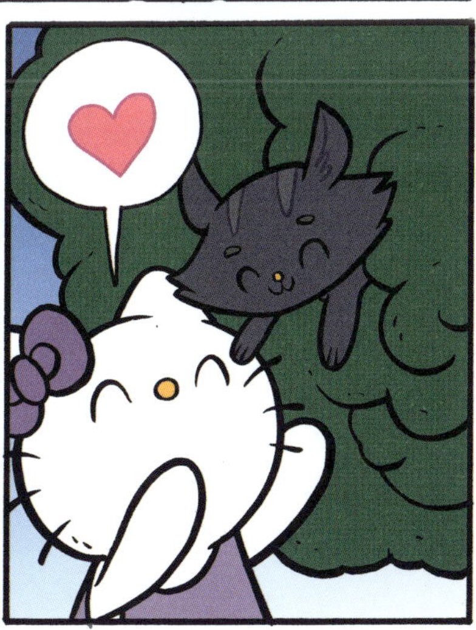

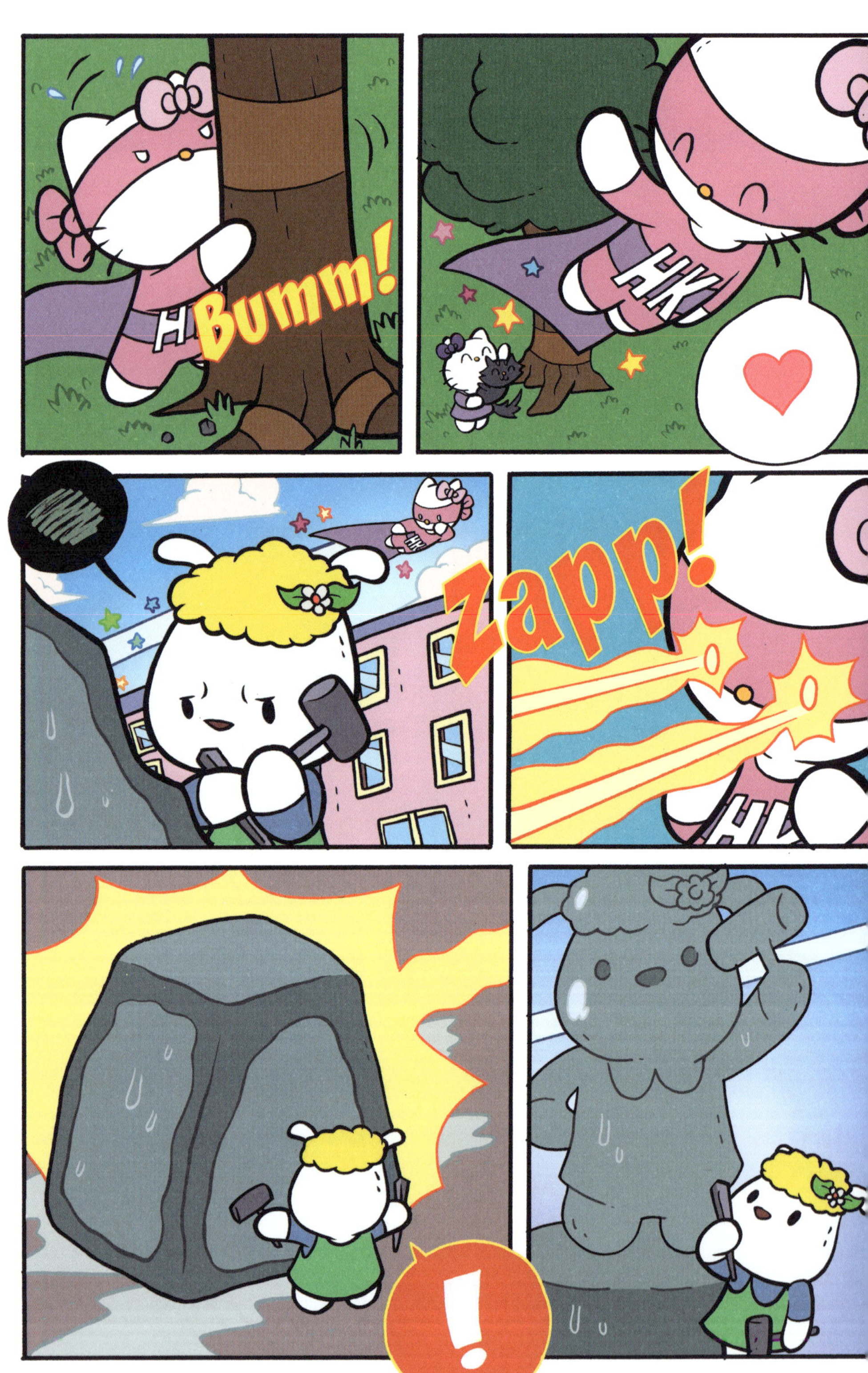
Bumm!
Zapp!
!

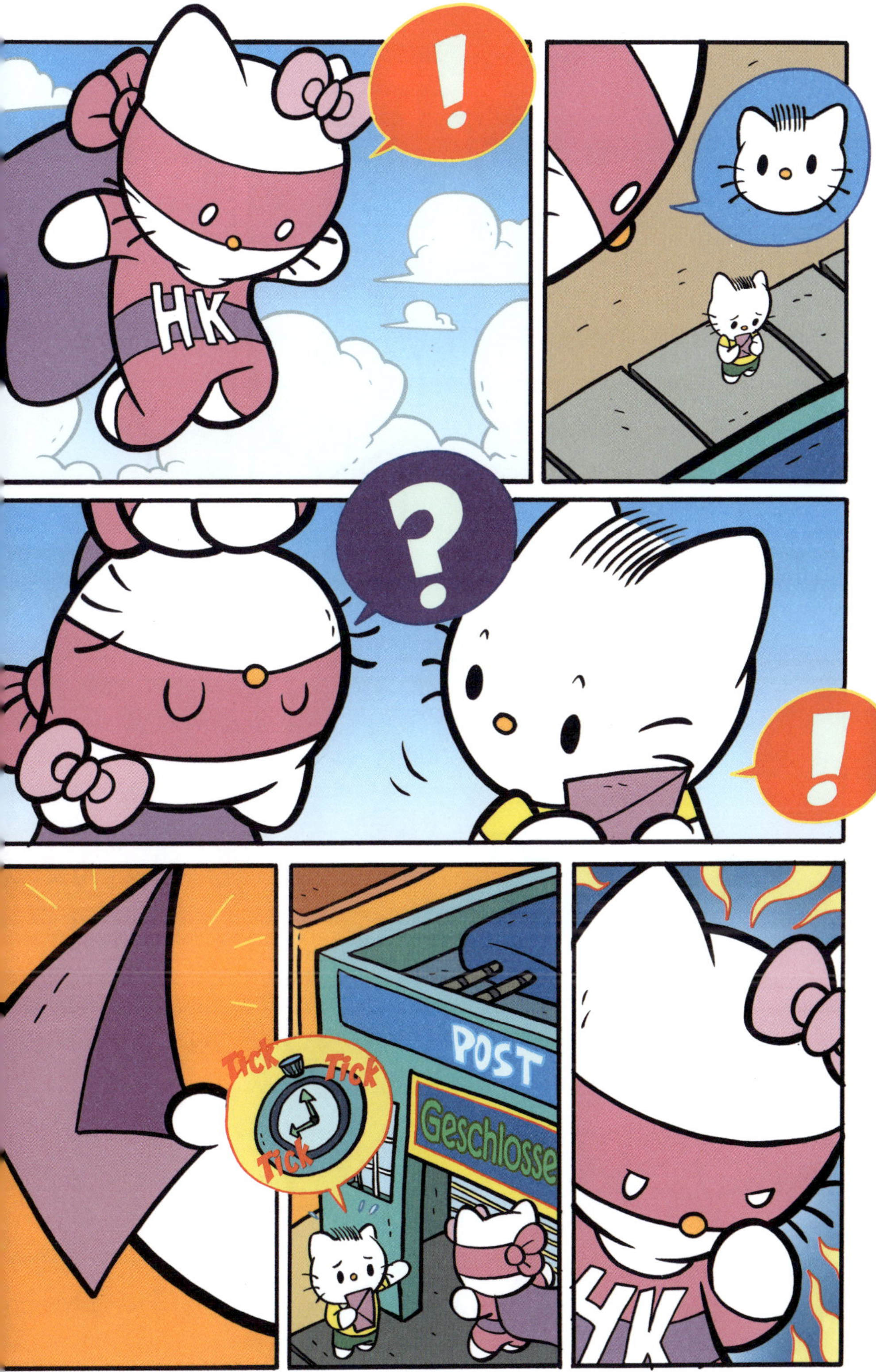
!
?
!
Tick
Tick
Tick
POST
Geschlosse

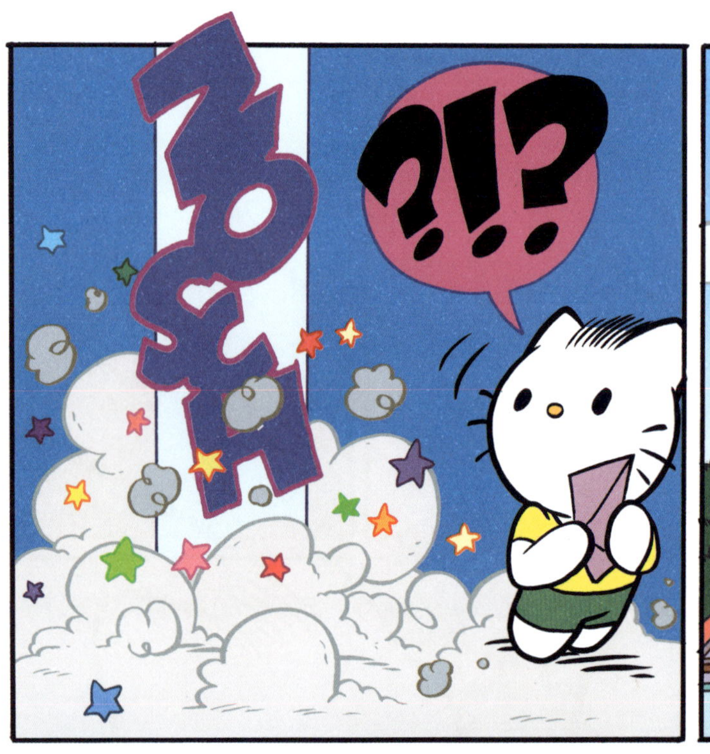
ZOSH
?!?

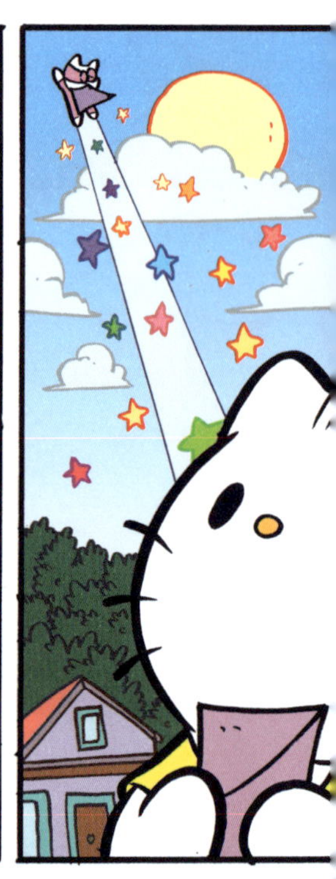

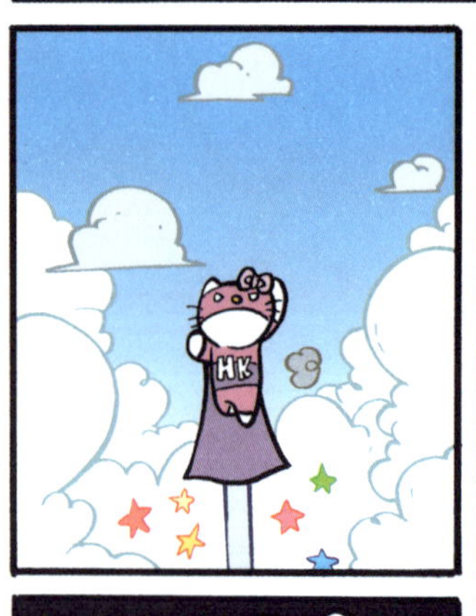

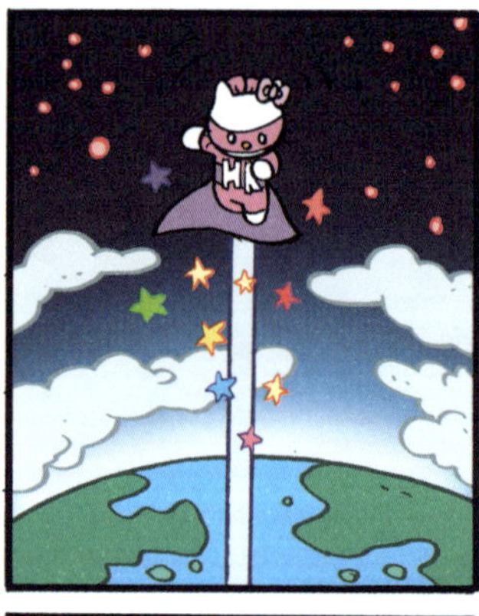

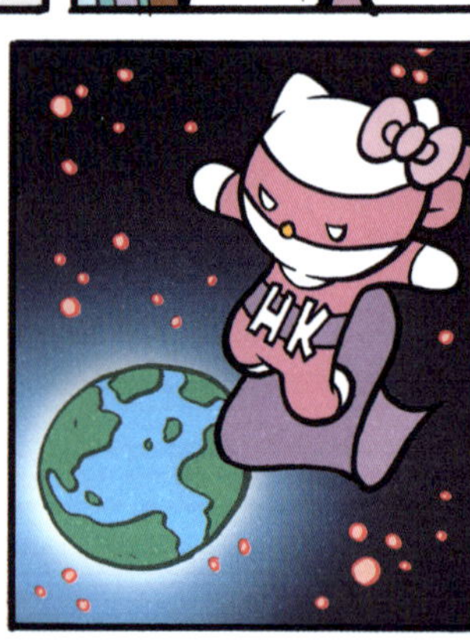

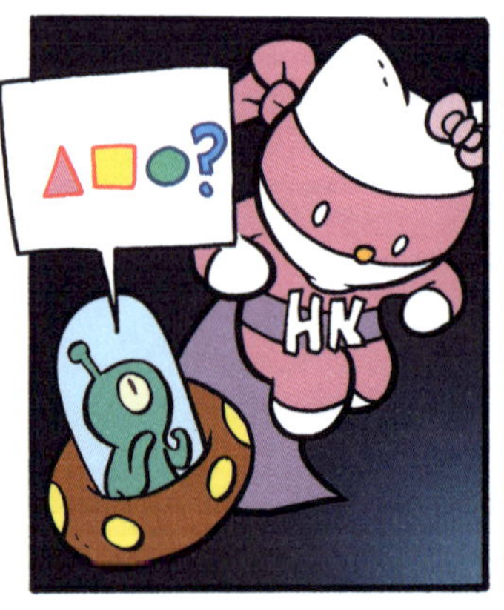
?

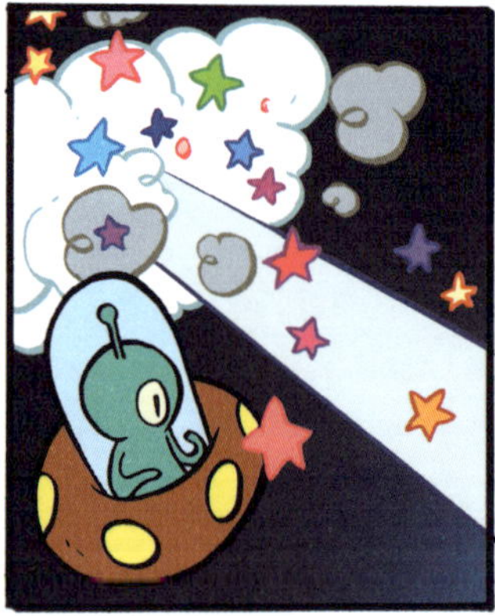

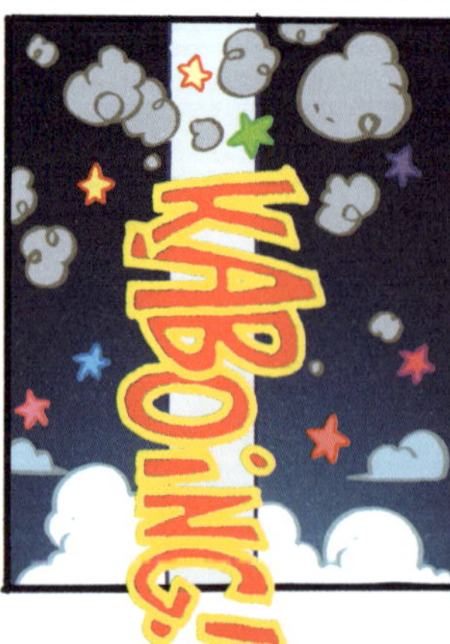
KABOiNG!

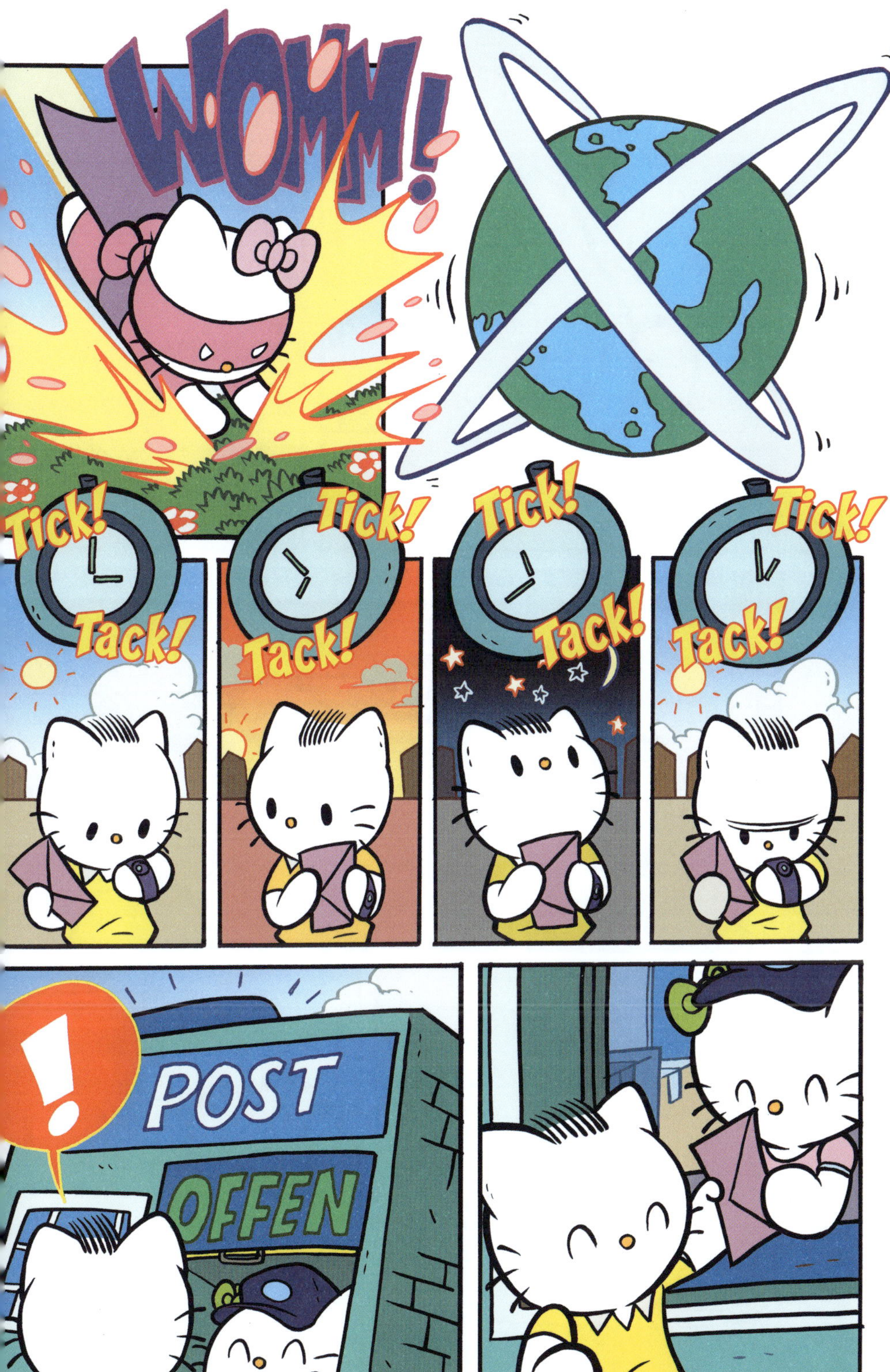
WOMM!
Tick!
Tack!
Tick!
Tack!
Tick!
Tack!
Tick!
Tack!
!
POST
OFFEN

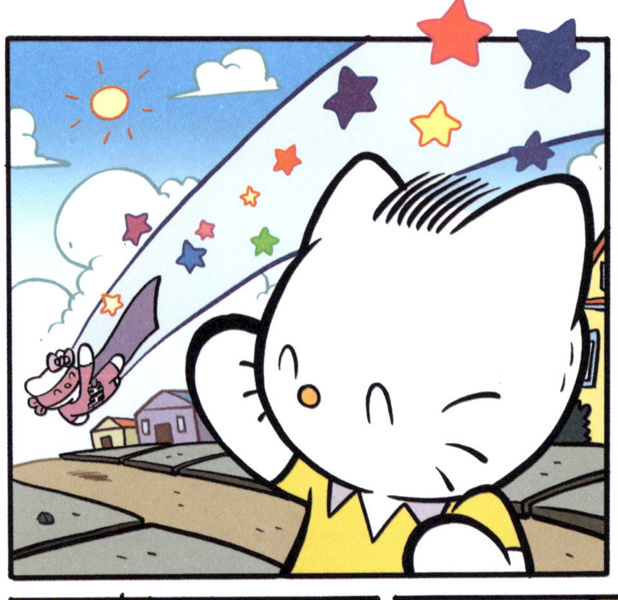

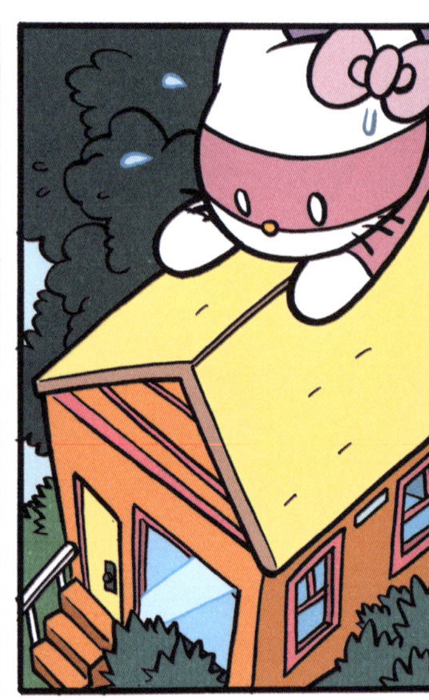

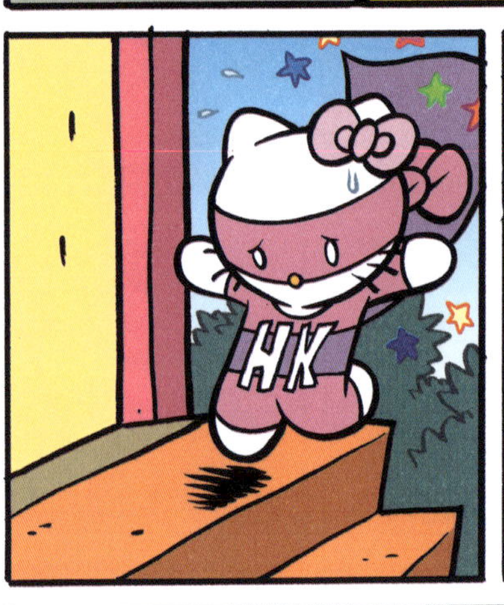
HK

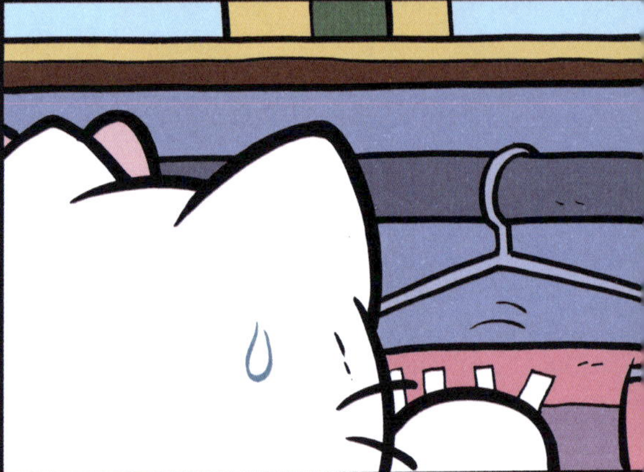

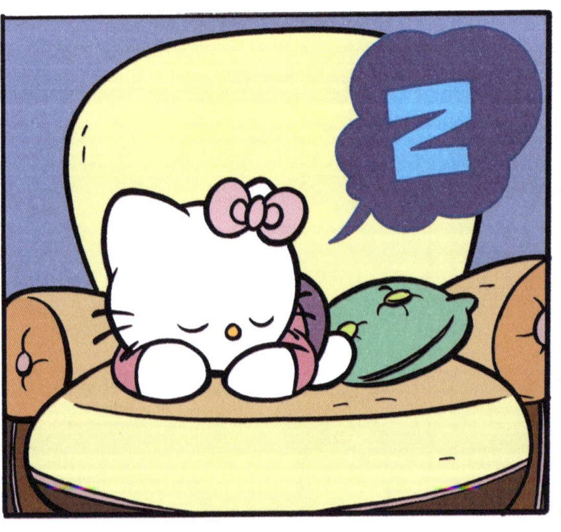
Z

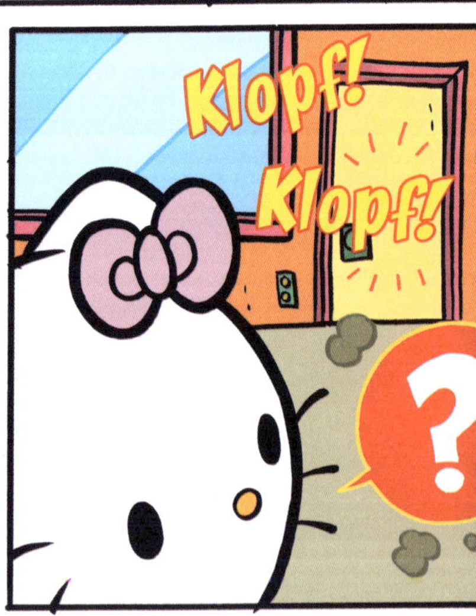
Klopf!
Klopf!
?

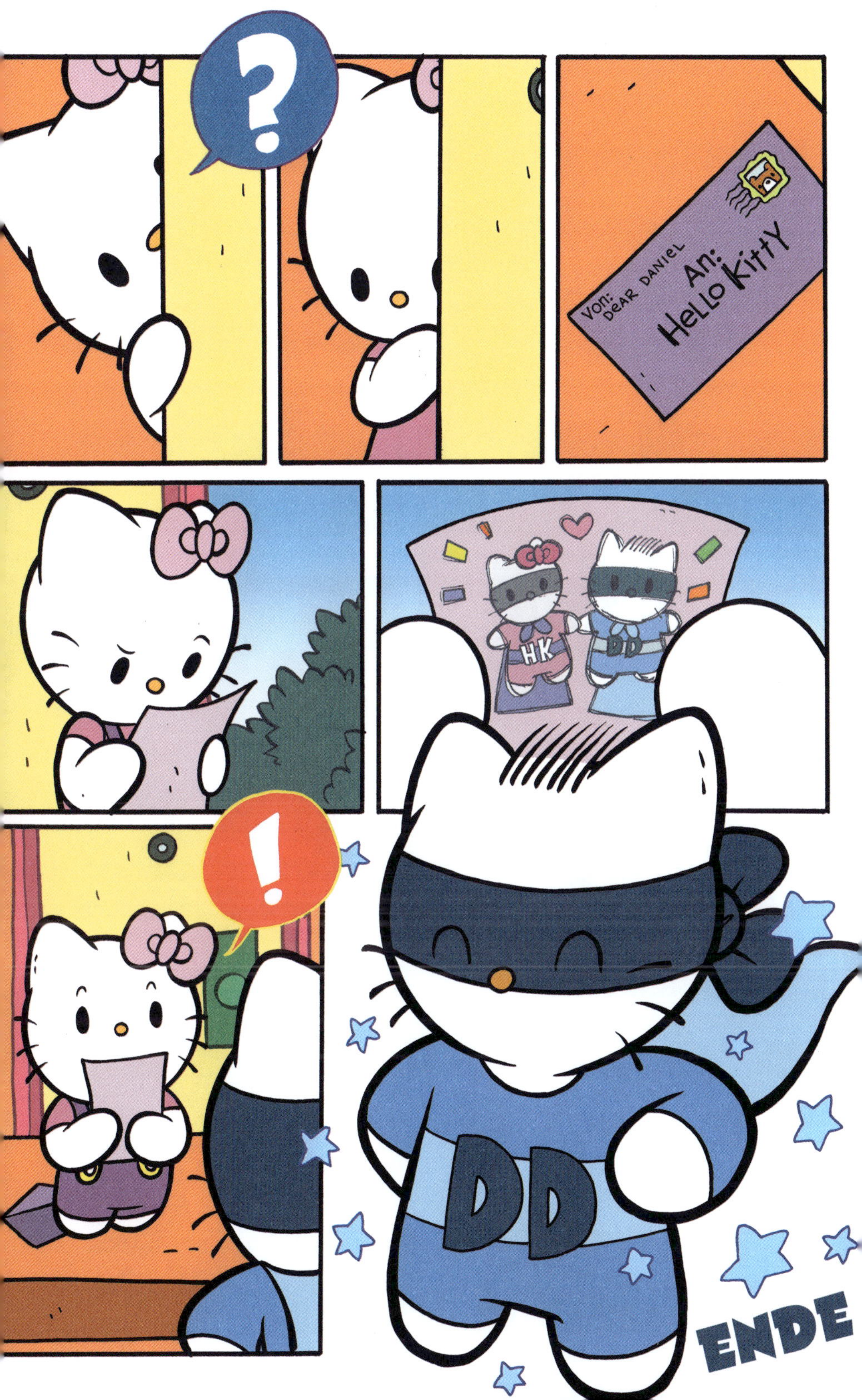
?
Von: DEAR DANIEL
An: Hello Kitty
HK
DD
!
DD
ENDE

Maskenball

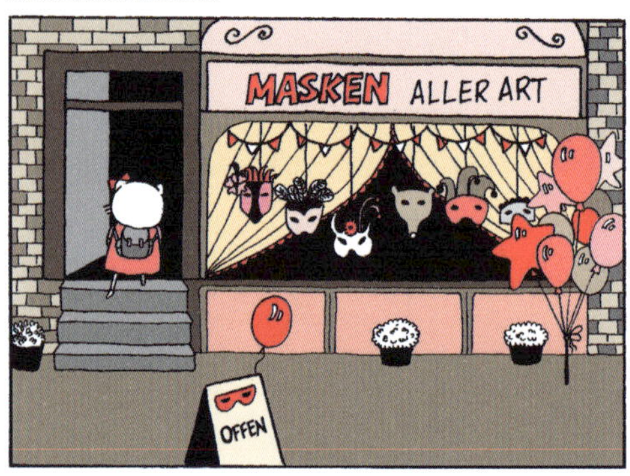

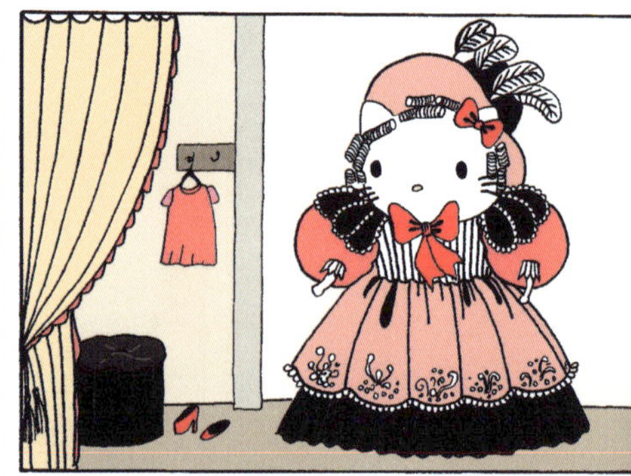

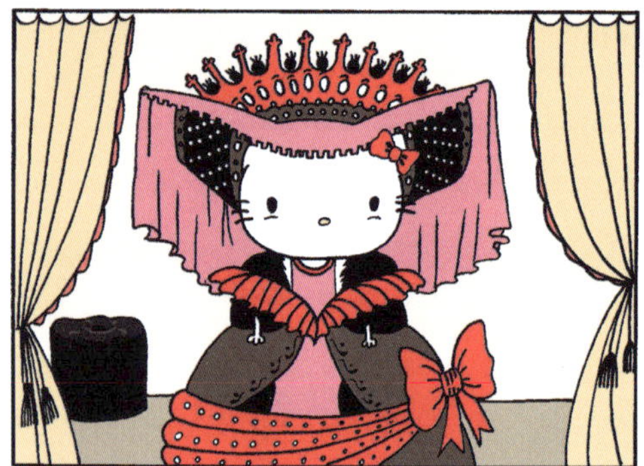

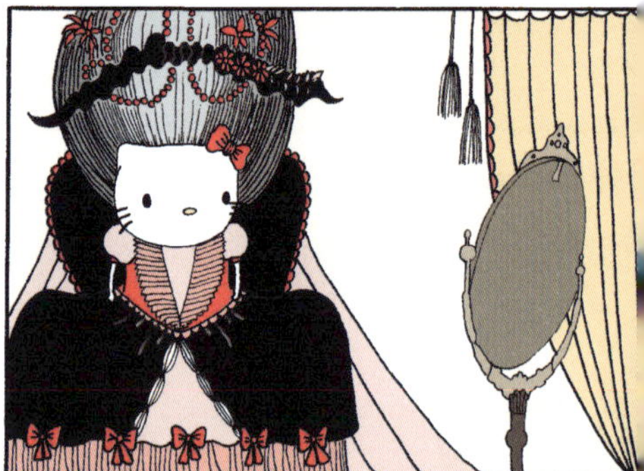

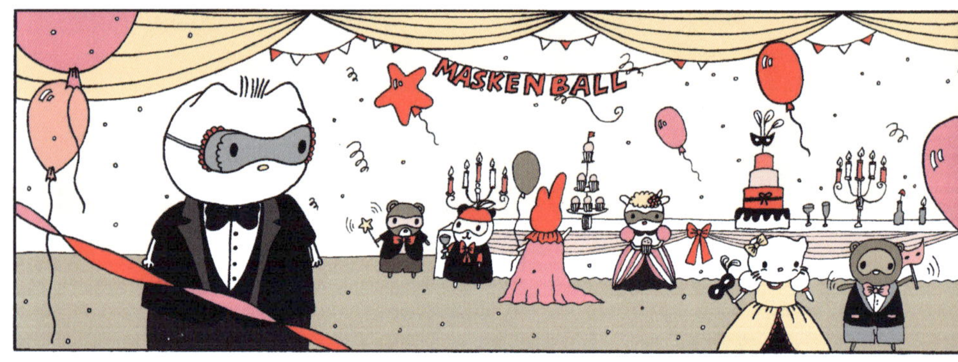

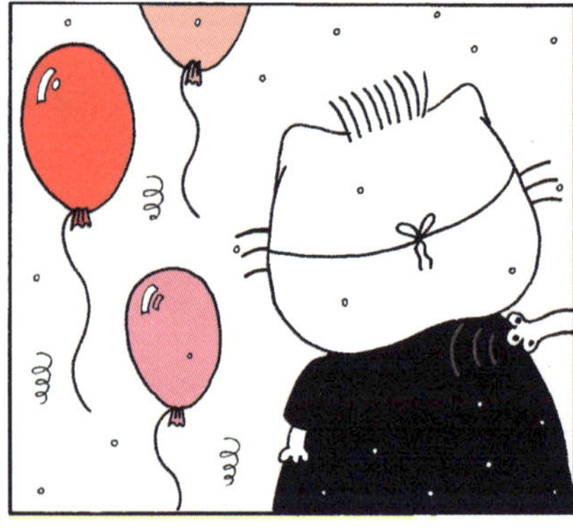

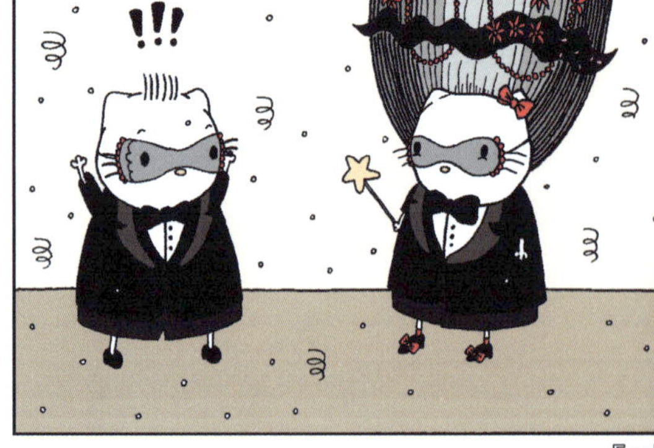

End

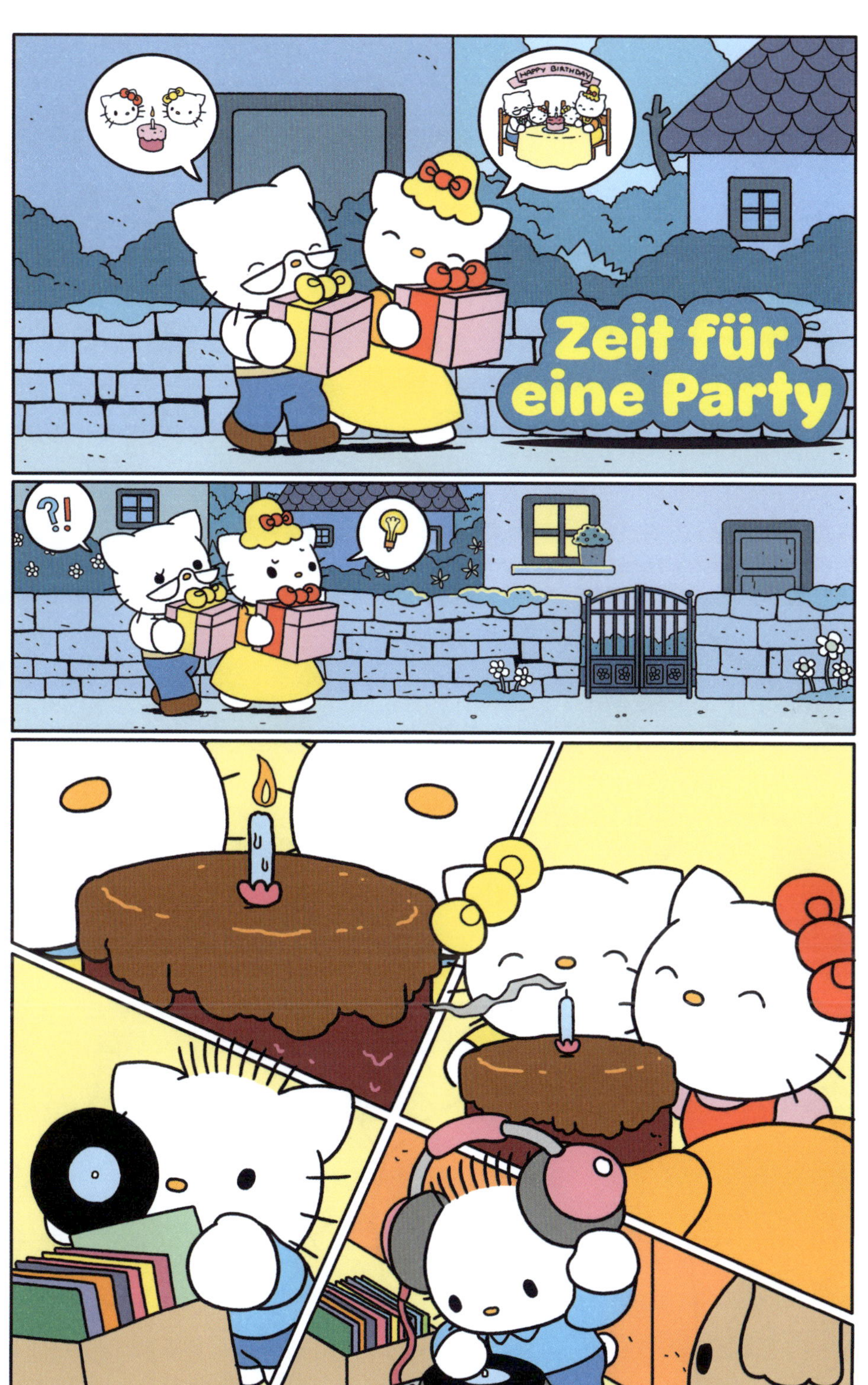
HAPPY BIRTHDAY
Zeit für eine Party
?!

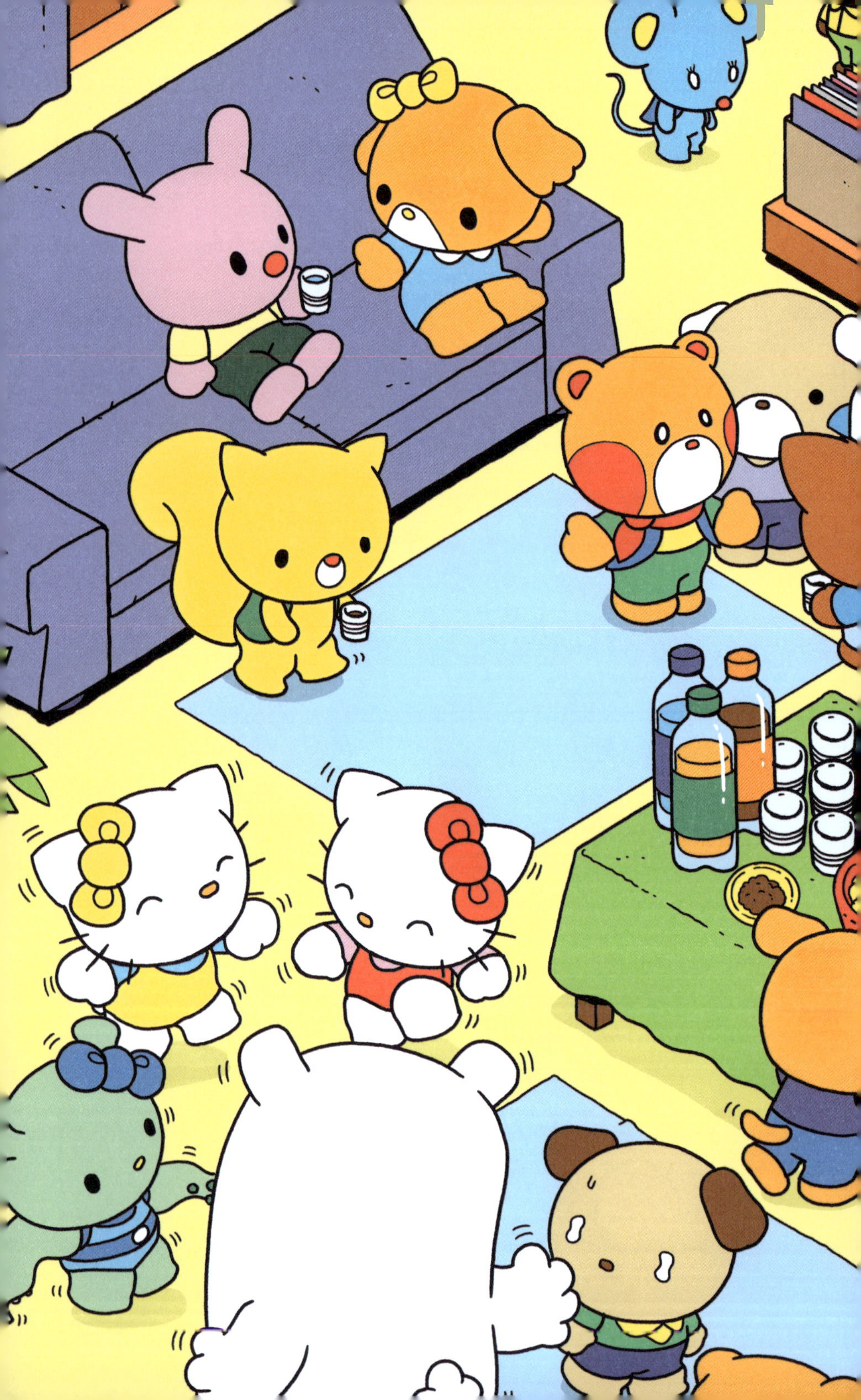

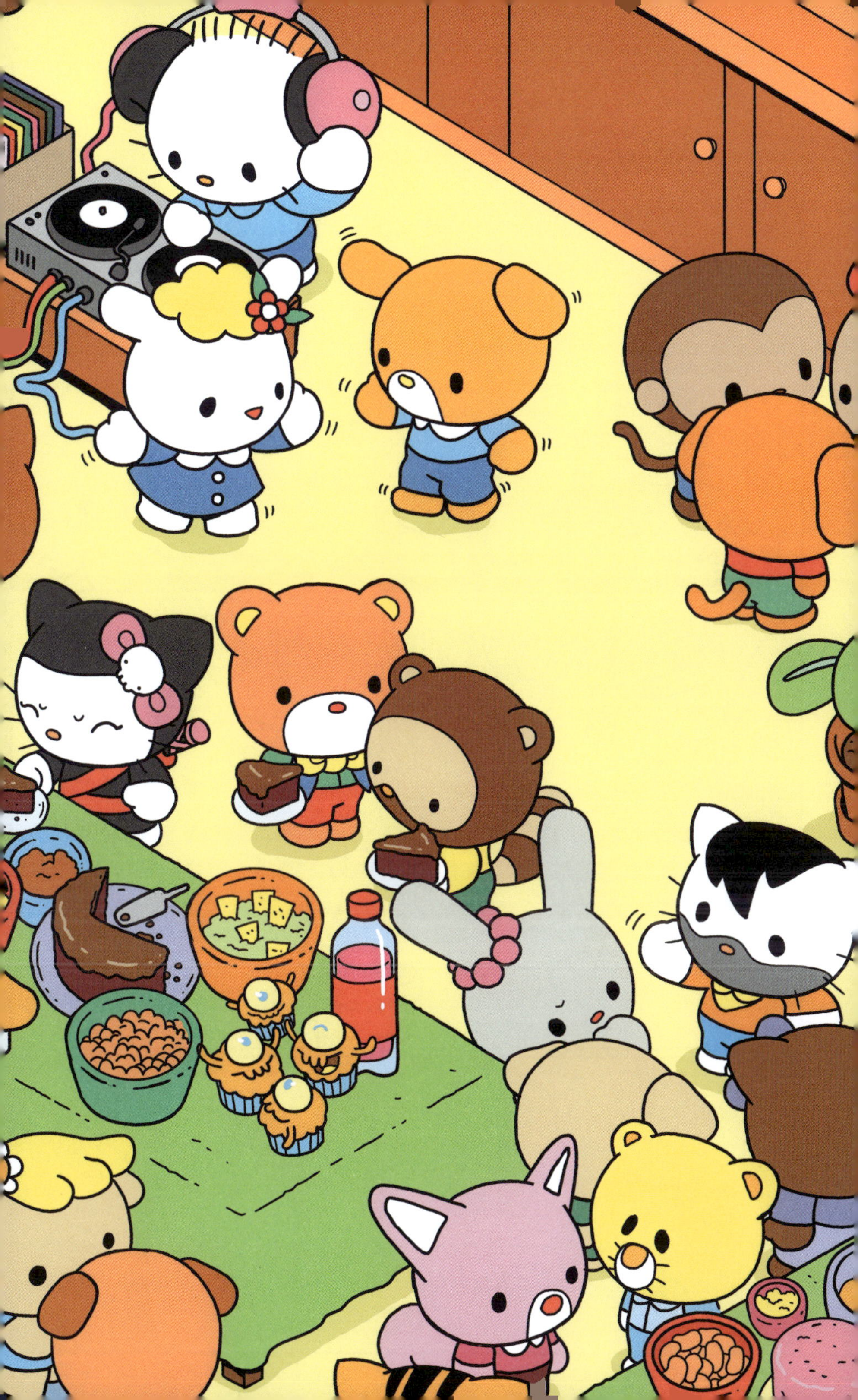

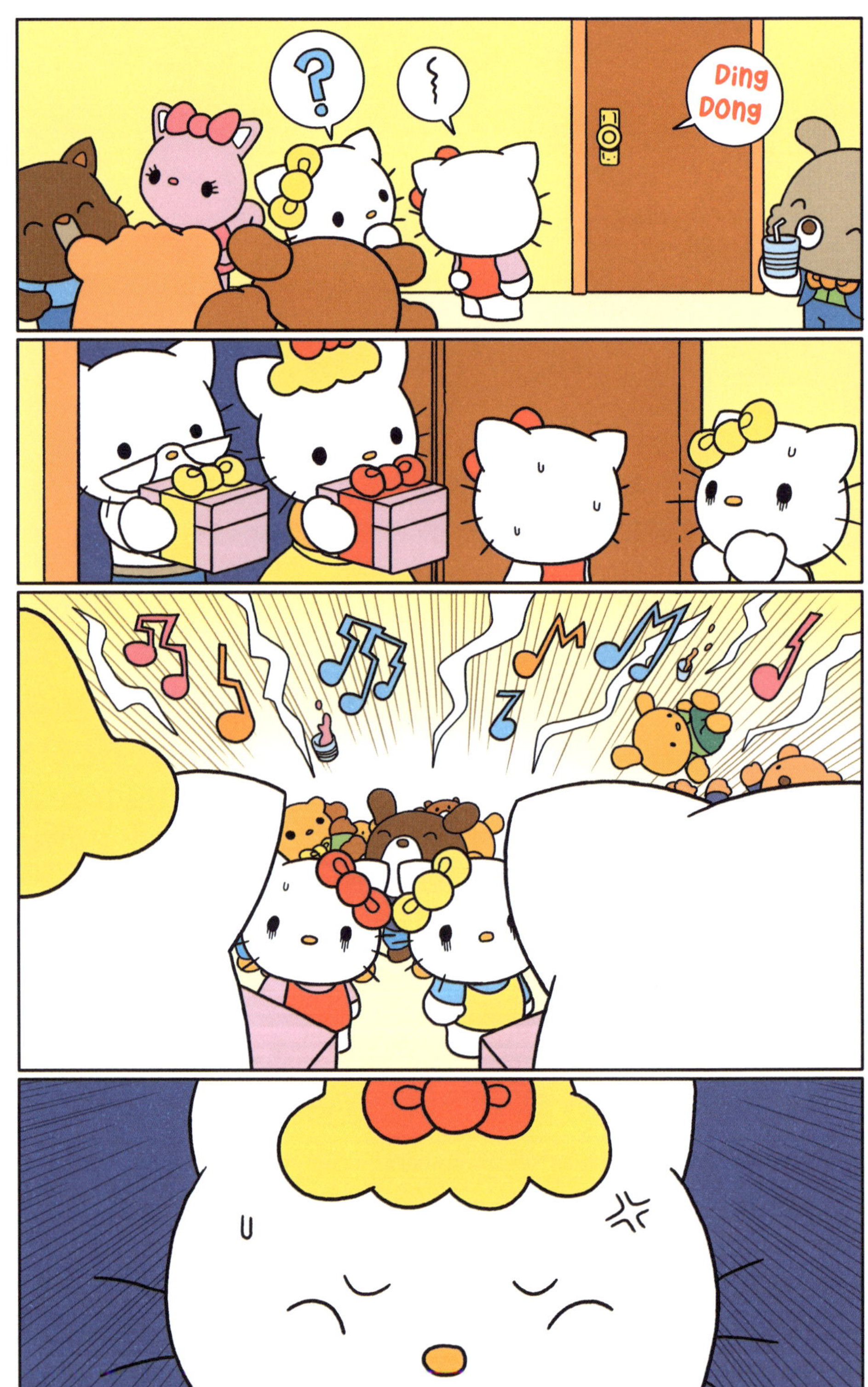
?
Ding Dong

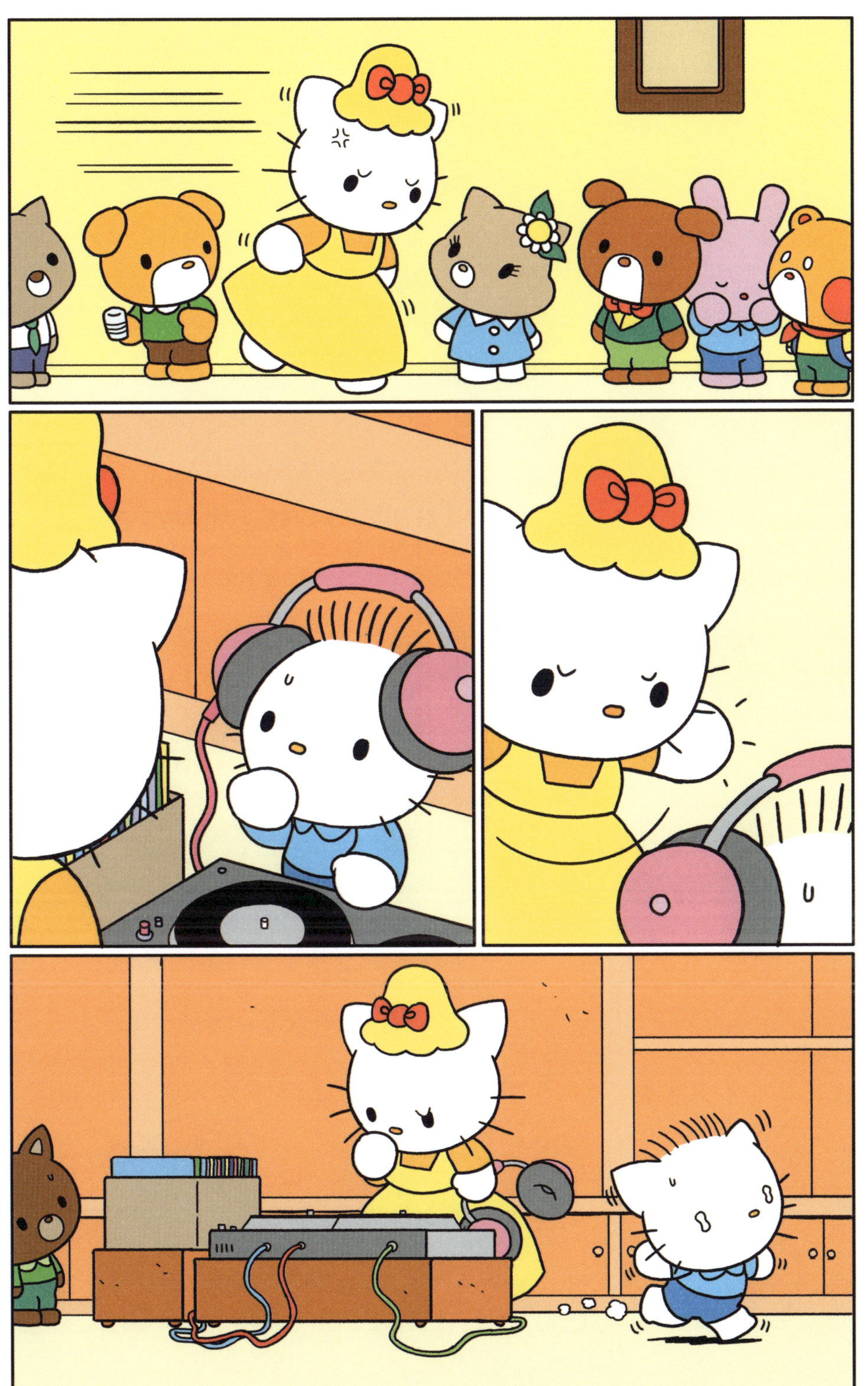

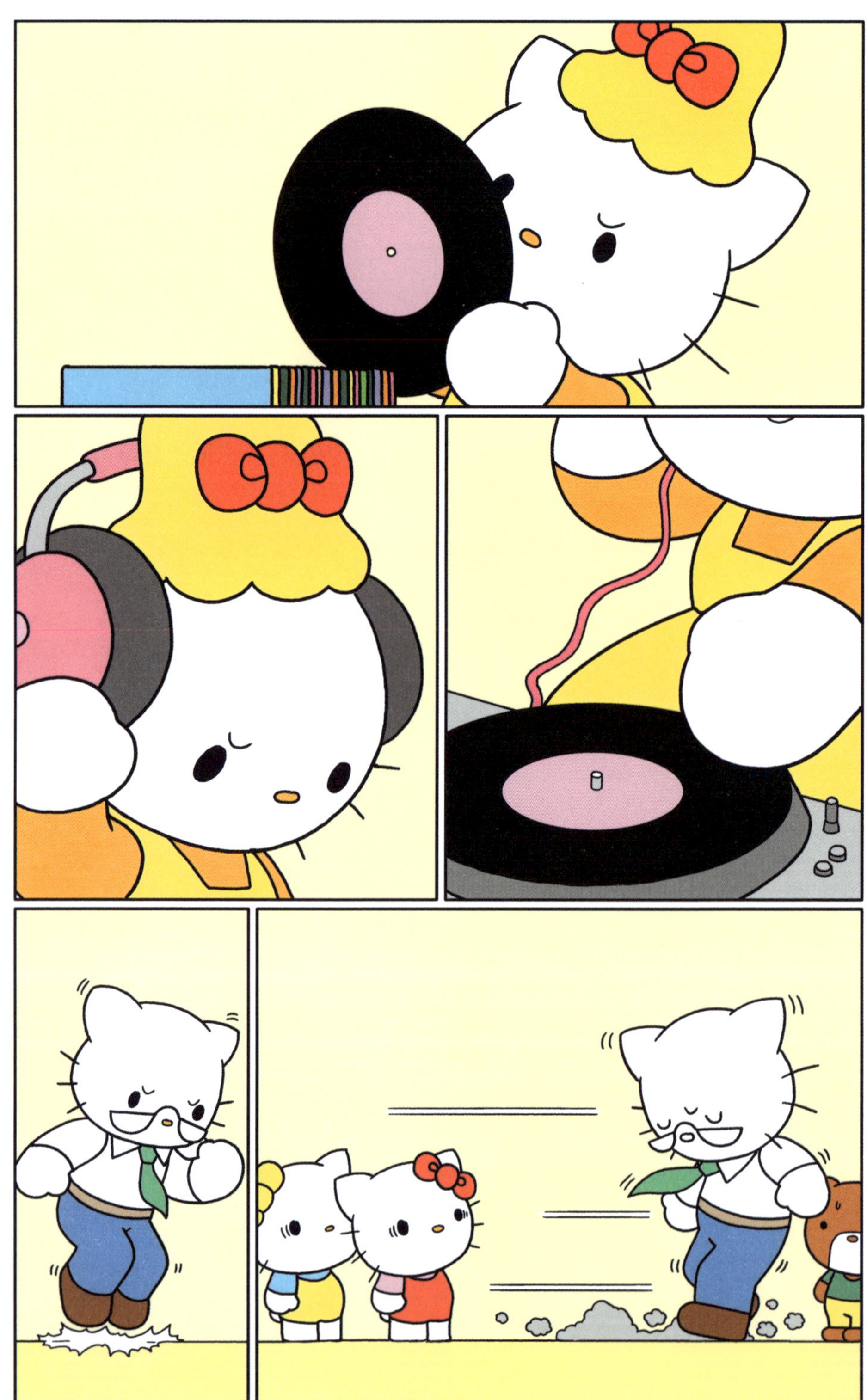

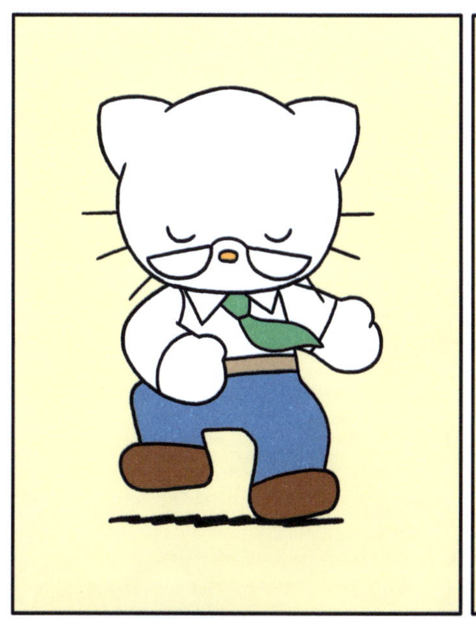

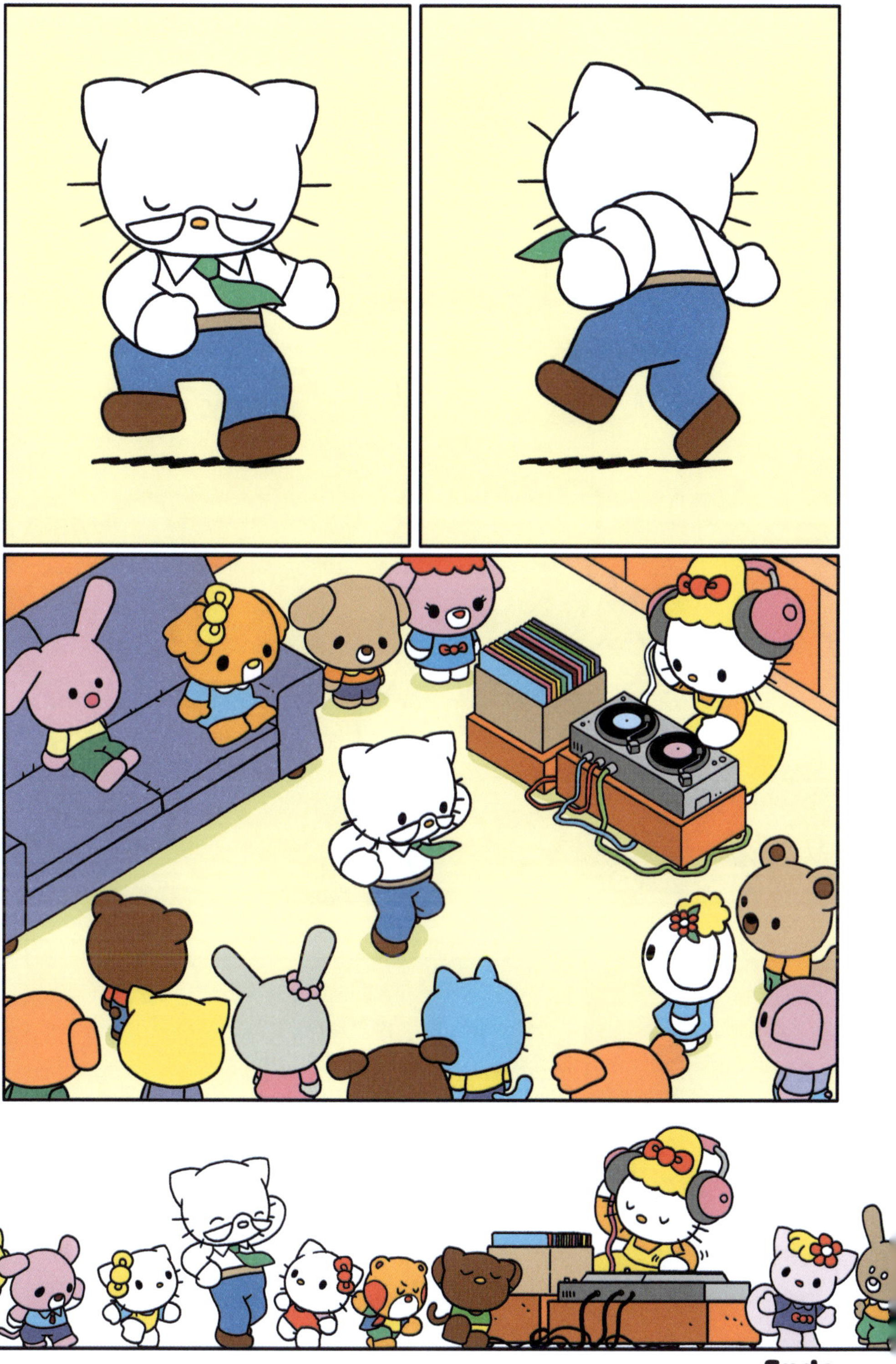

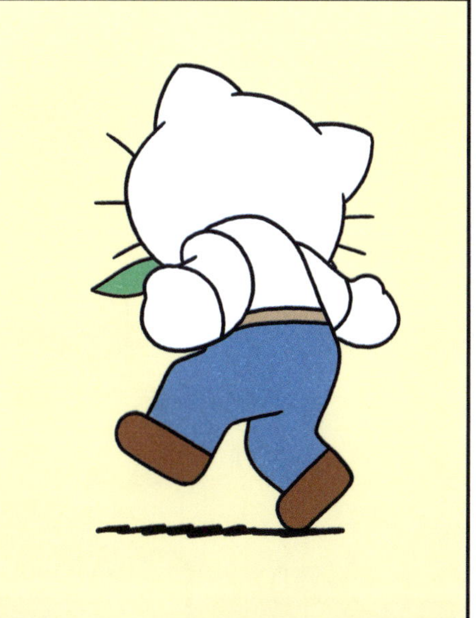

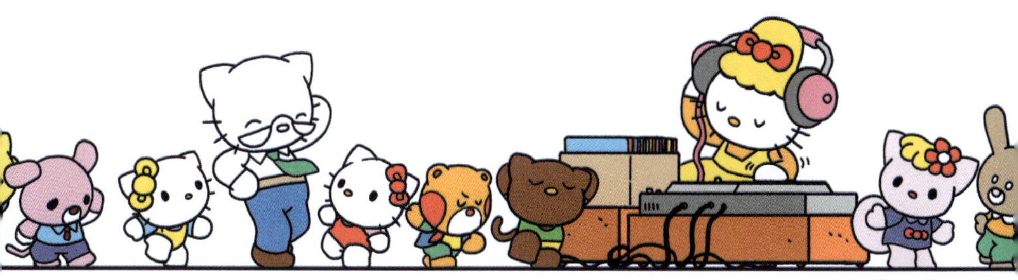

Ende

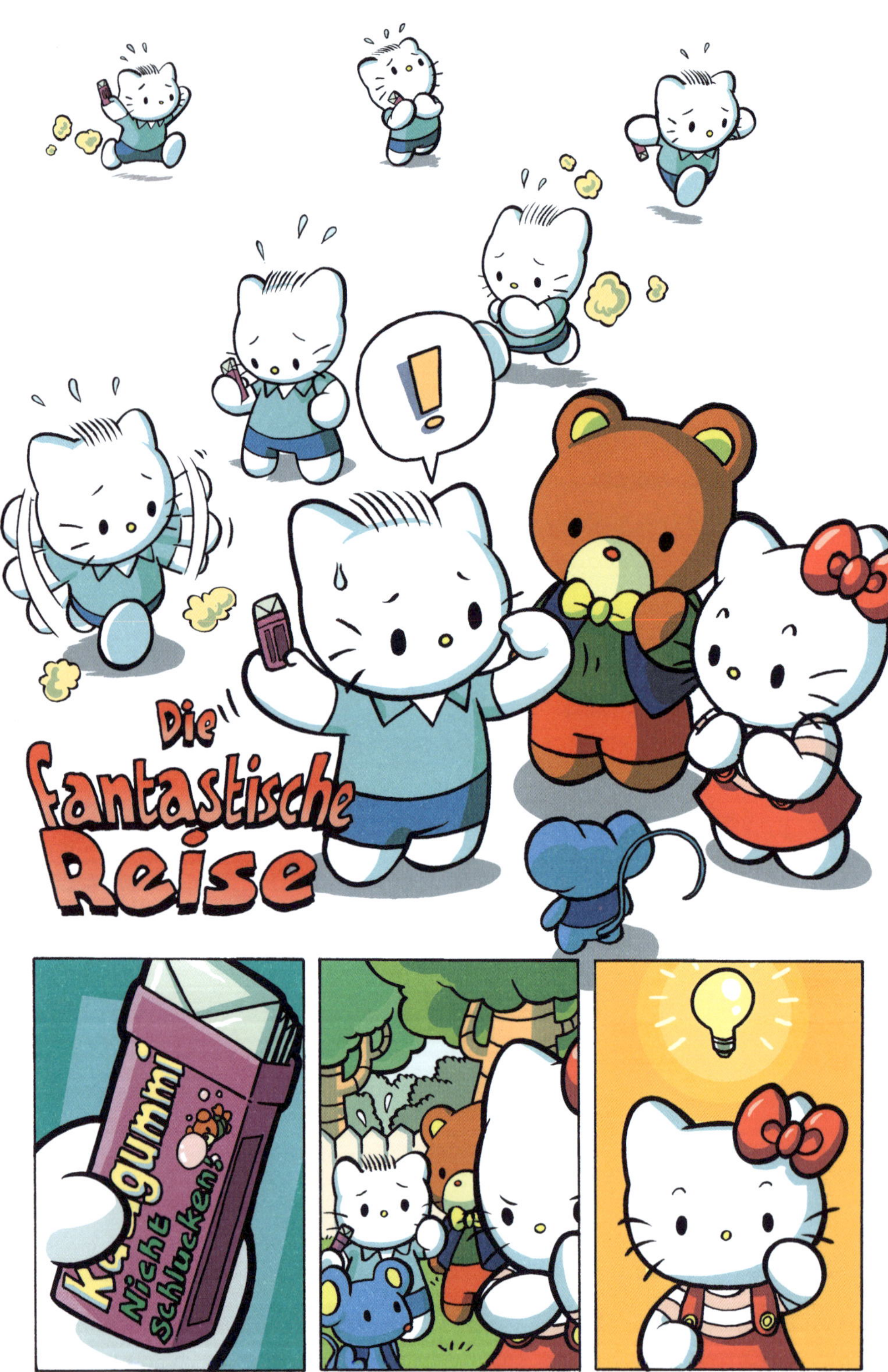
!
Die fantastische Reise
gummi
Nicht schlucken!

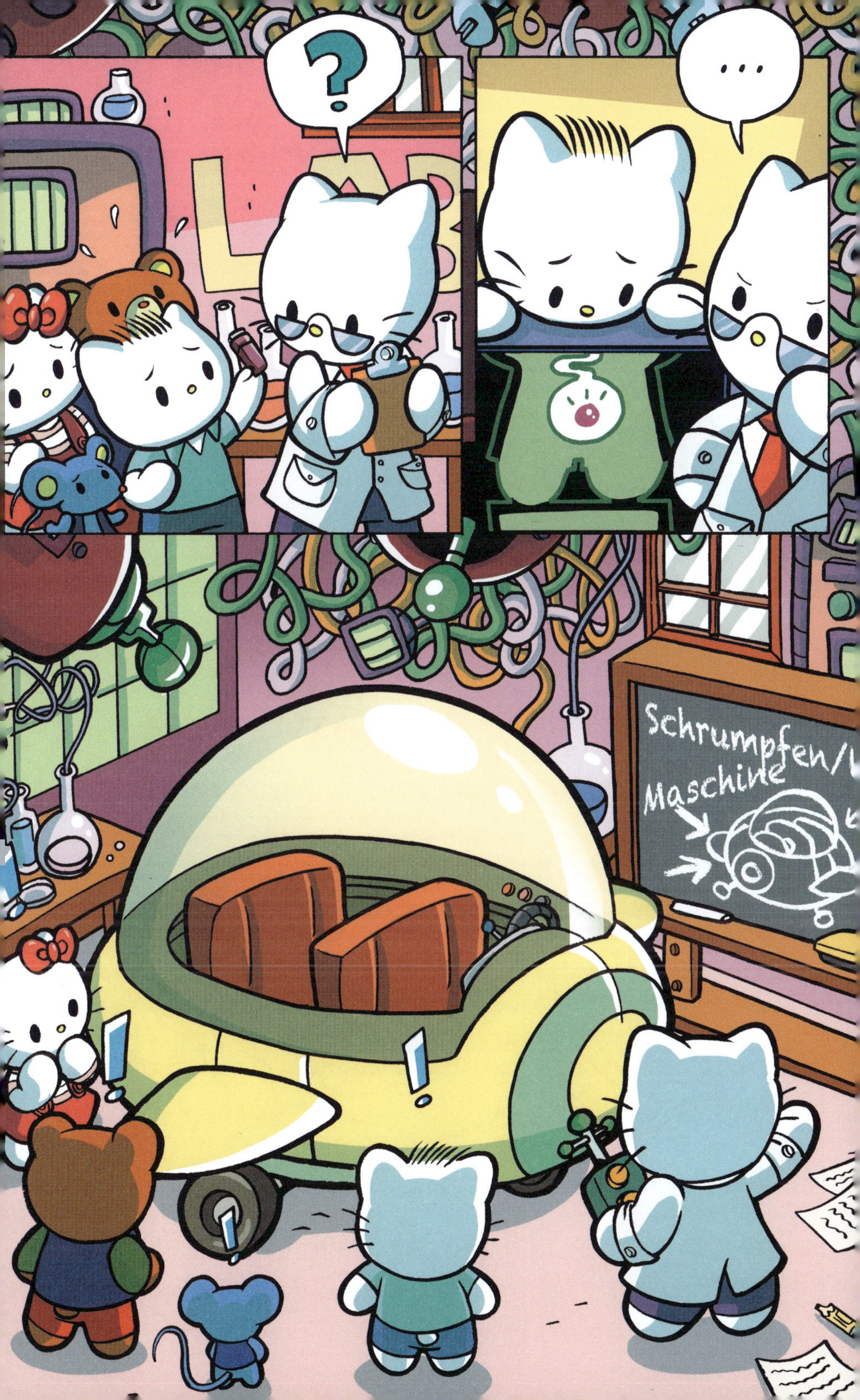
?
...
LAB
Schrumpfen/
Maschine

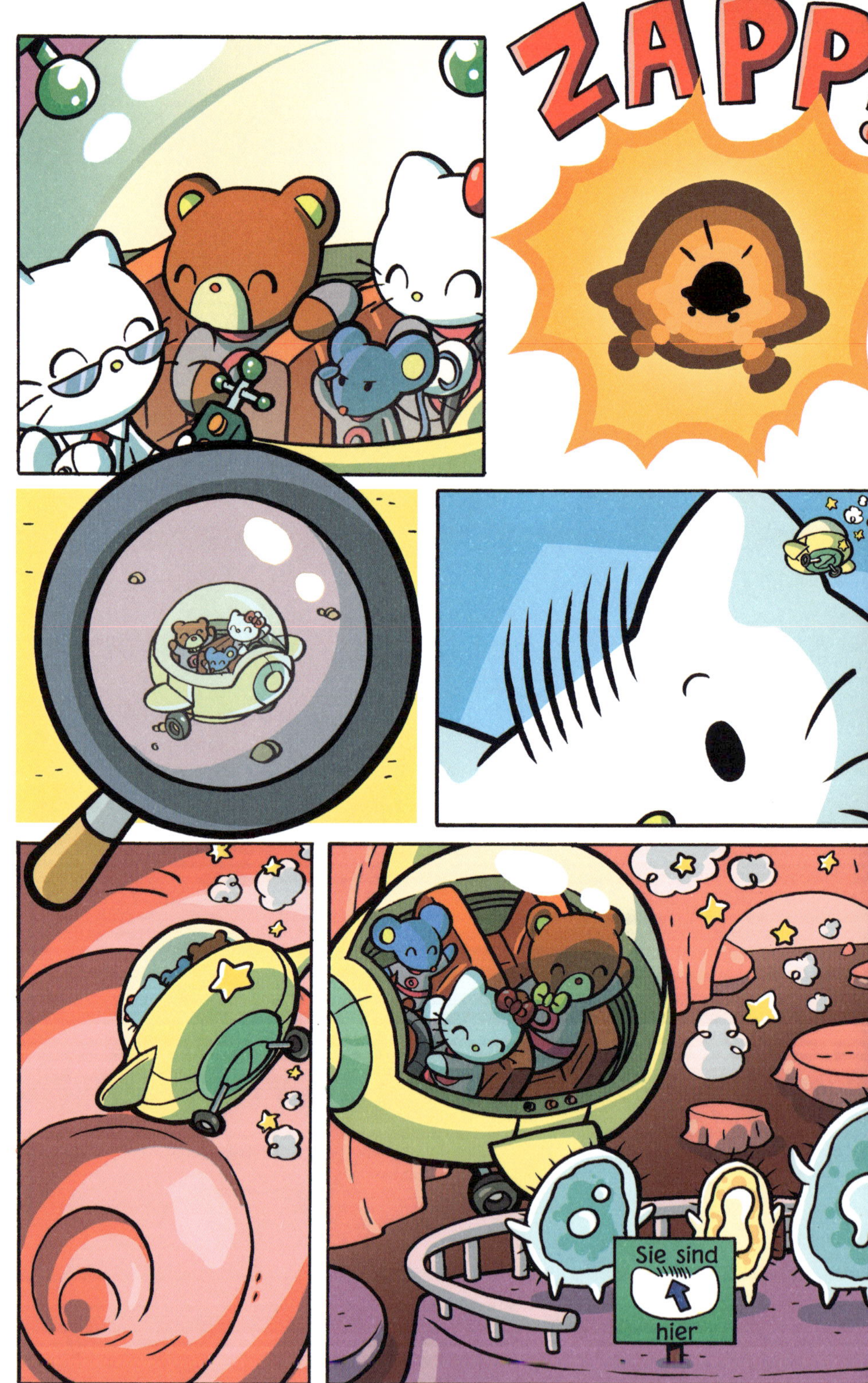
ZAPP
Sie sind
hier

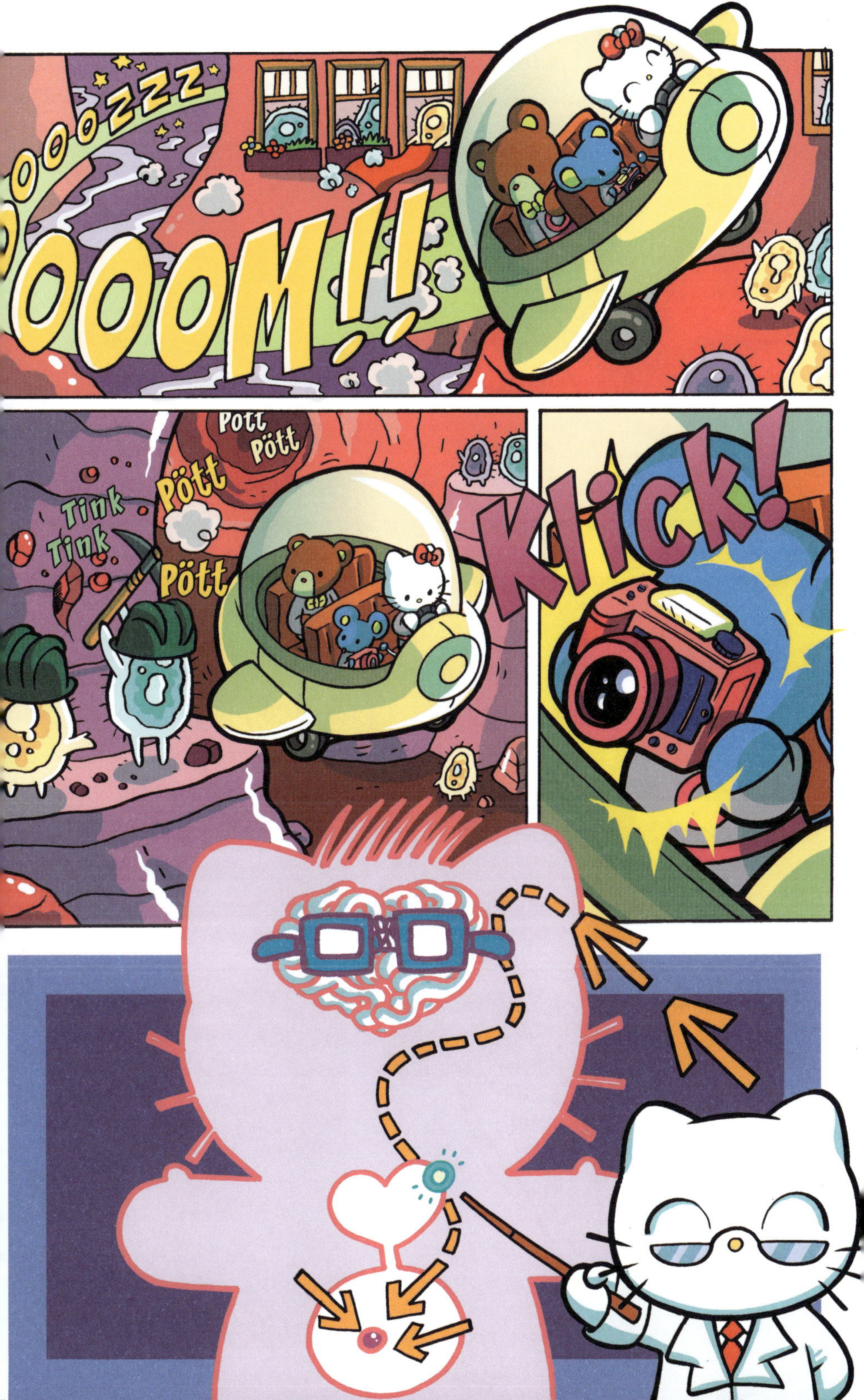

OOOZZZ
OOOOM!!
Pott
Pött
Pött
Tink
Tink
Pött
Klick!

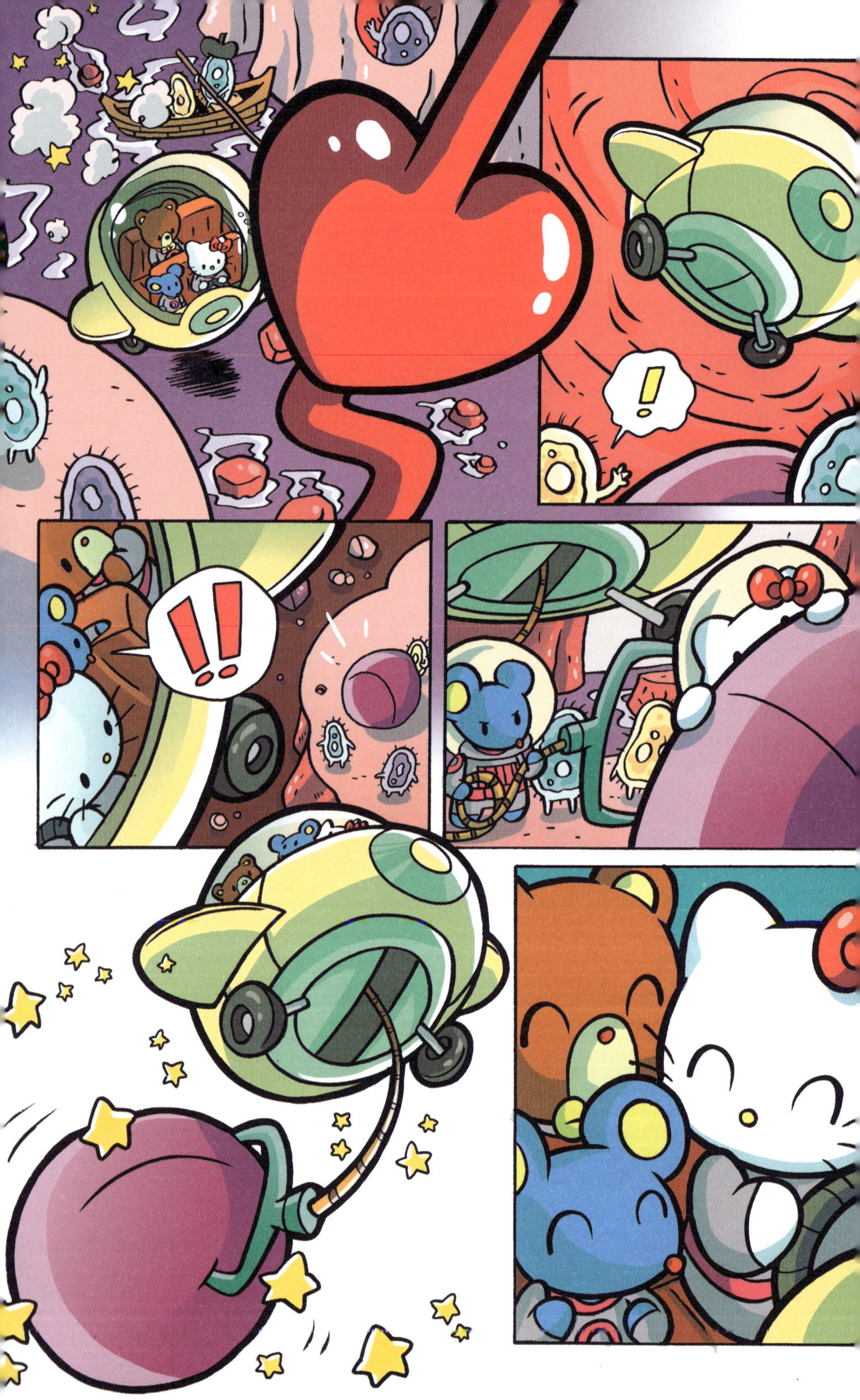

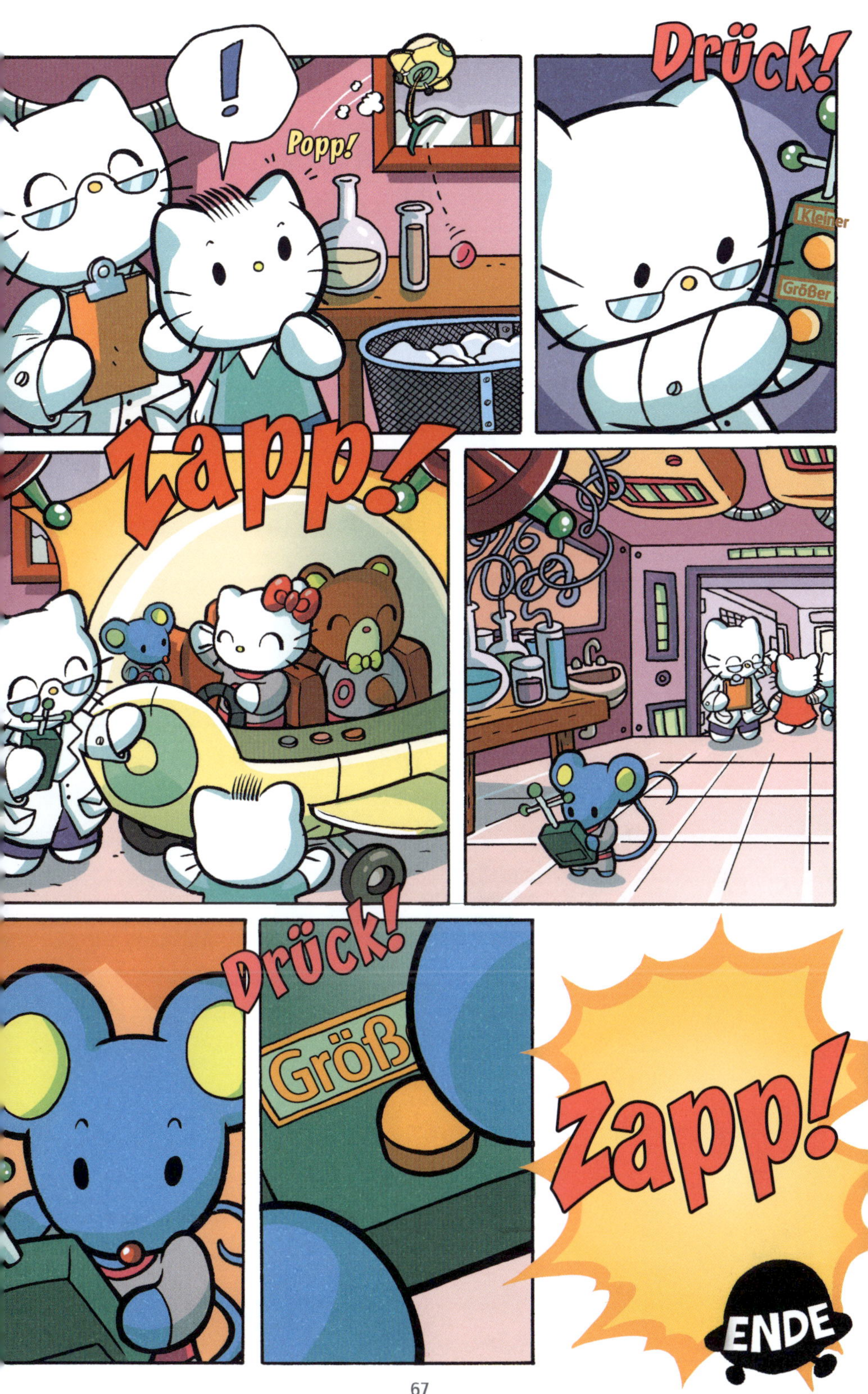
!
Popp!
Drück!
Kleiner
Größer
Zapp!
Drück!
Größ
Zapp!
ENDE

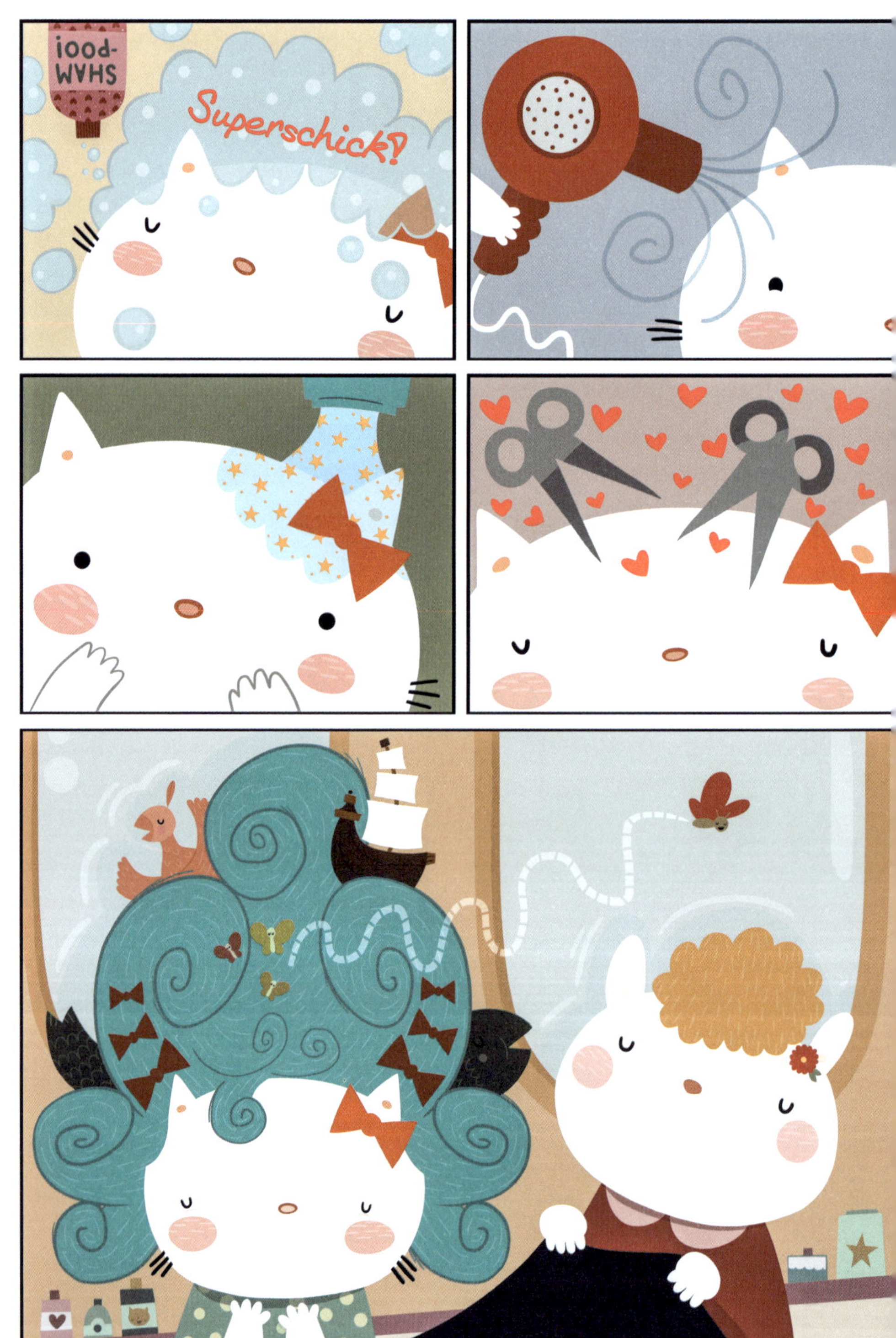
SHAM-POO!
Superschick?

Überflieger

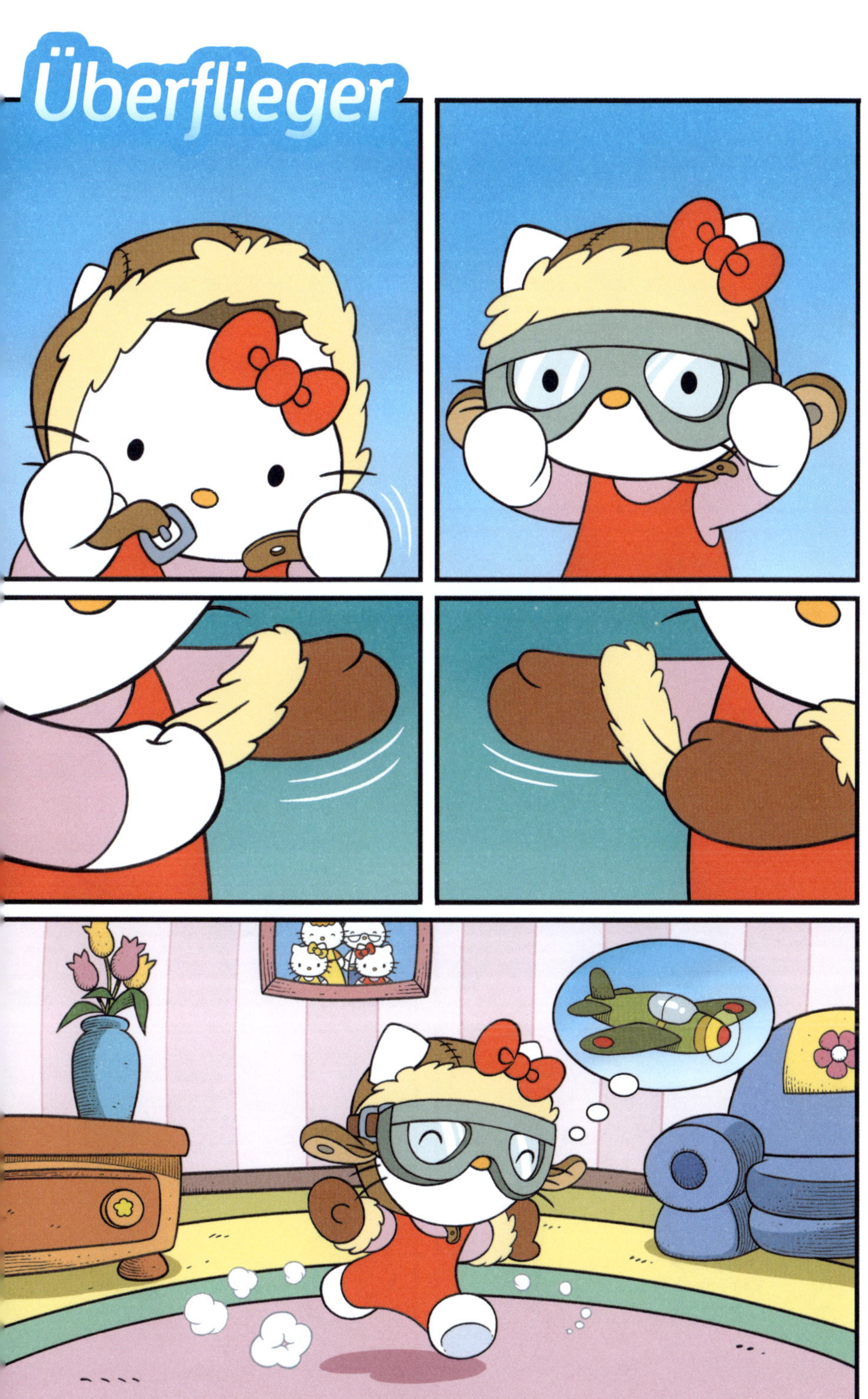

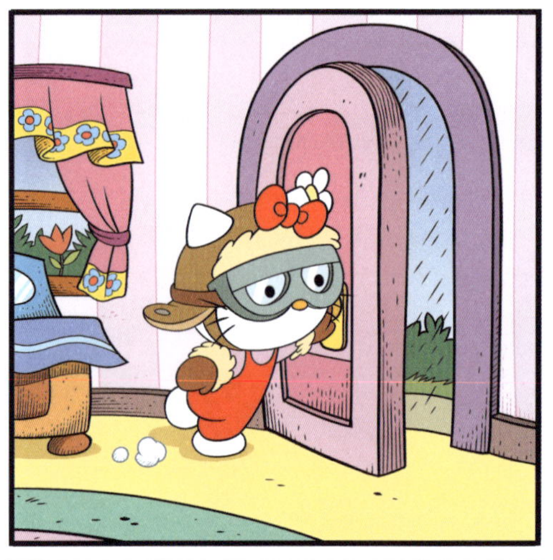

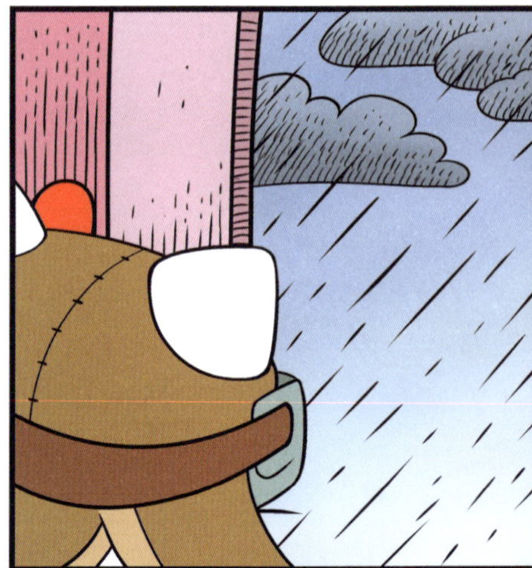

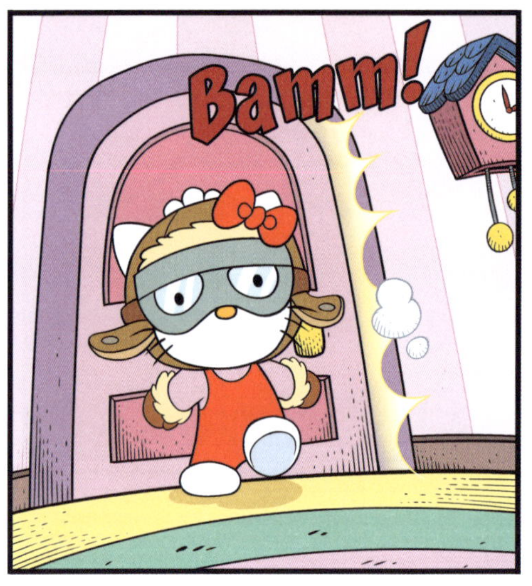
Bamm!

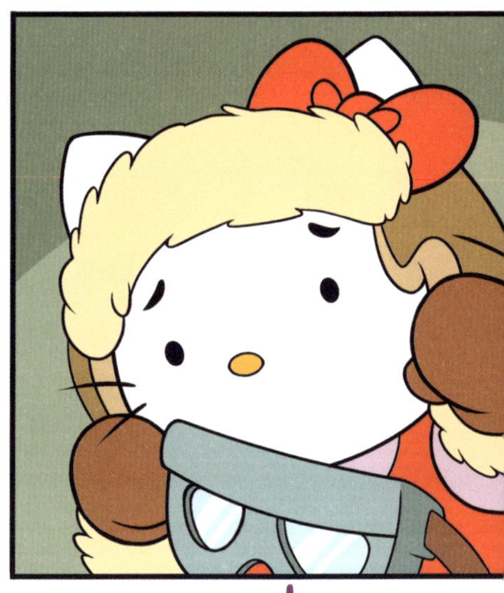

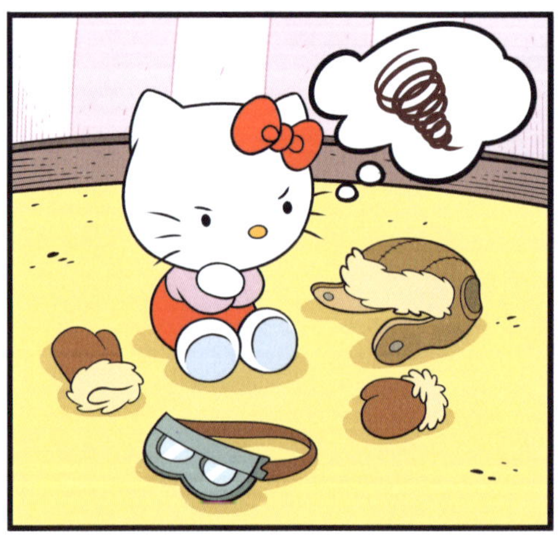

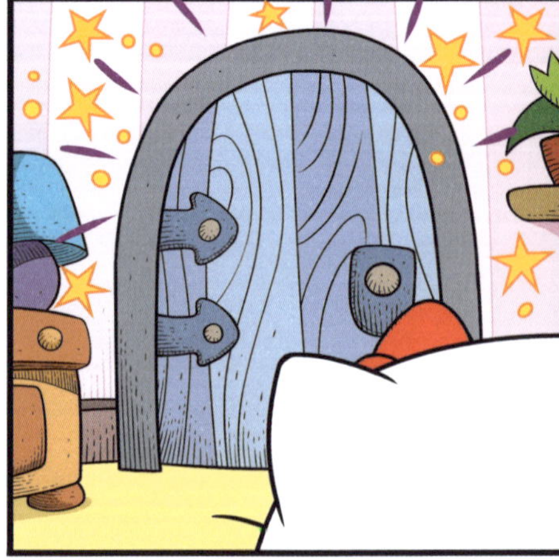

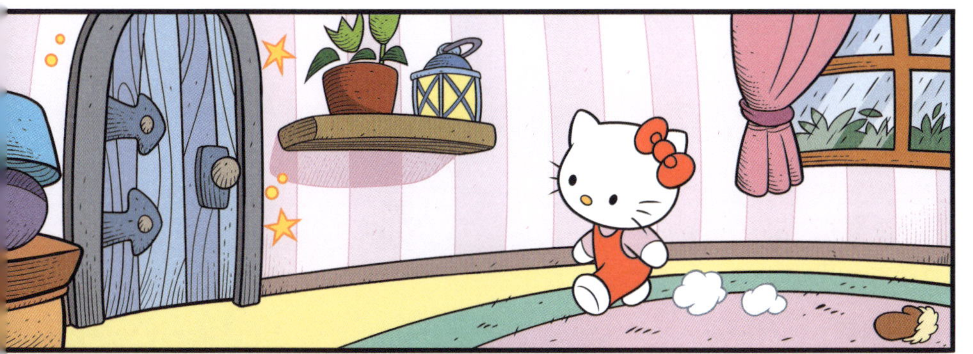

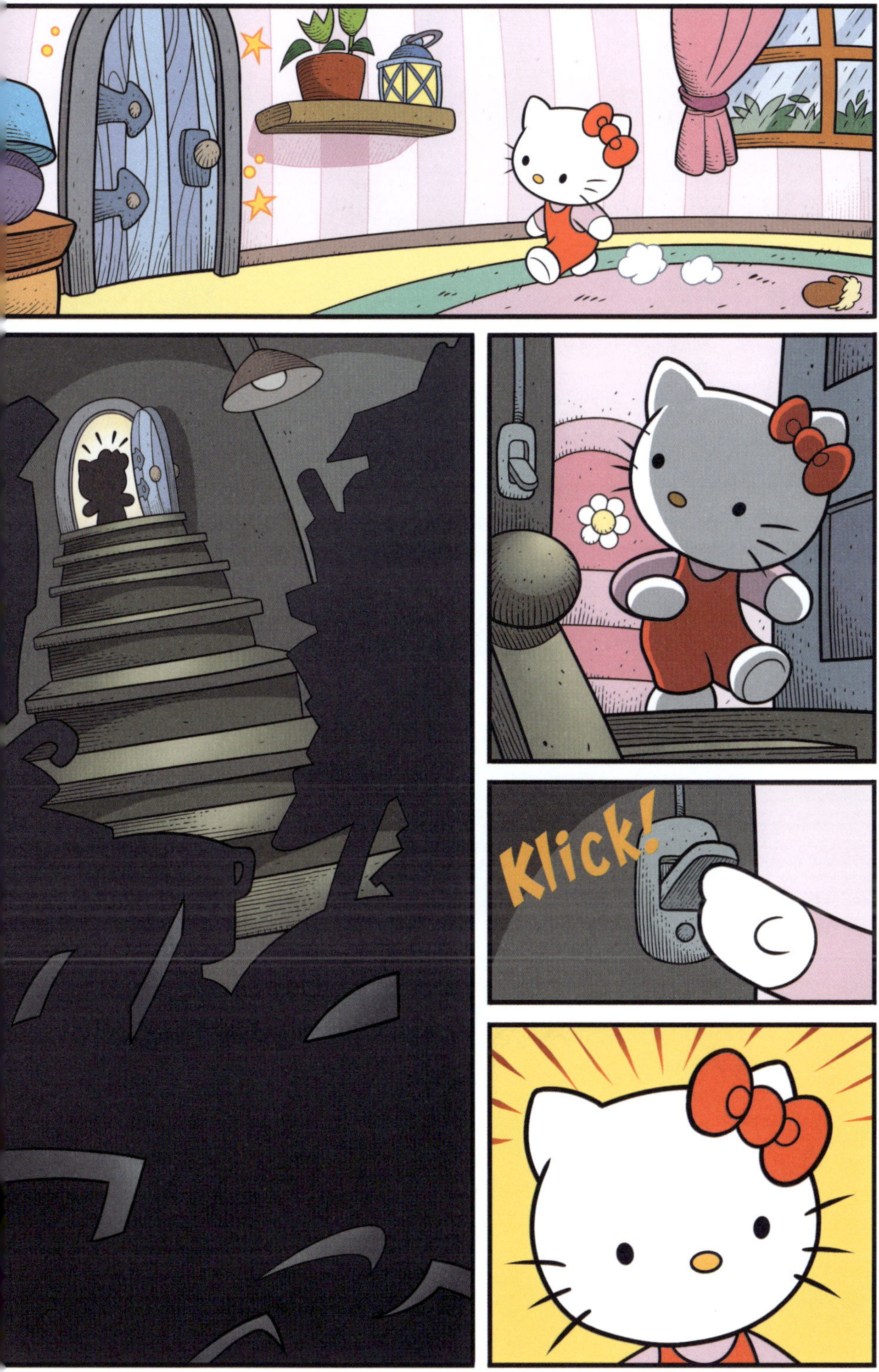

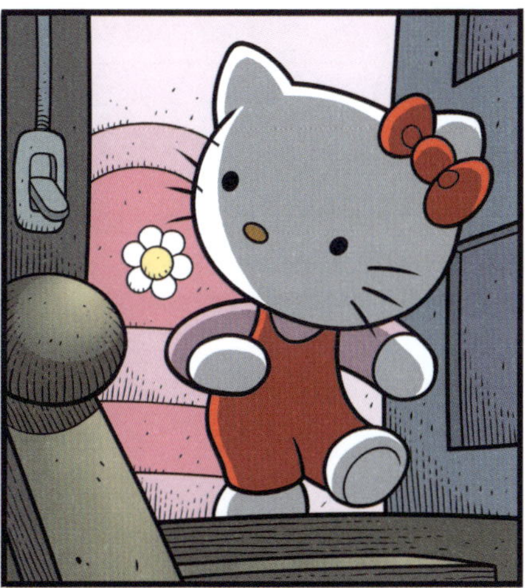

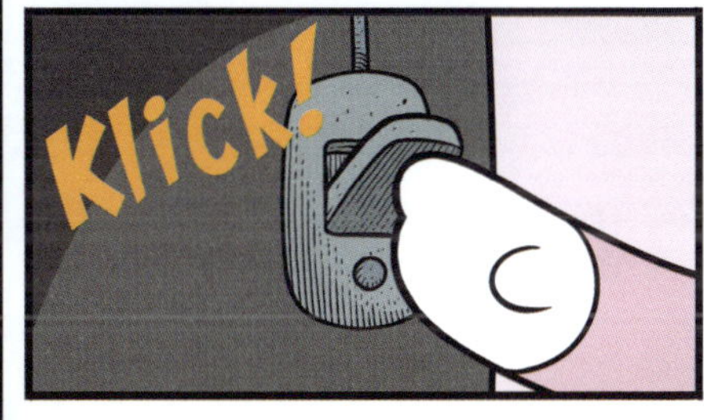
Klick!

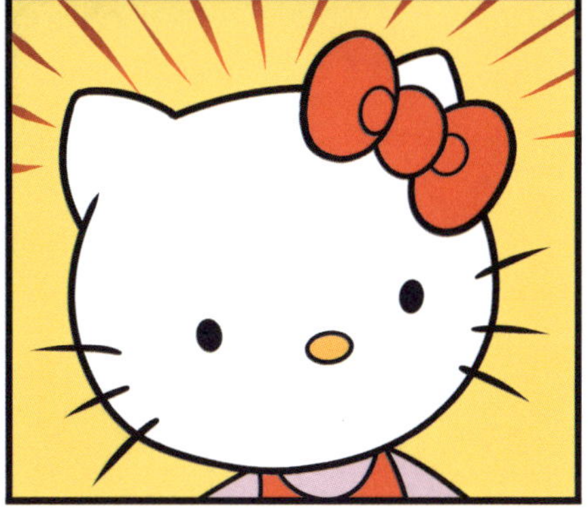

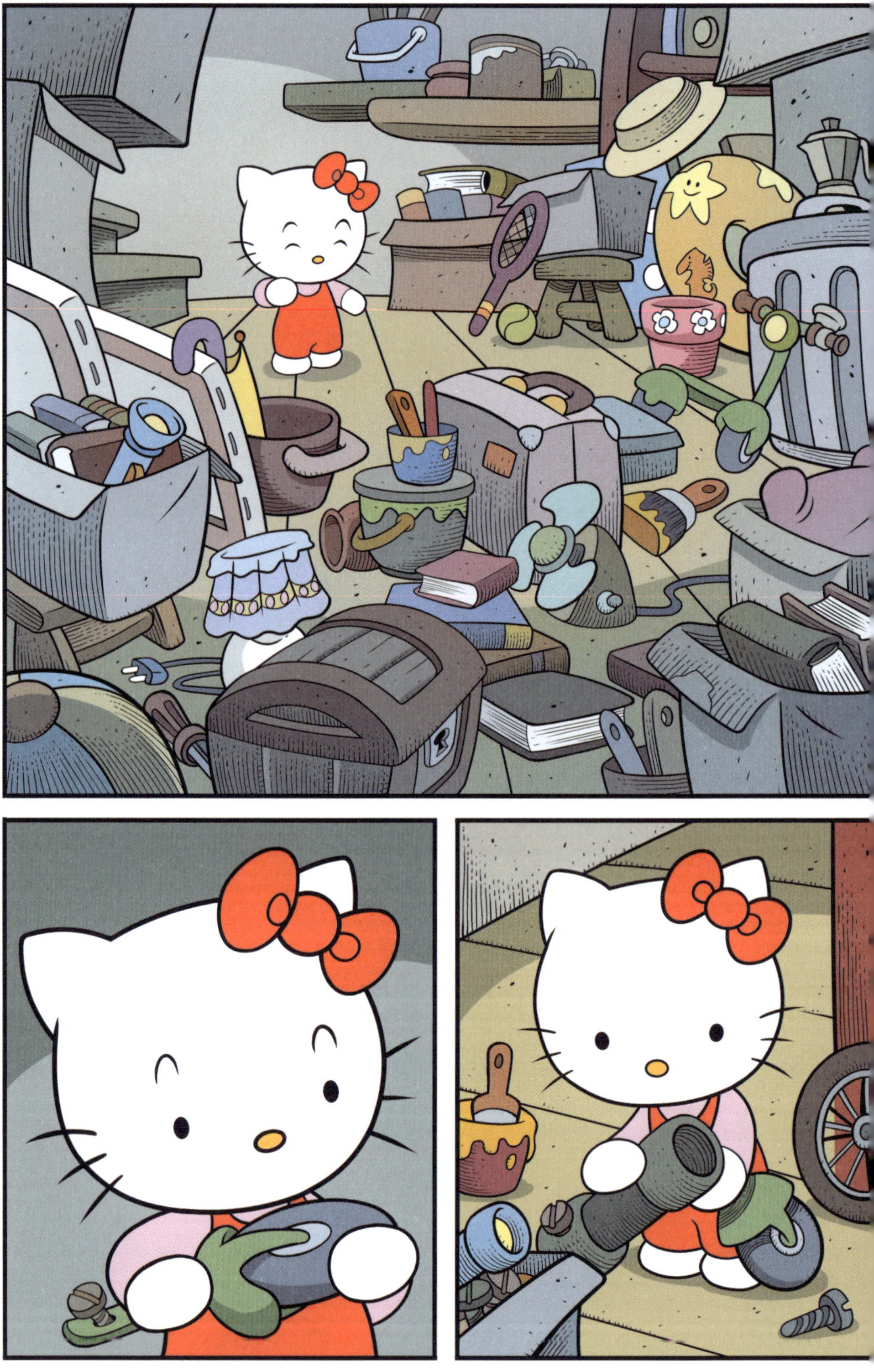

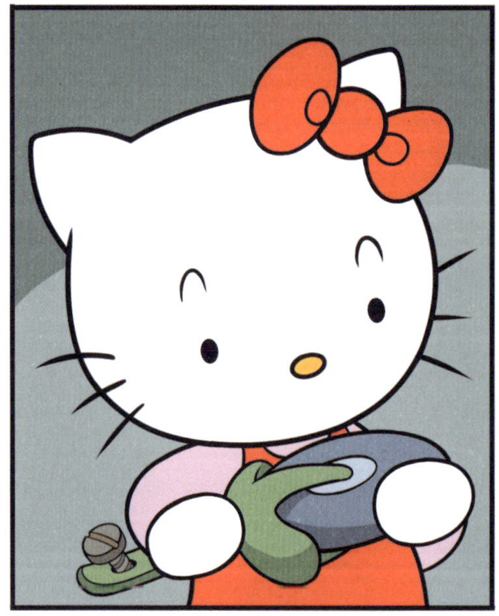
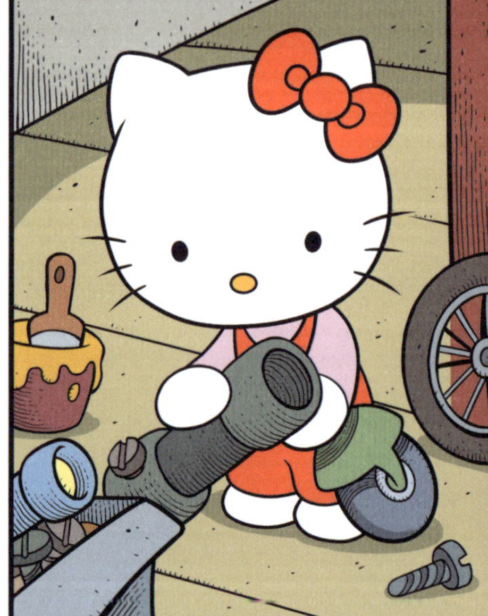

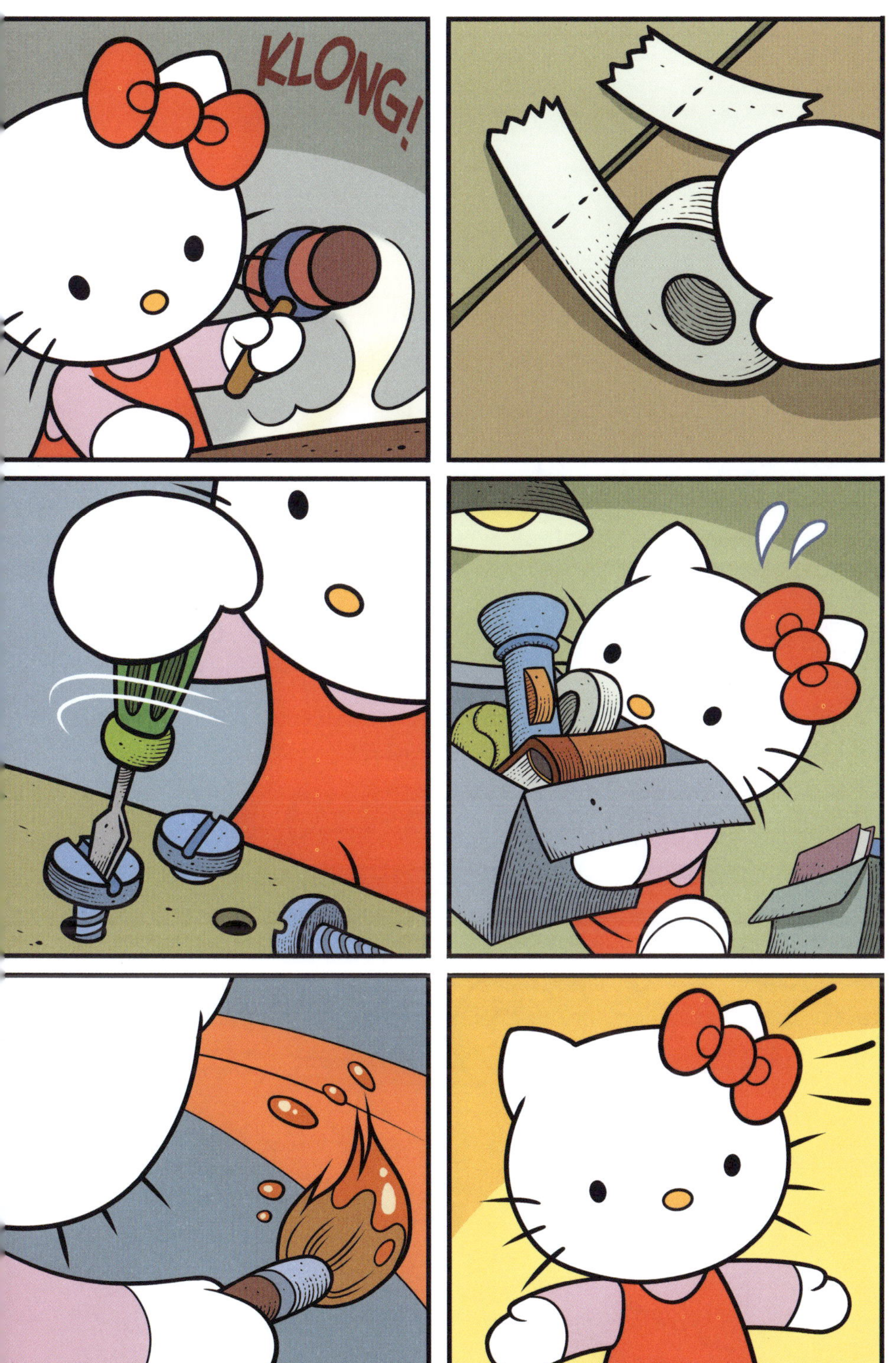
KLONG!

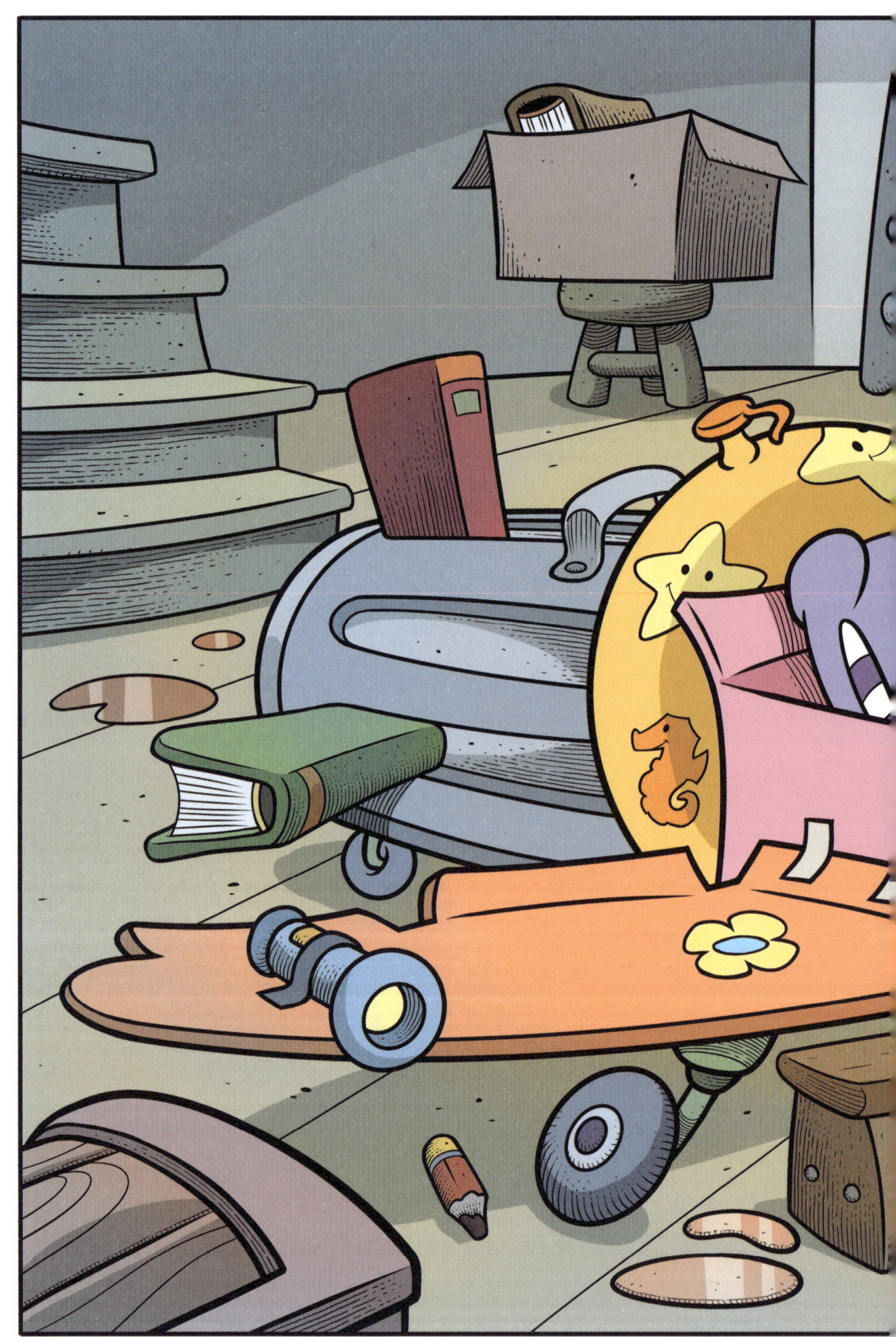

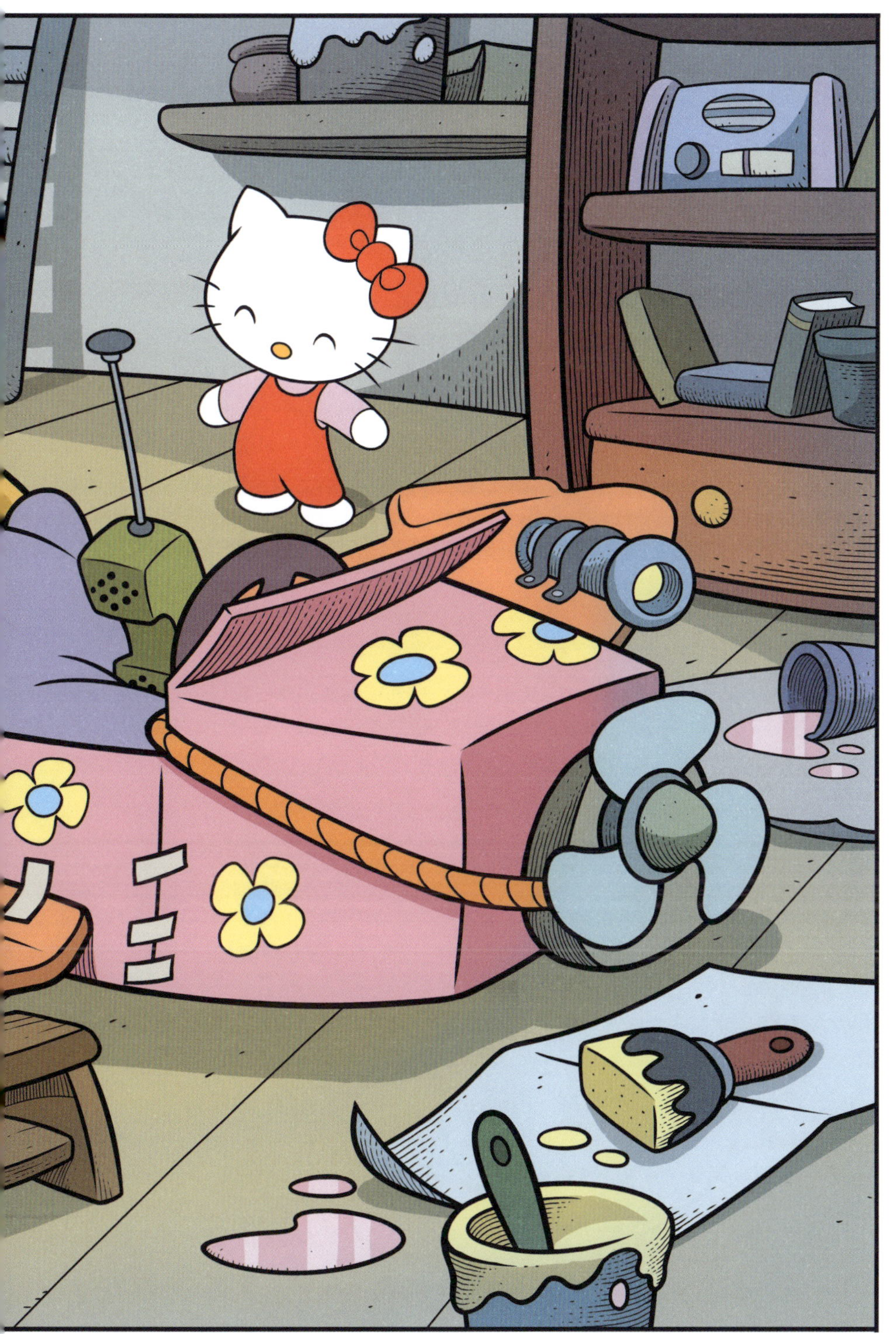

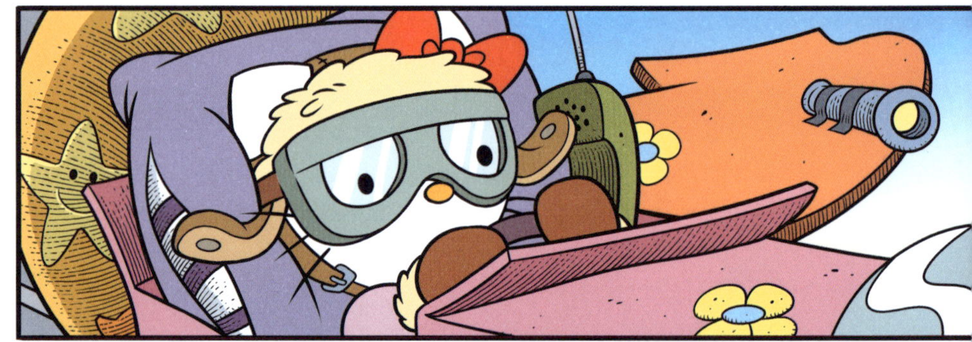

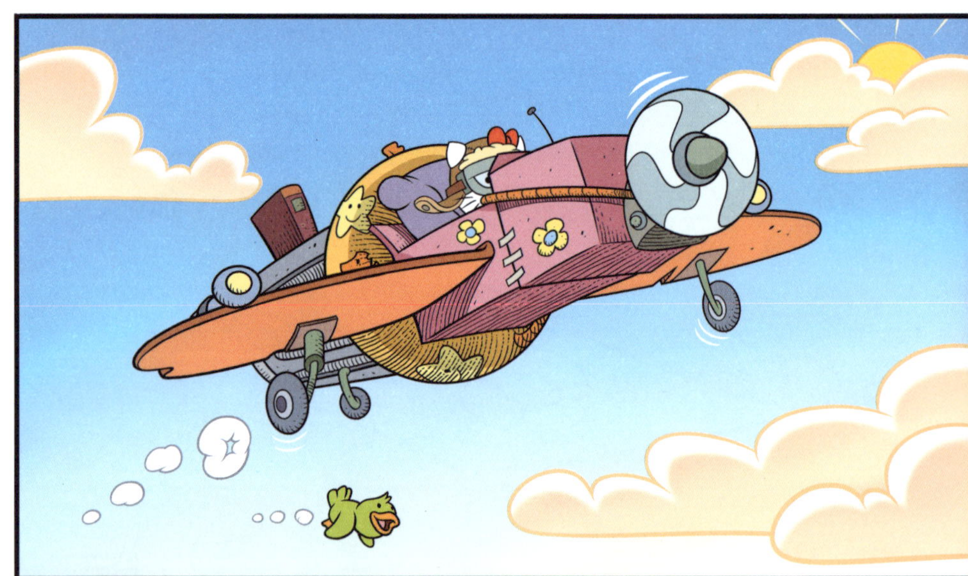

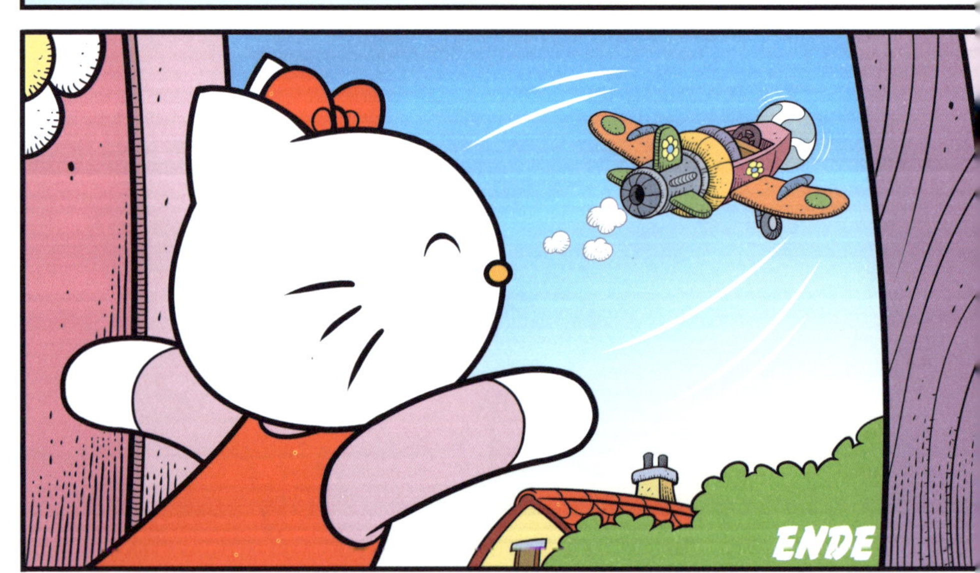
ENDE

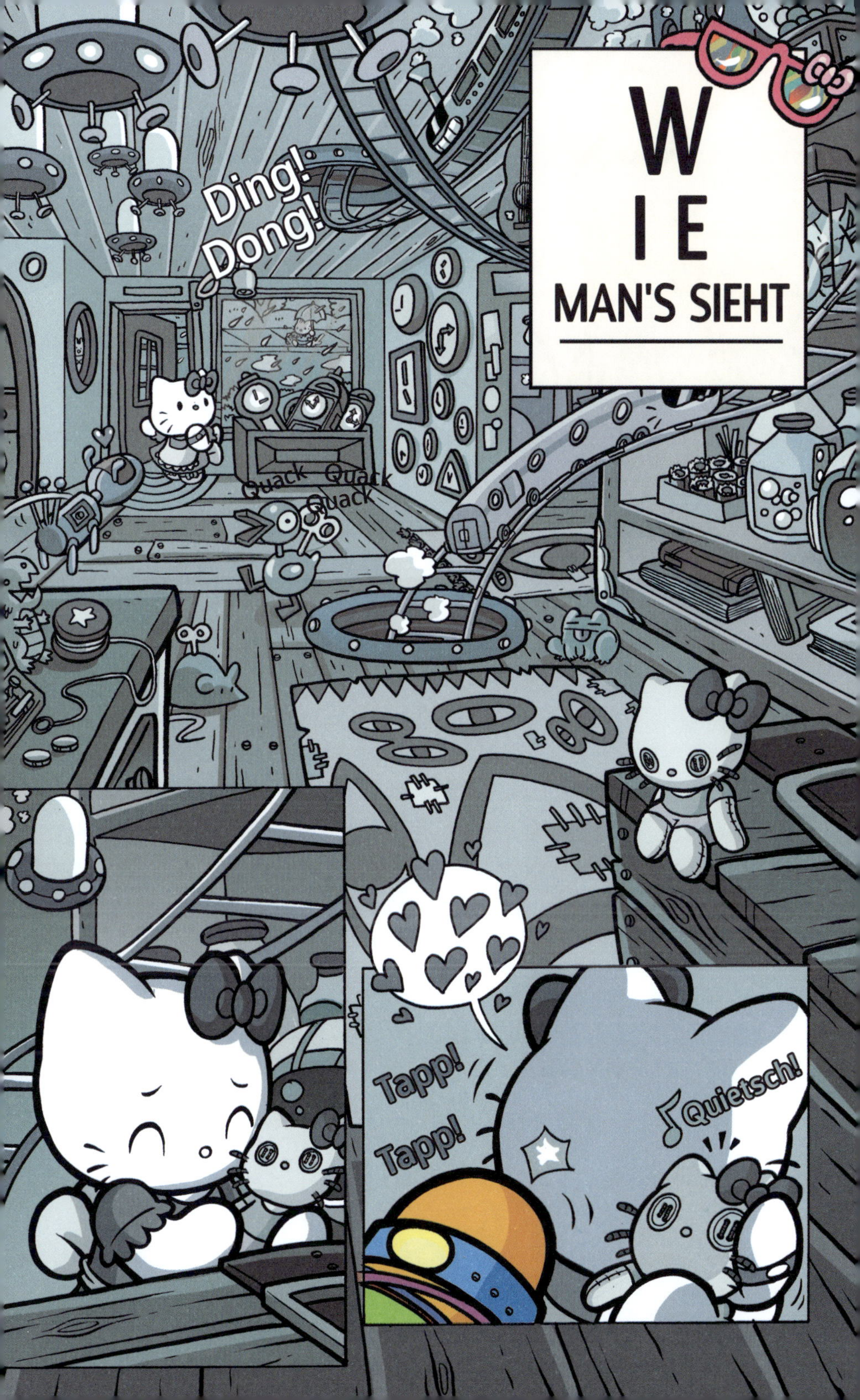
W
I E
MAN'S SIEHT
Ding!
Dong!
Quack Quack
Quack
Tapp!
Tapp!
Quietsch!

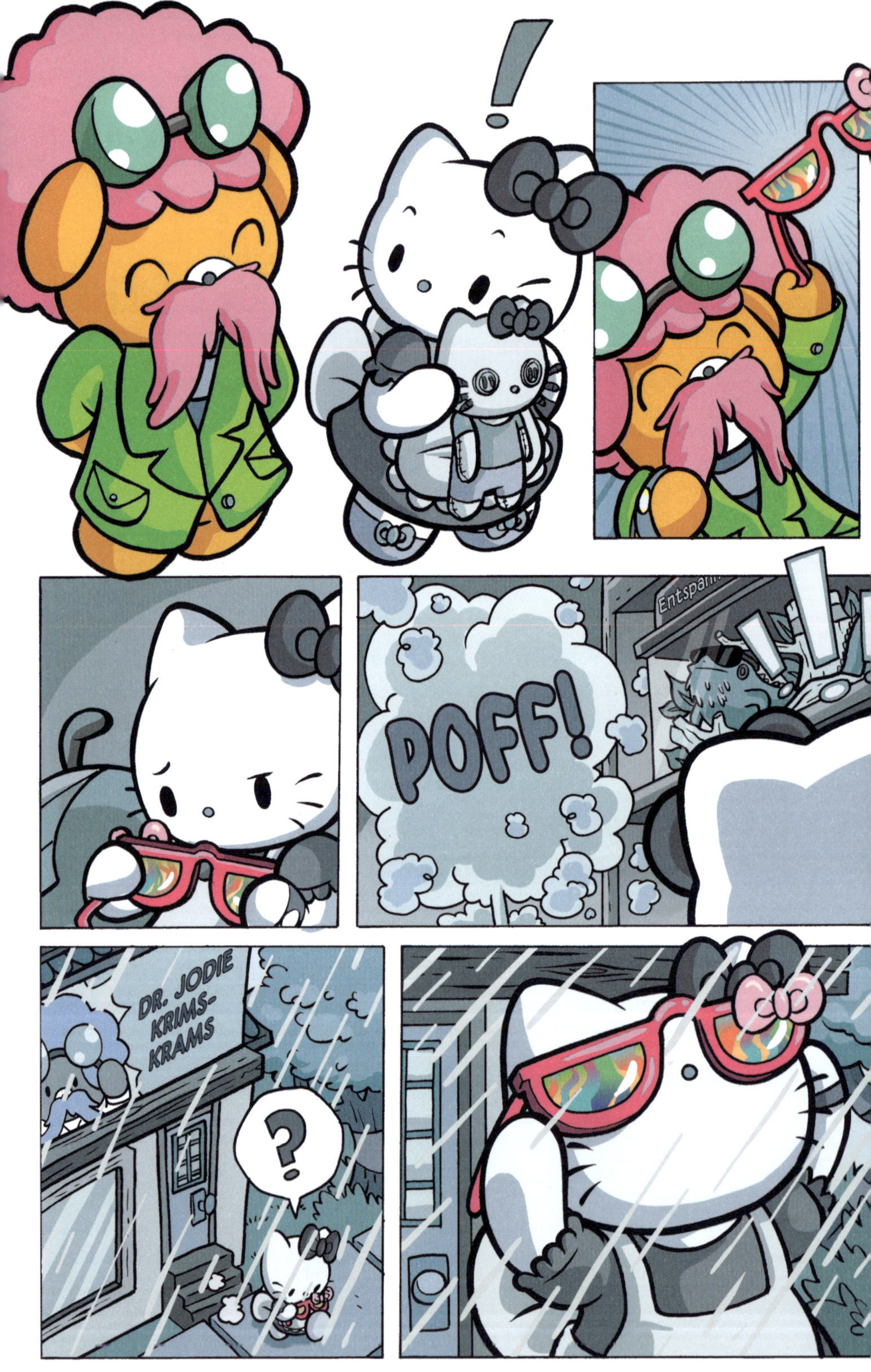
!
POFF!
DR. JODIE KRIMS-KRAMS
?

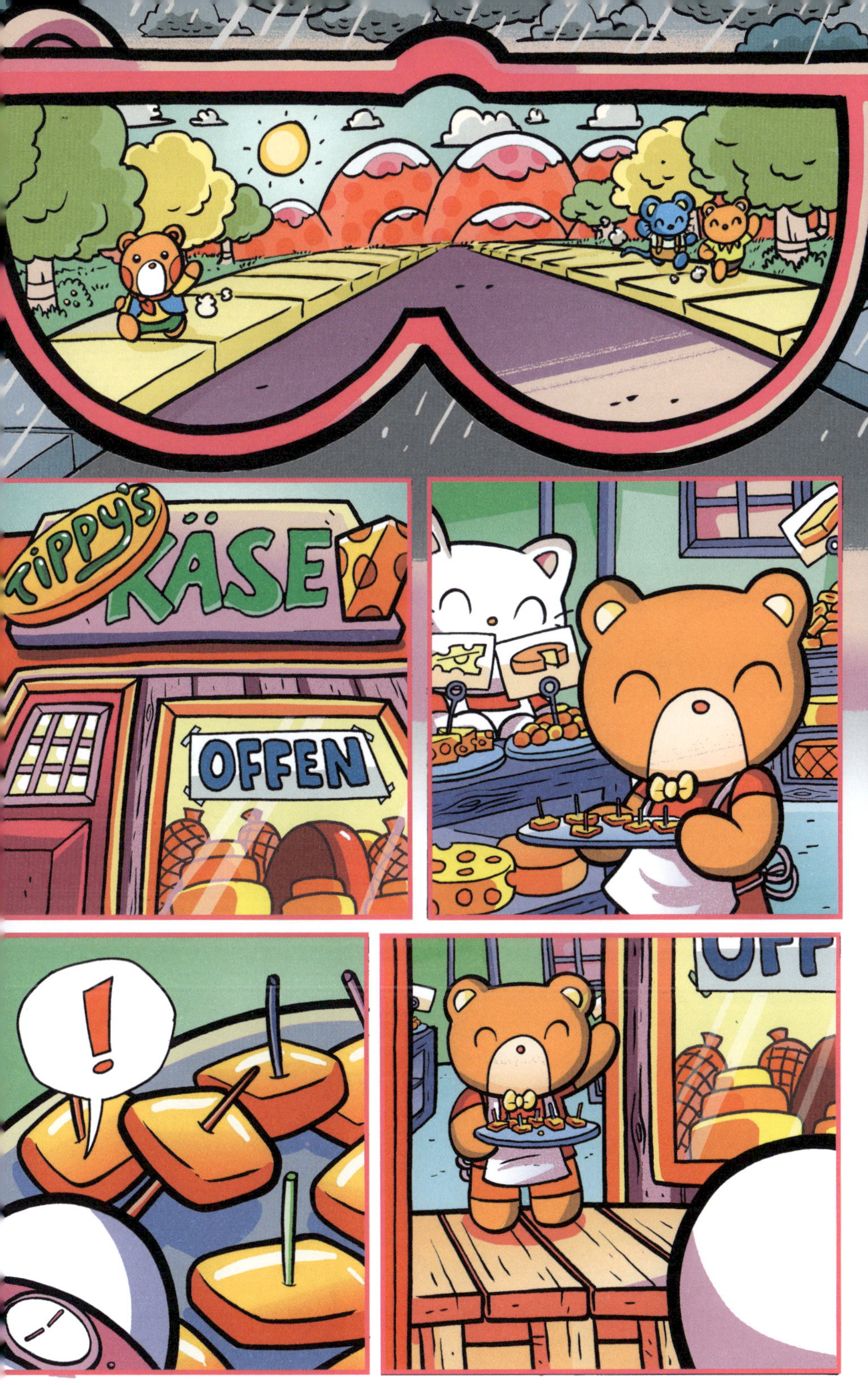
TIPPY'S
KÄSE
OFFEN
!

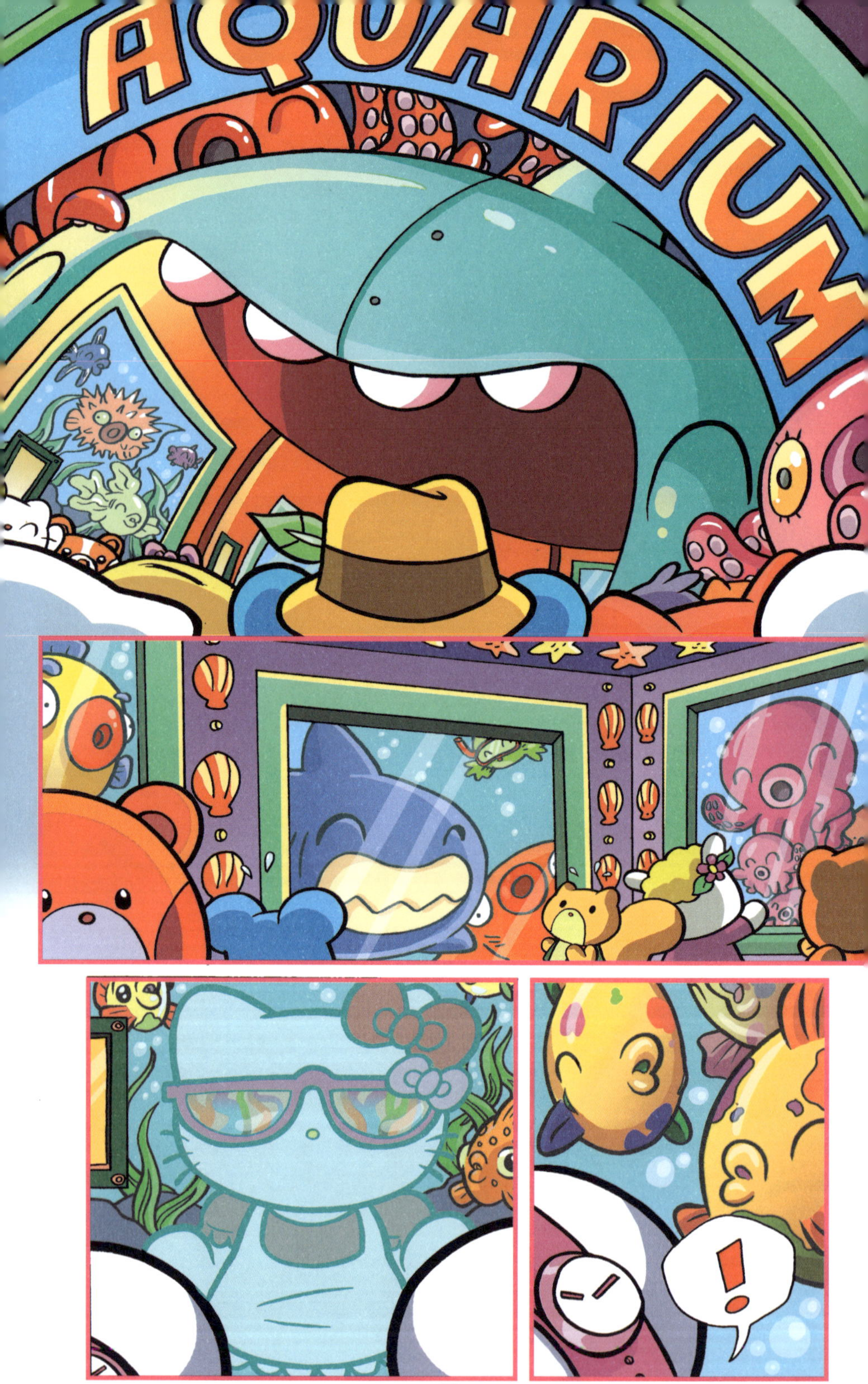

AQUARIUM

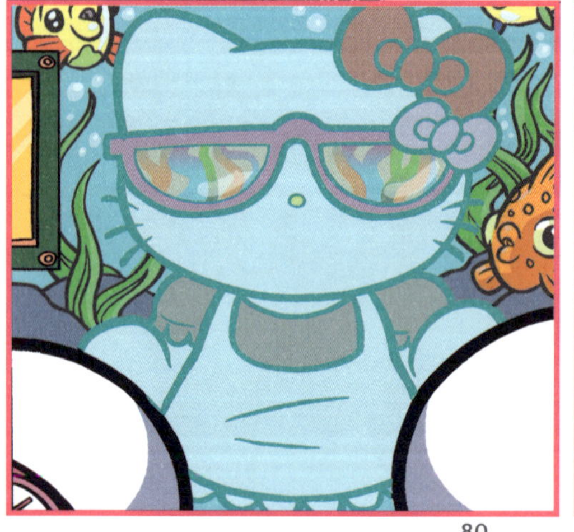

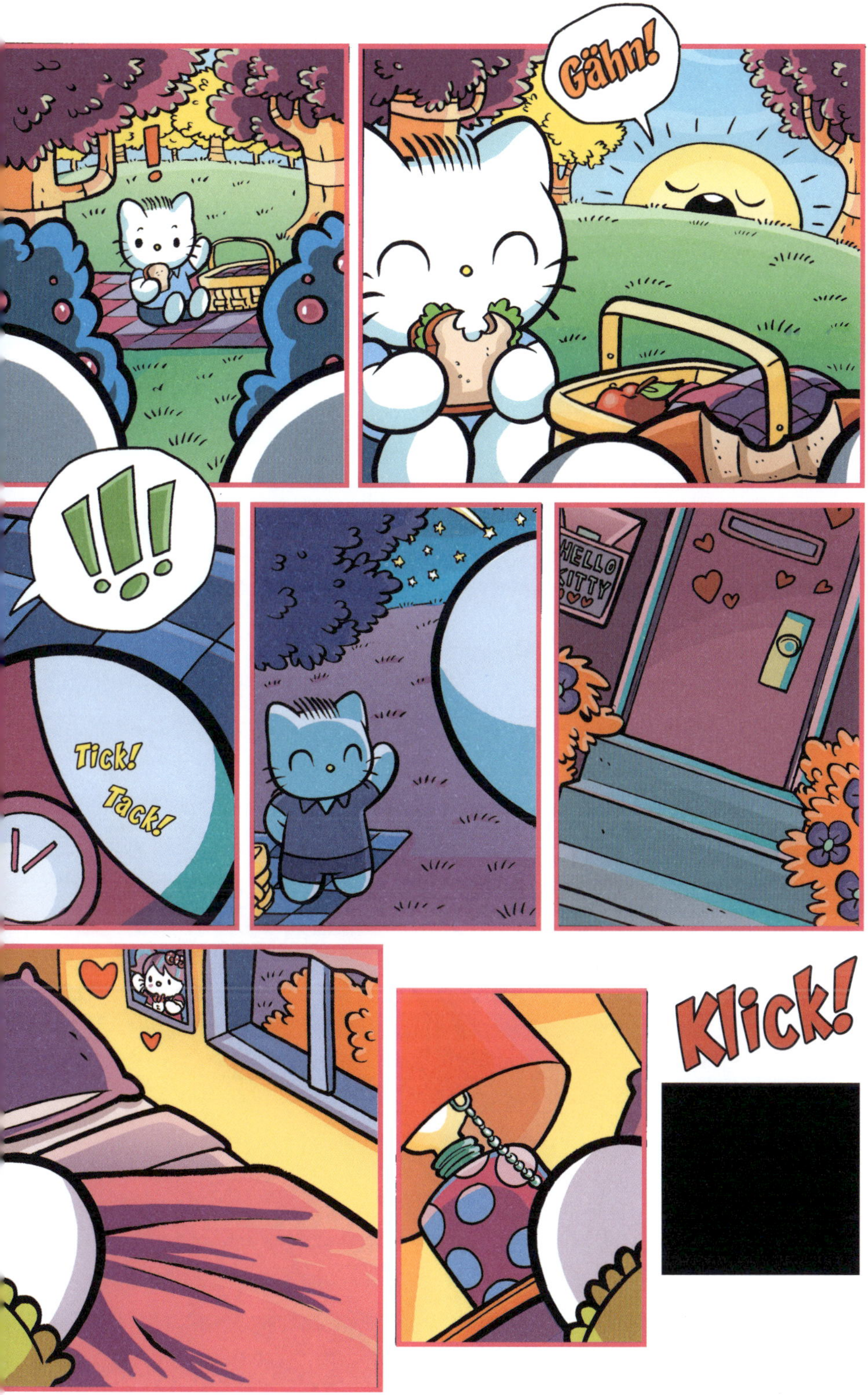

Gähn!

!!!

Tick!
Tack!

HELLO KITTY

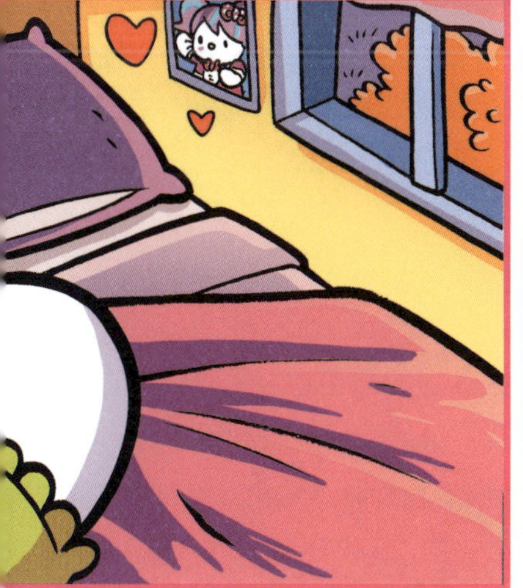

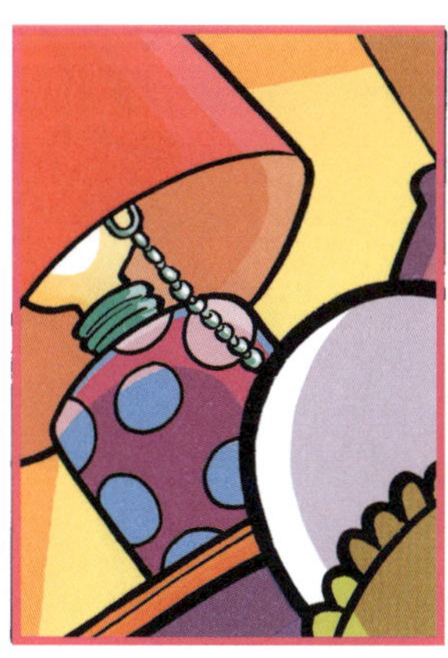

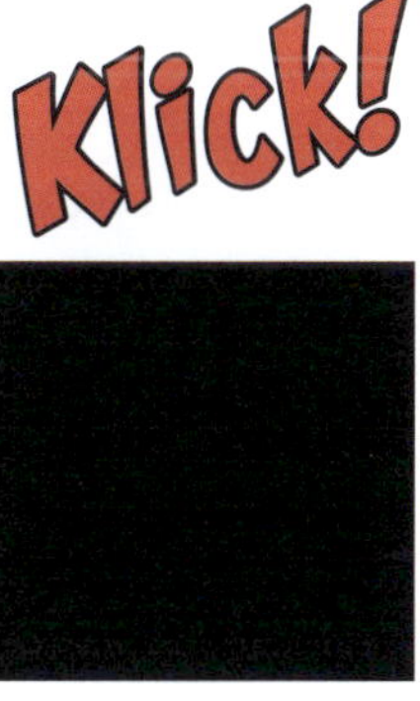

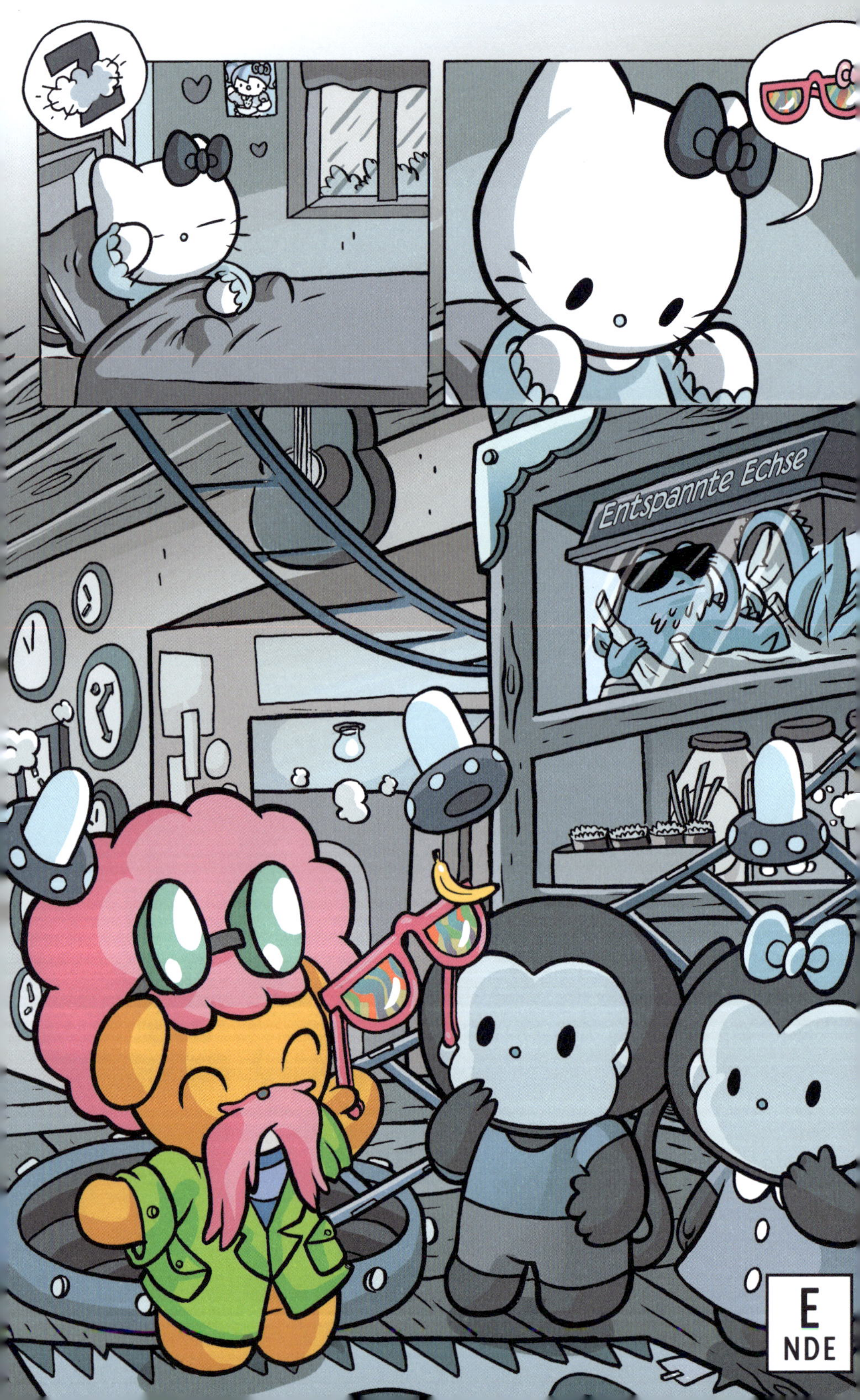
Entspannte Echse
ENDE

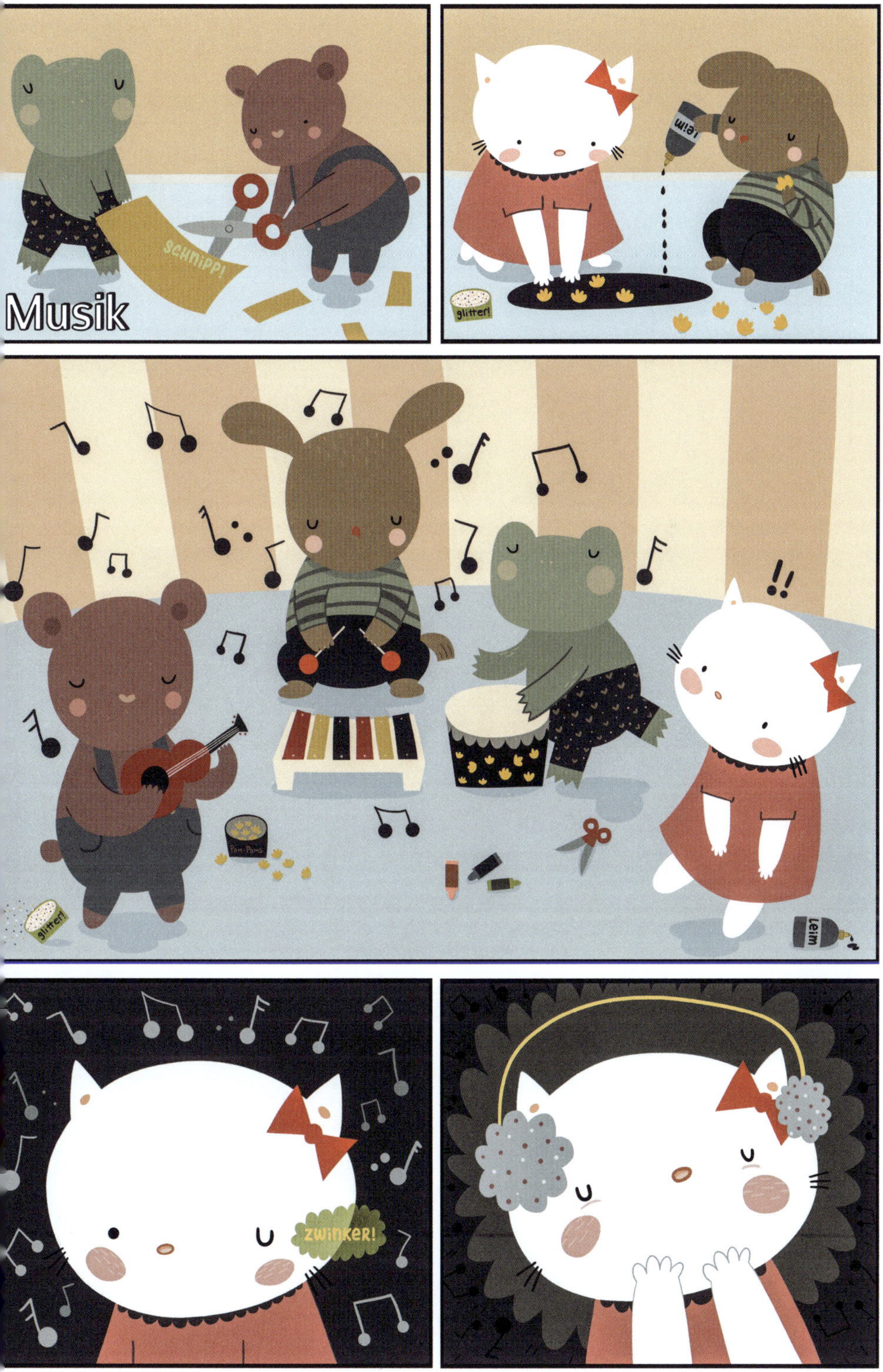

Musik

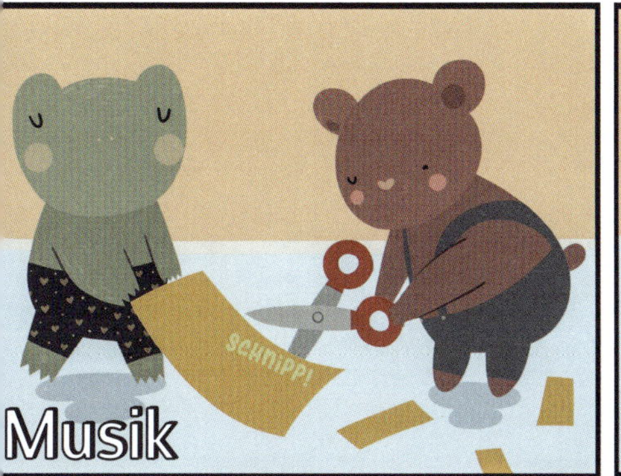

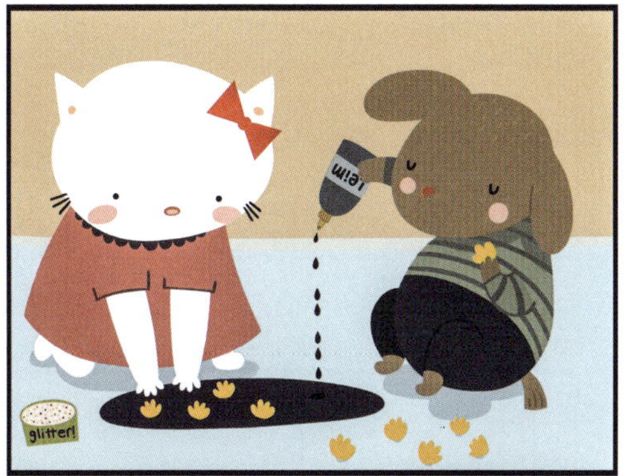

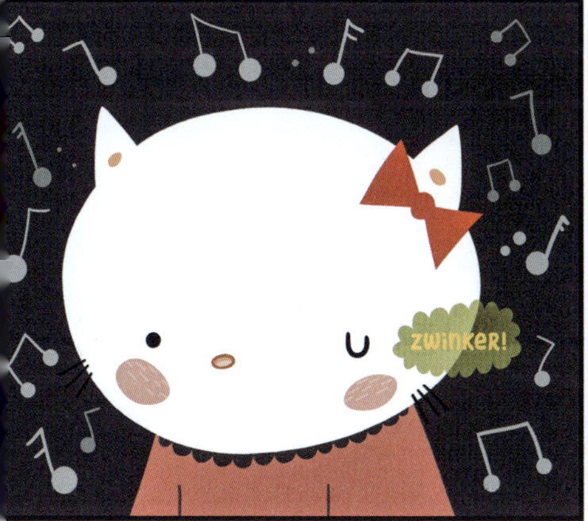

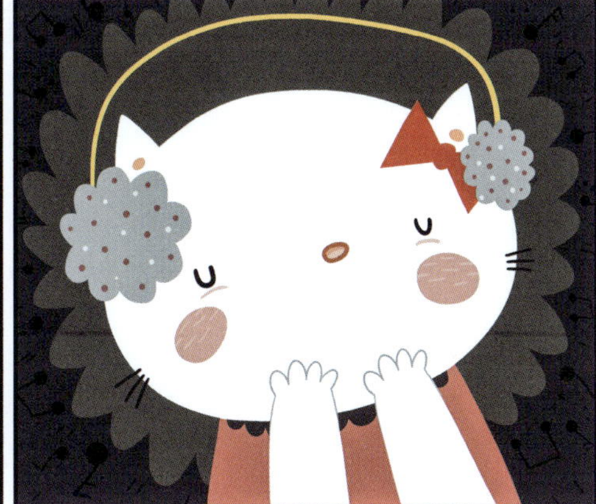

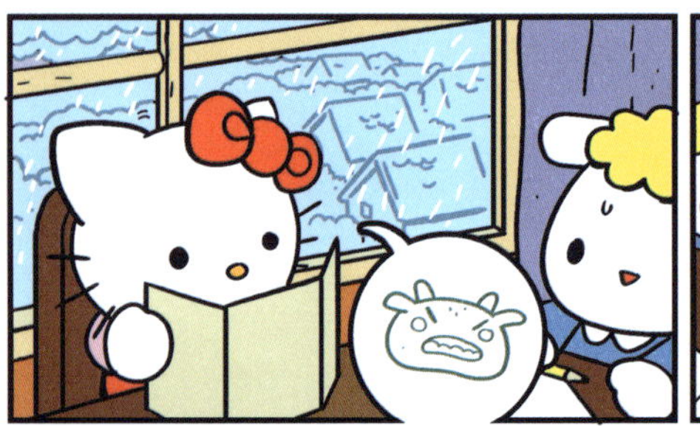
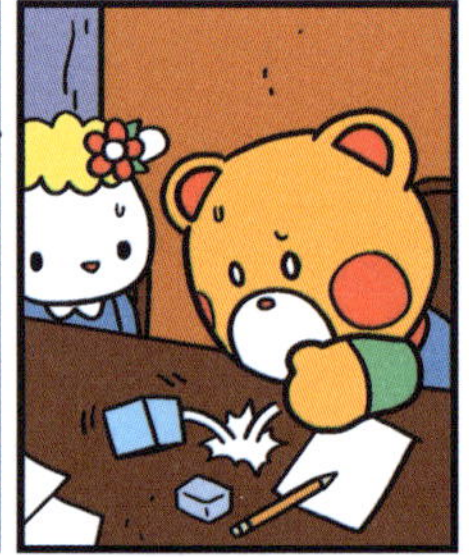
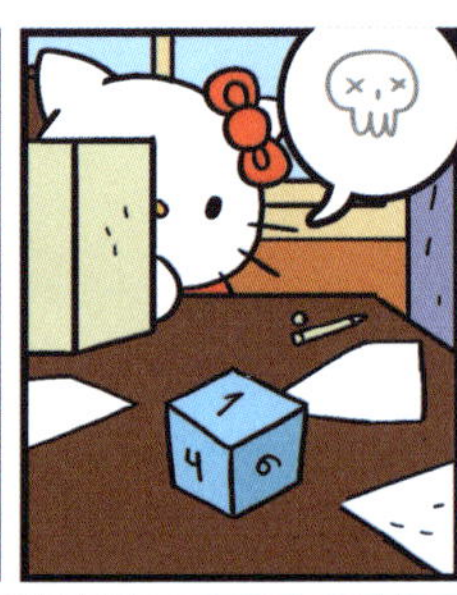
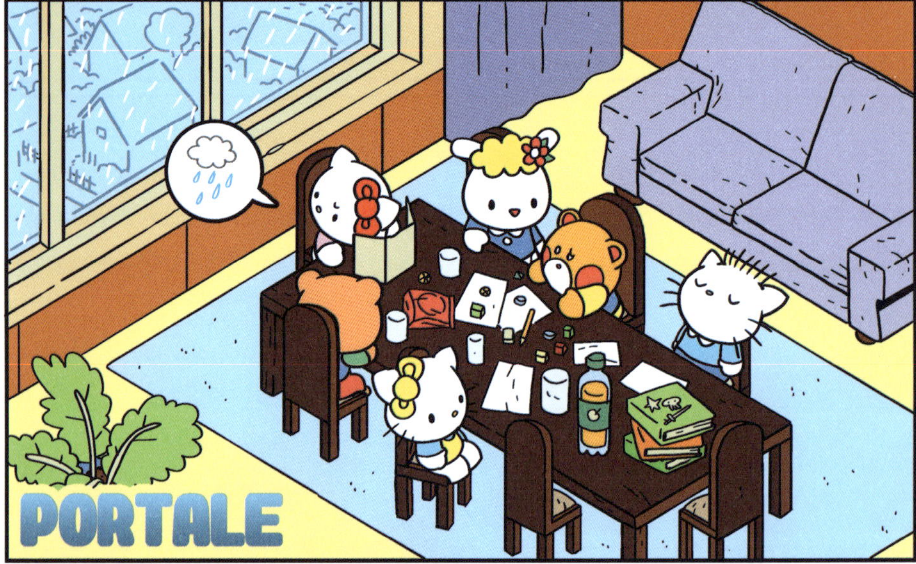
PORTALE
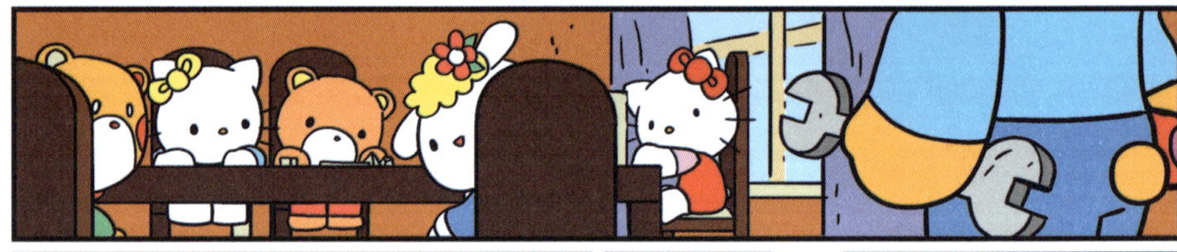
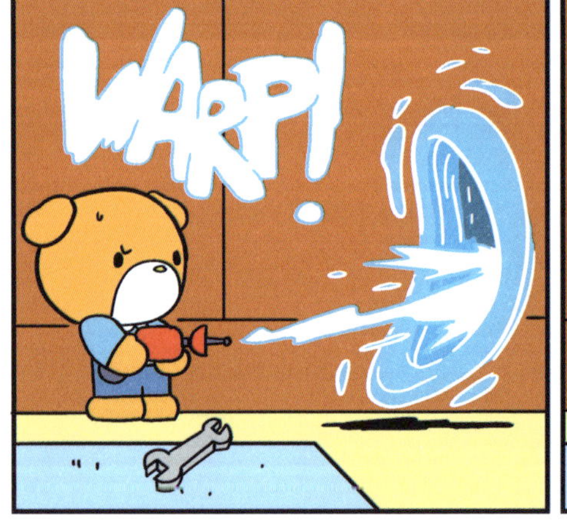
WARP!
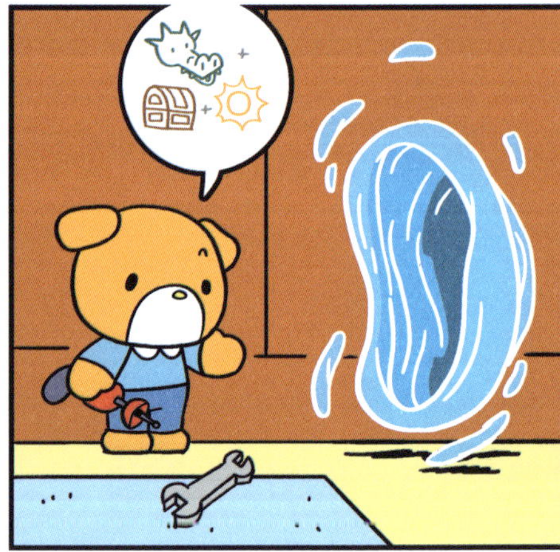

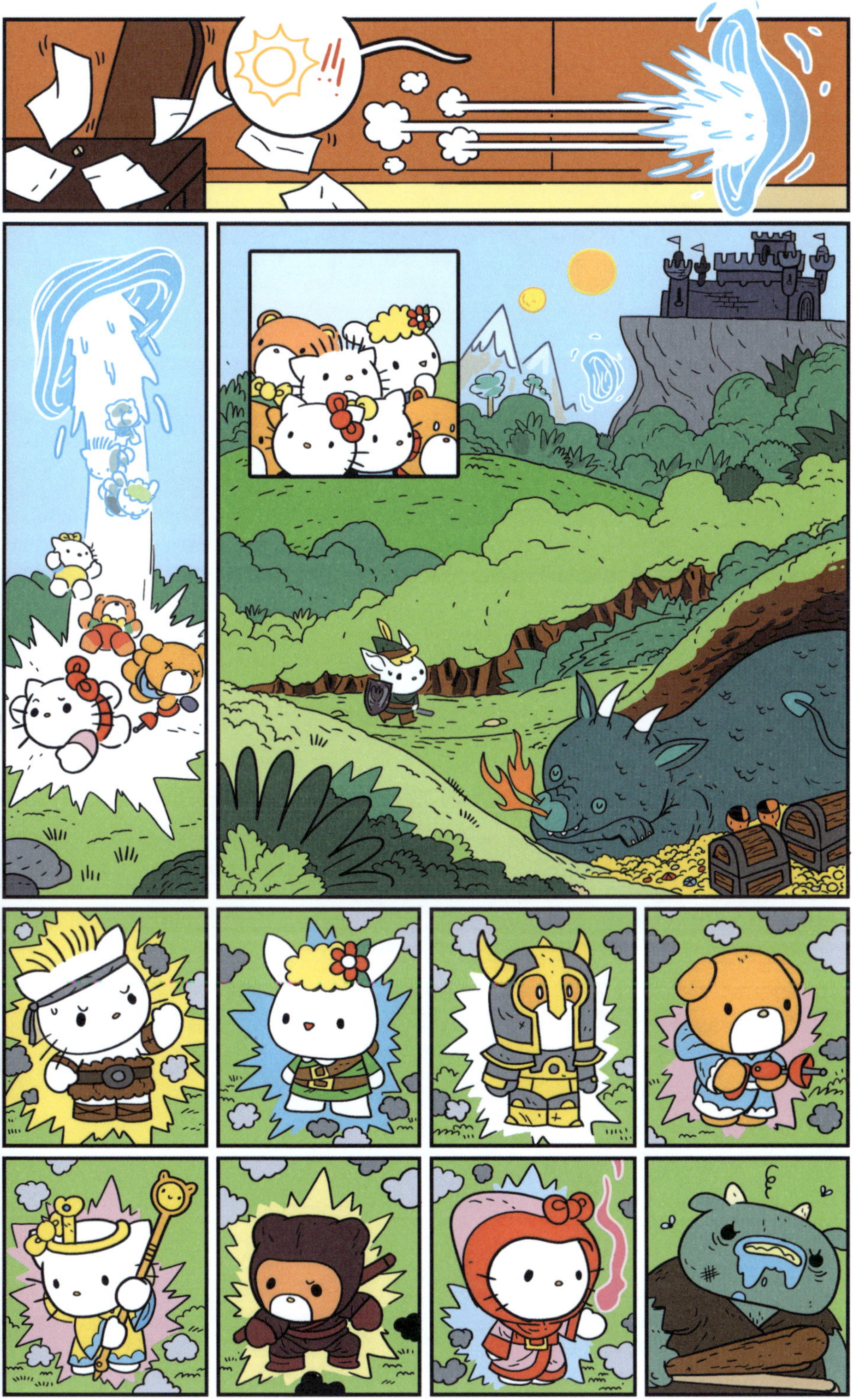

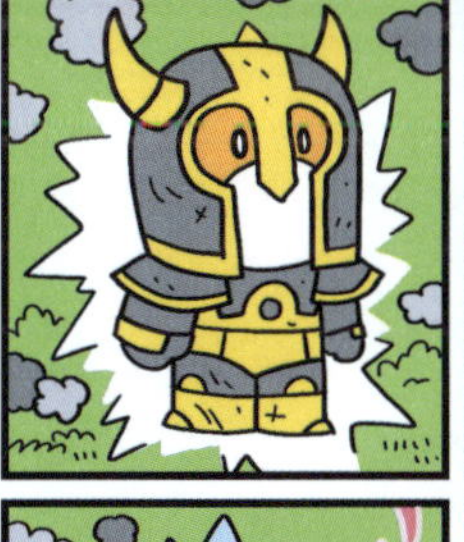
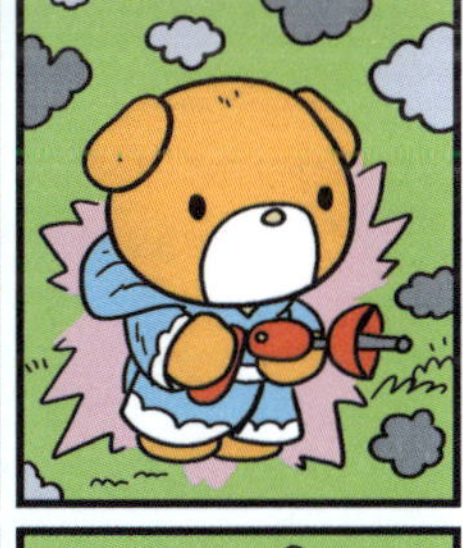
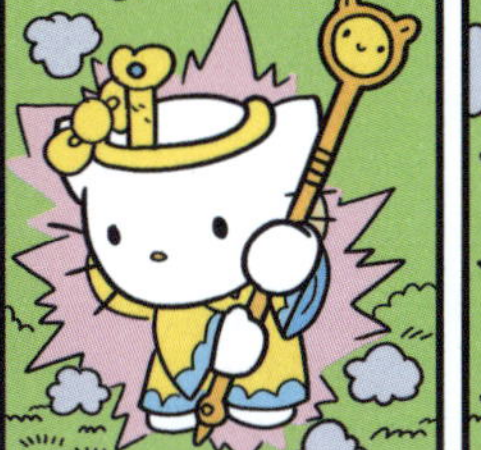
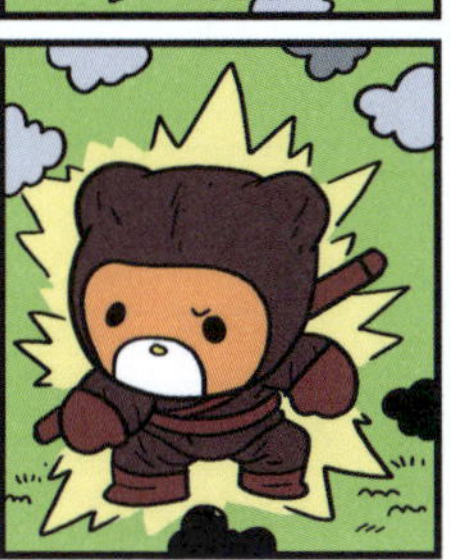
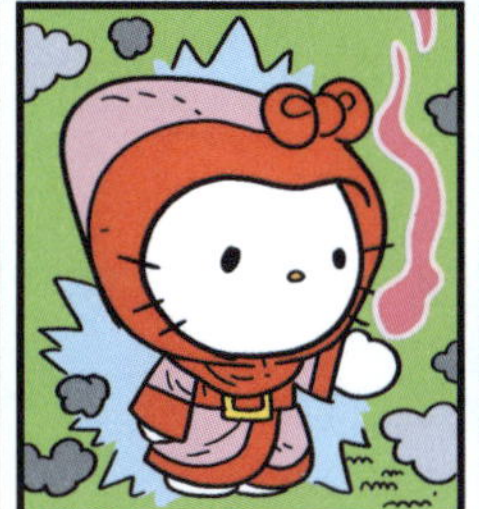
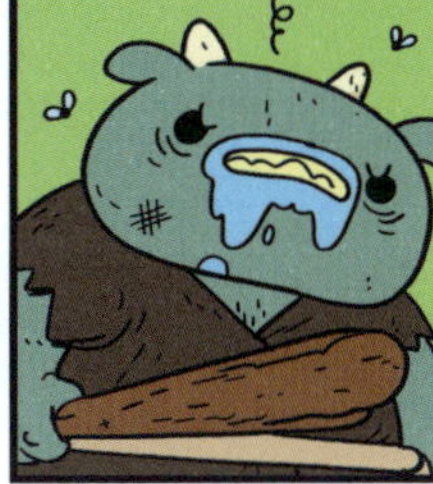

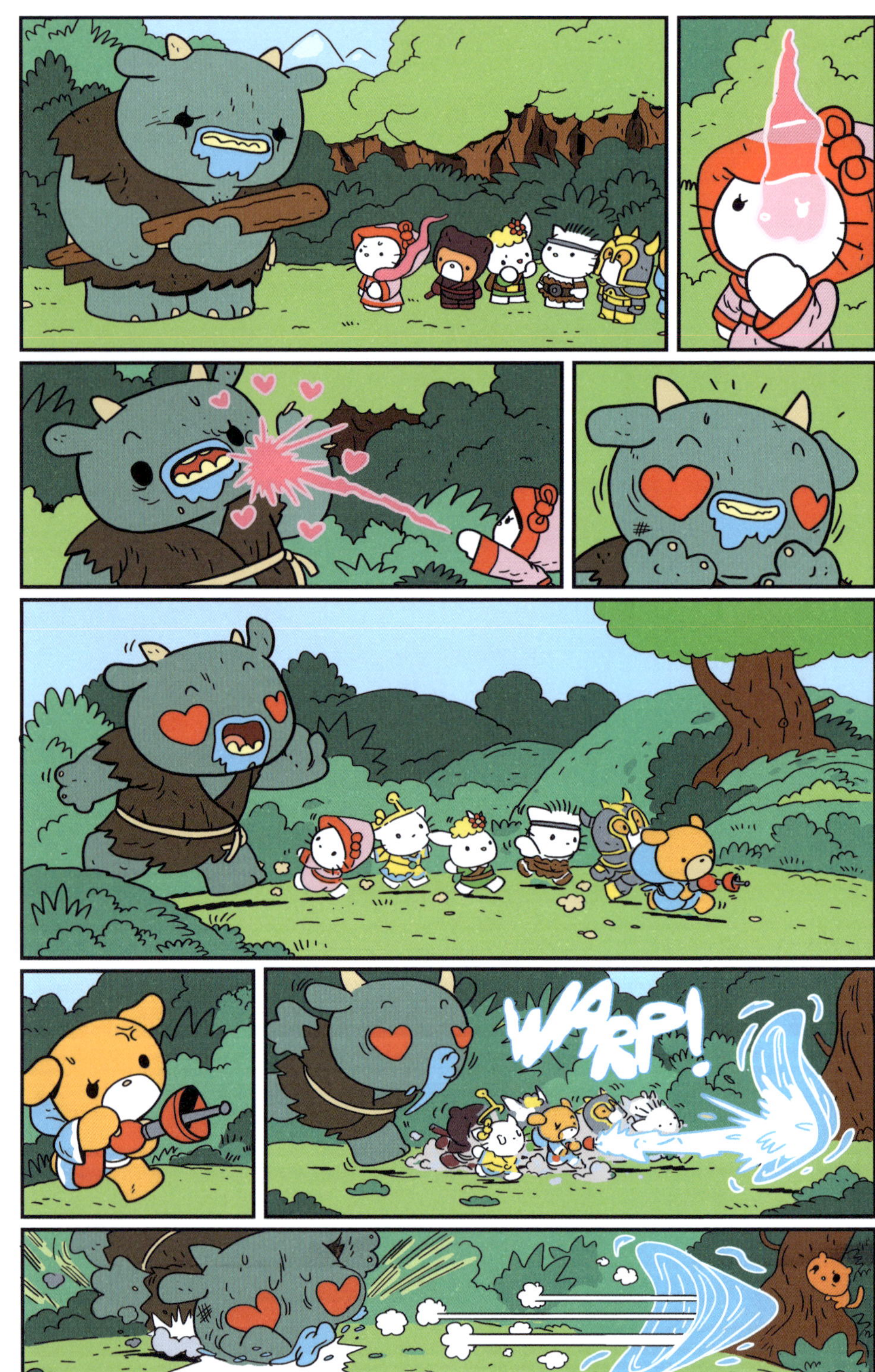
WARP!

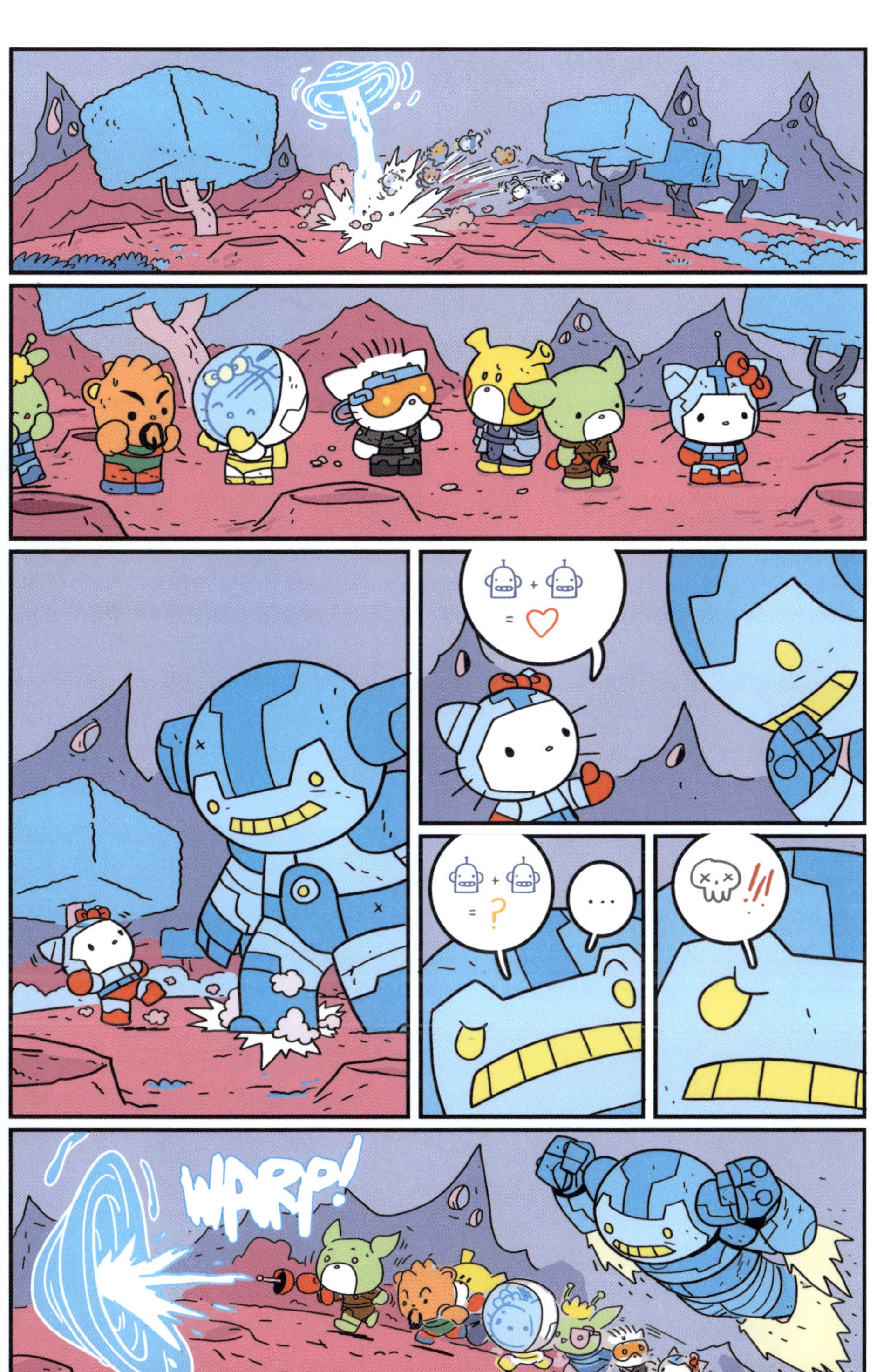
+
=
+
=
...
!!!
WARP!

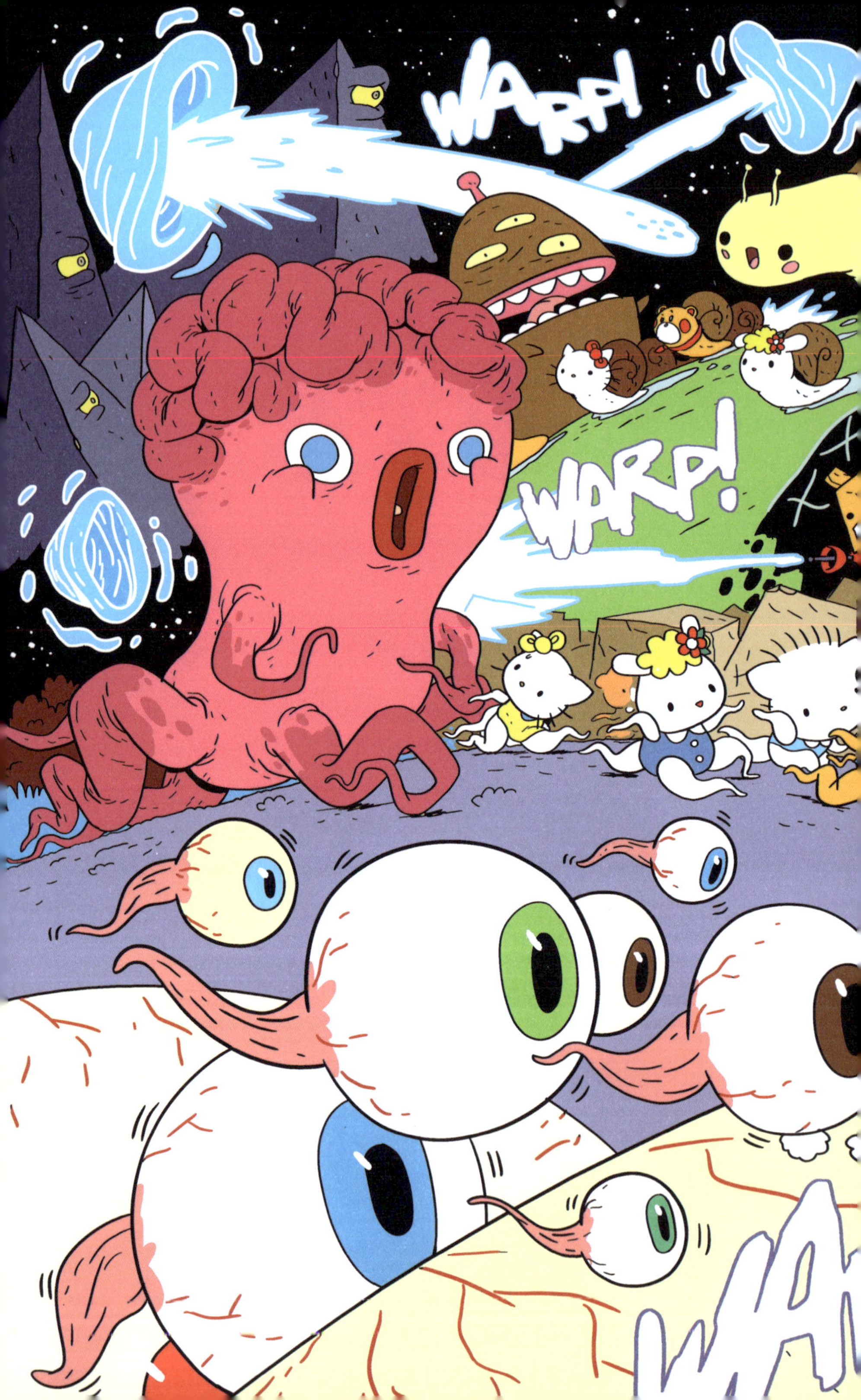

WARP!
WARP!

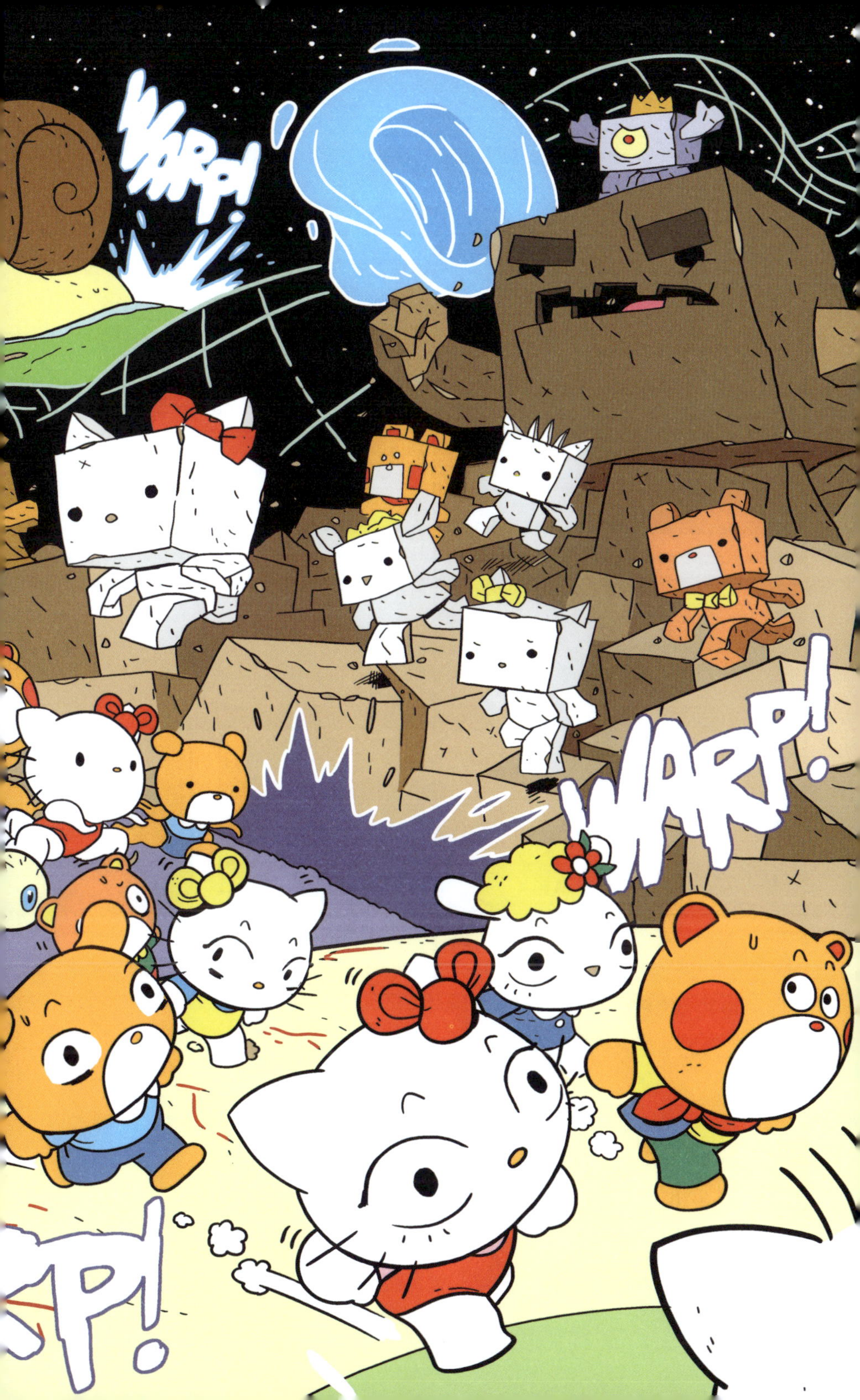
WARP!
WARP!
P!

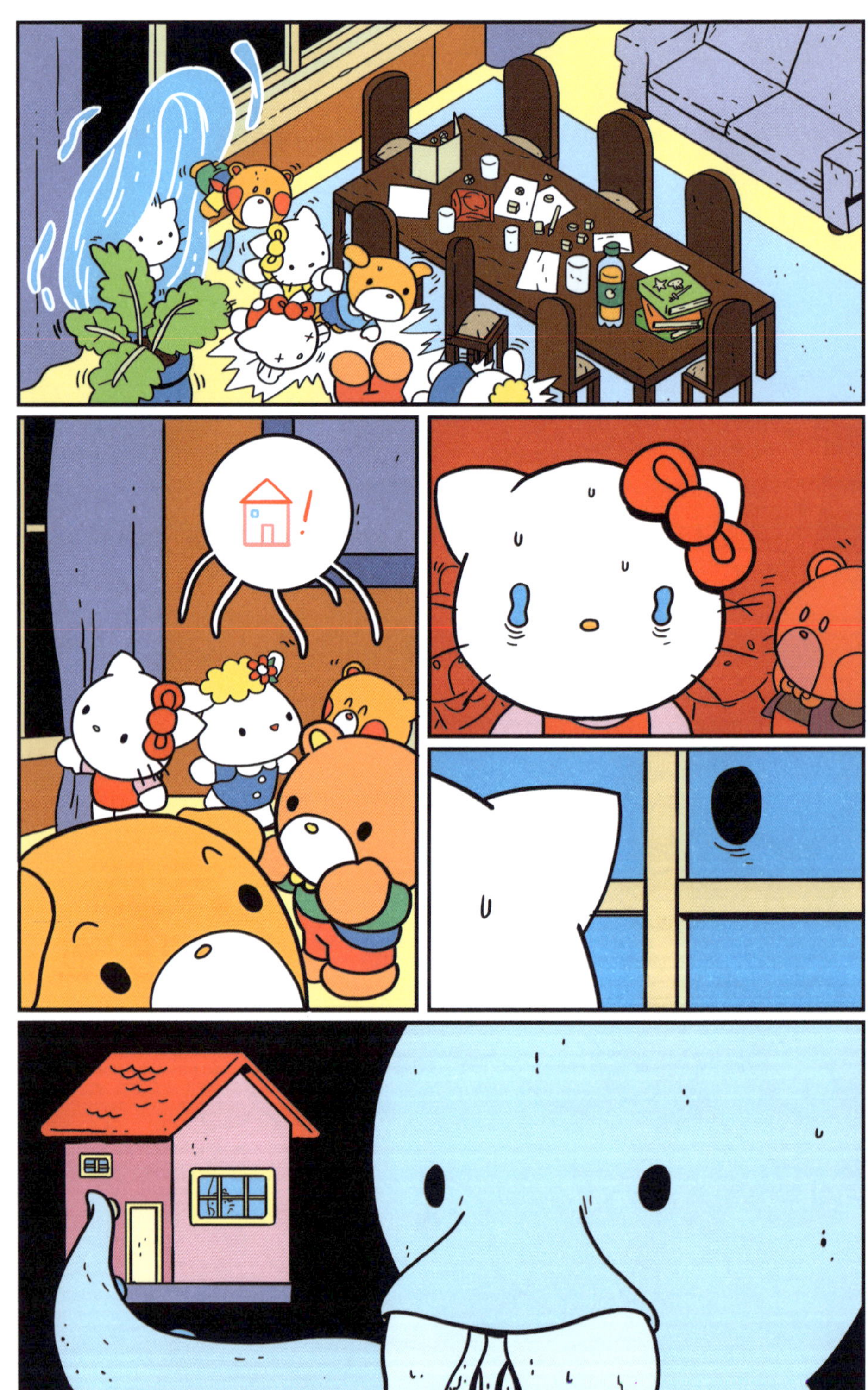

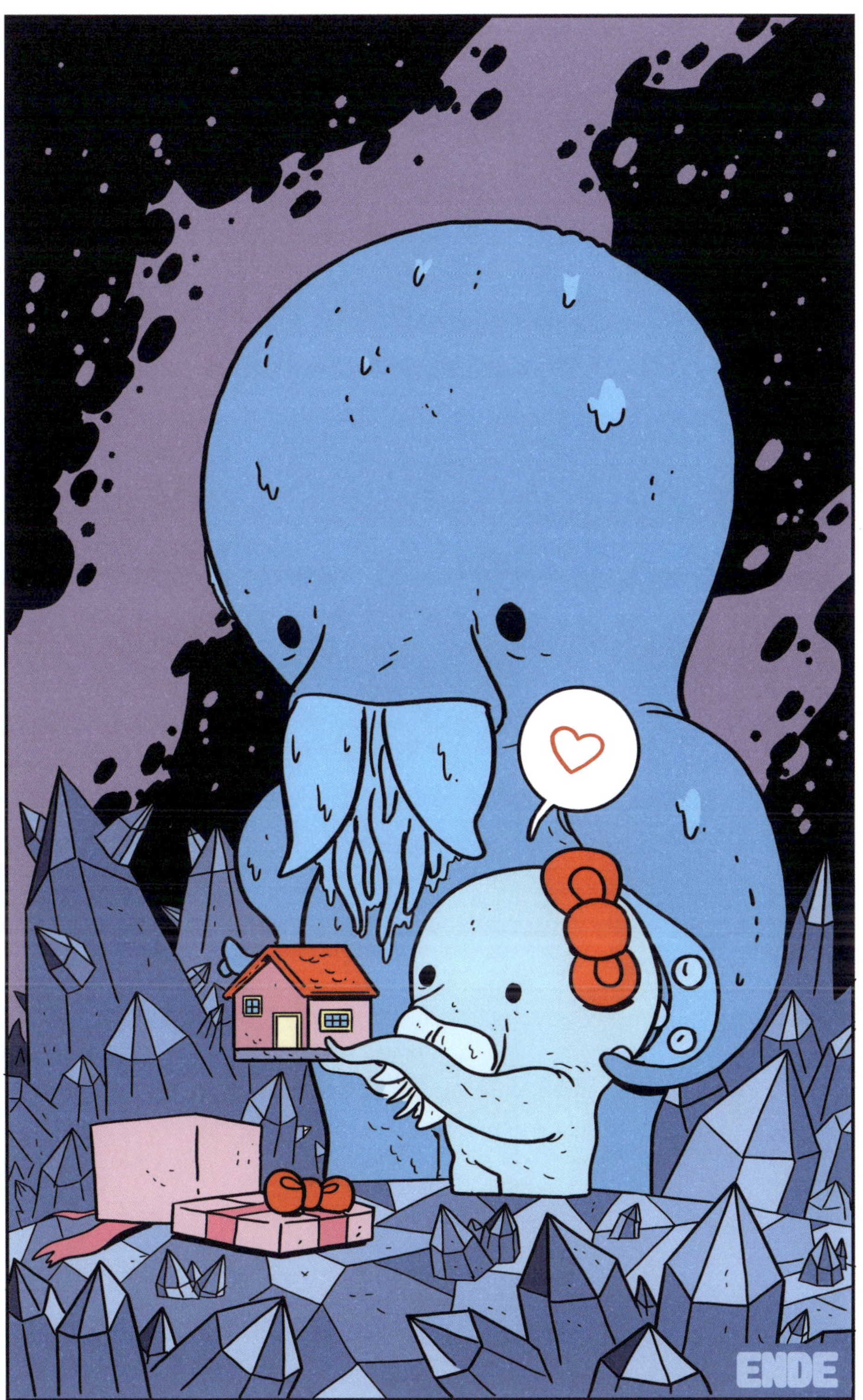
ENDE

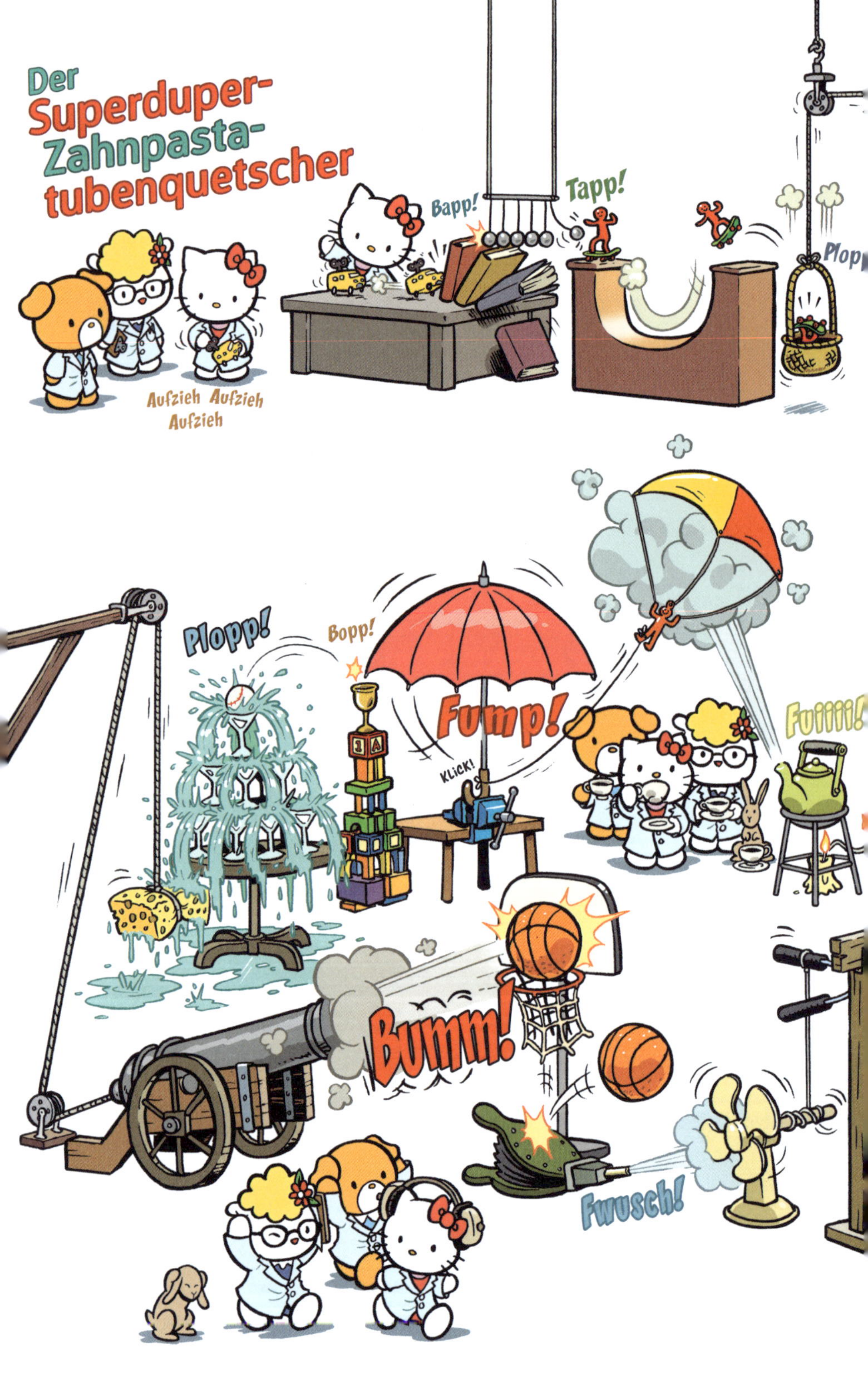

Der Superduper-Zahnpasta-tubenquetscher
Aufzieh Aufzieh Aufzieh
Bapp!
Tapp!
Plop
Plopp!
Bopp!
Fump!
KLICK!
Fuiiii!
Bumm!
Fwusch!

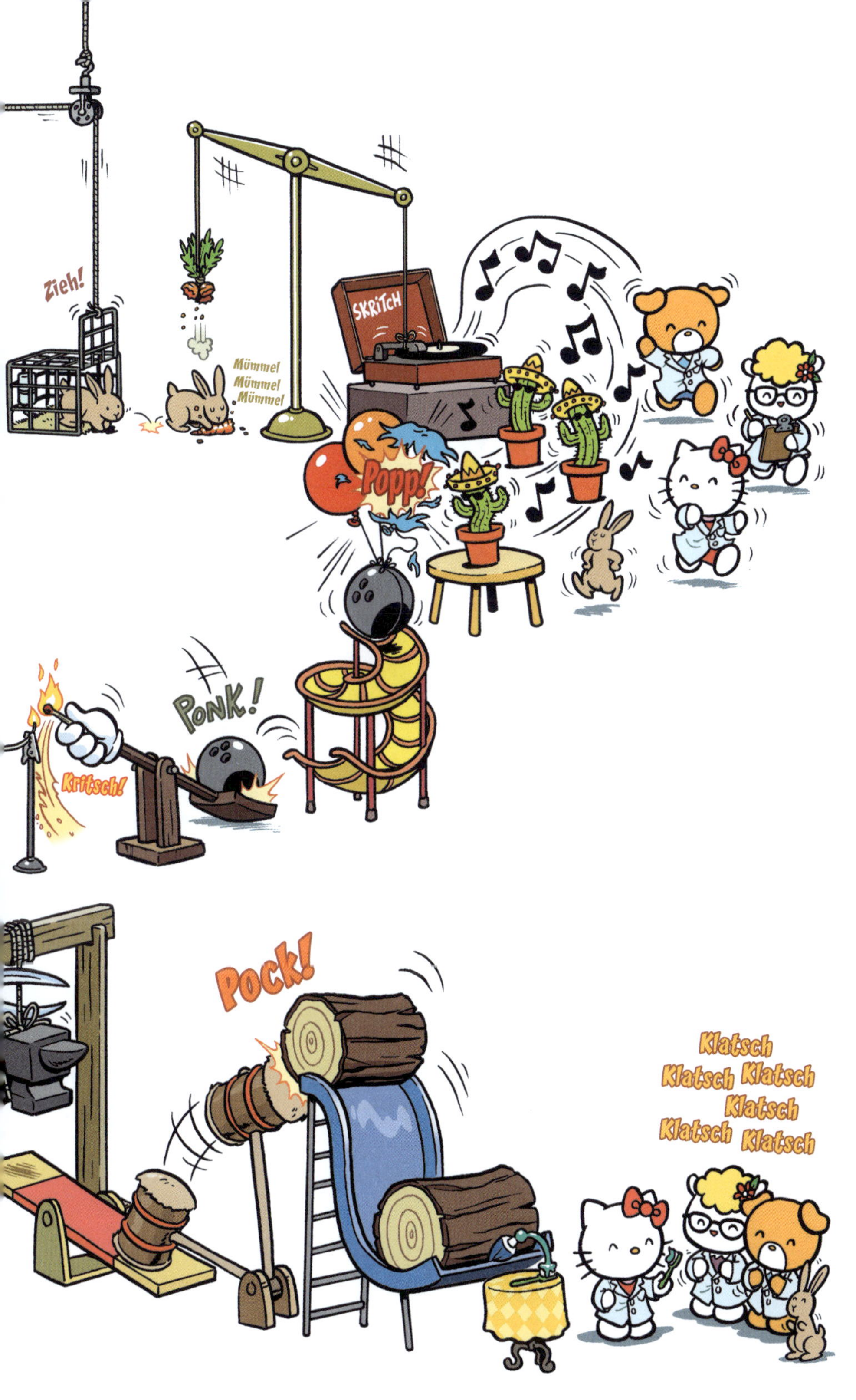
Zieh!
Mümmel
Mümmel
Mümmel
SKRITCH
Popp!
PONK!
Kritsch!
POCK!
Klatsch
Klatsch Klatsch
Klatsch
Klatsch Klatsch

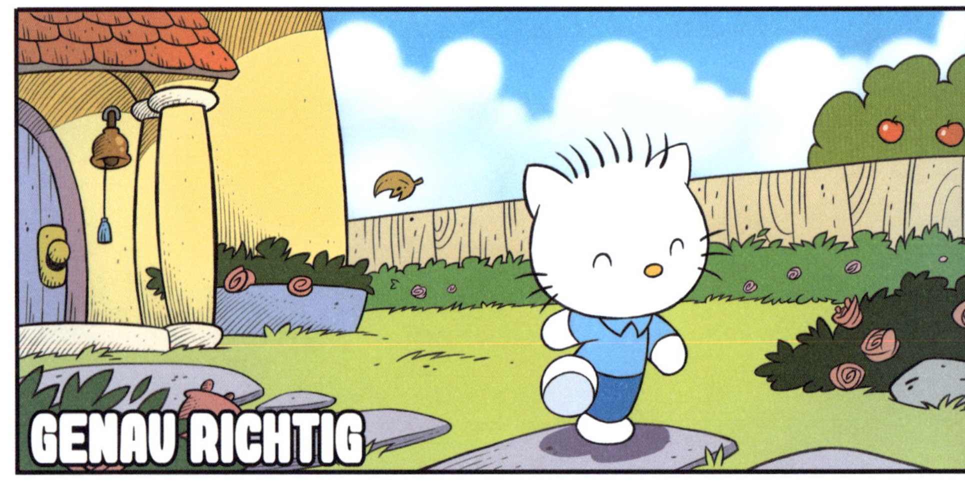
GENAU RICHTIG

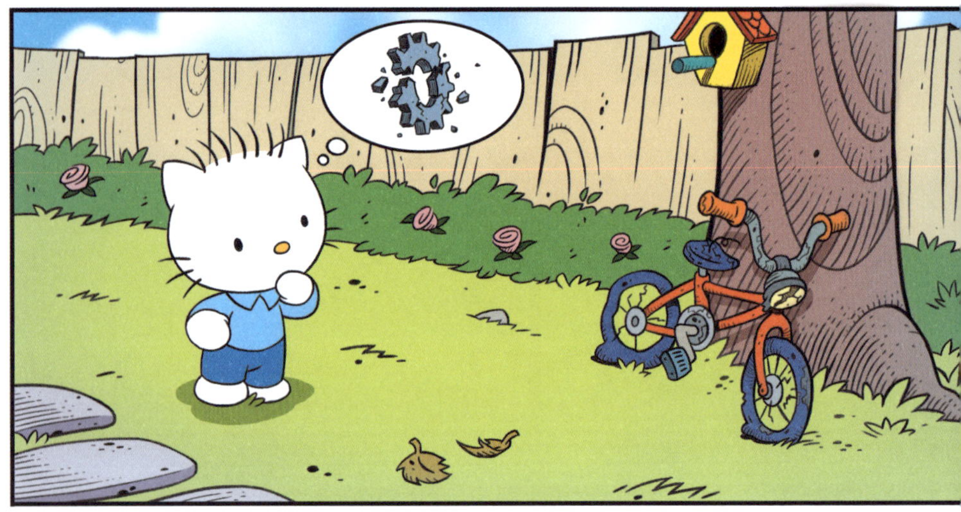

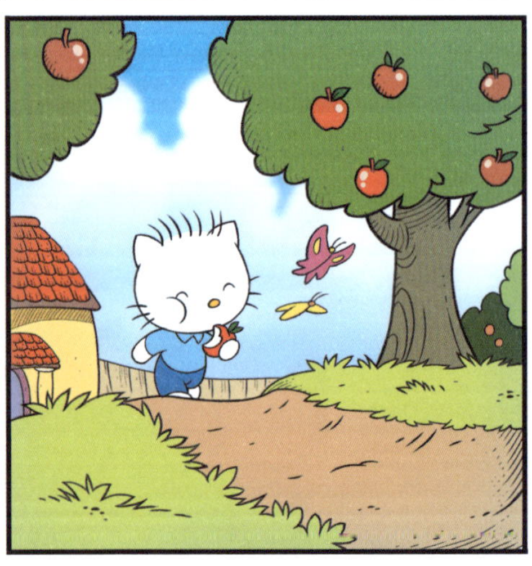

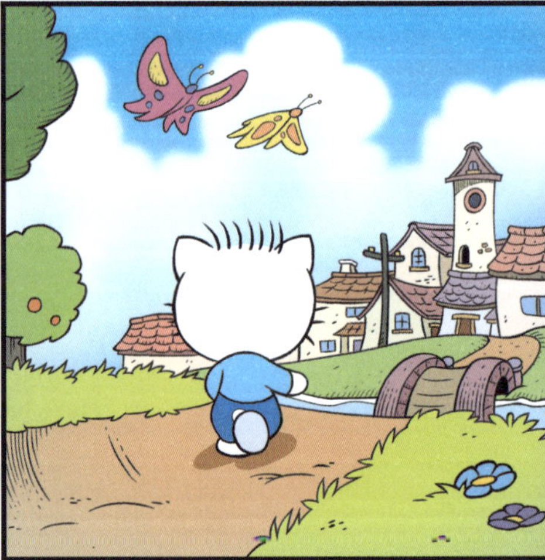

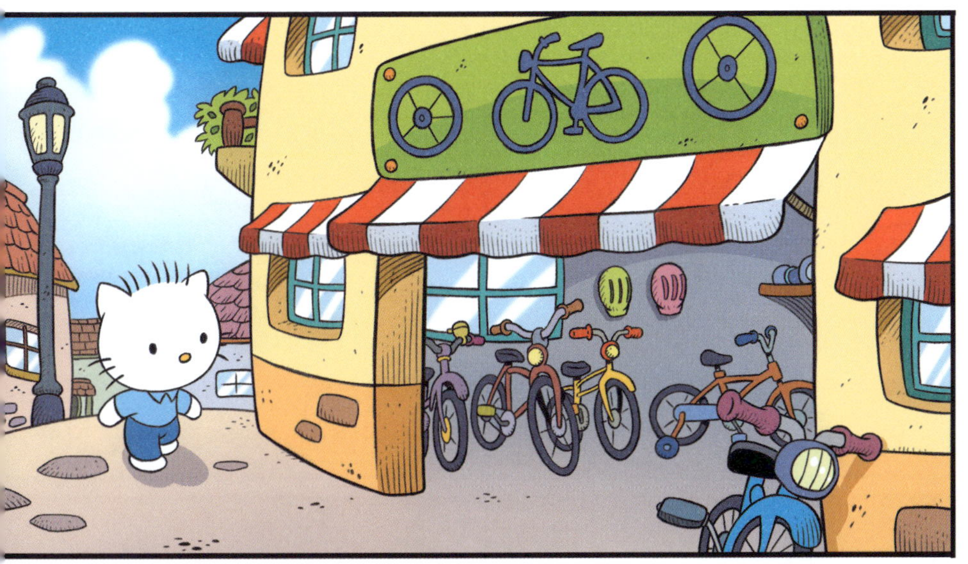

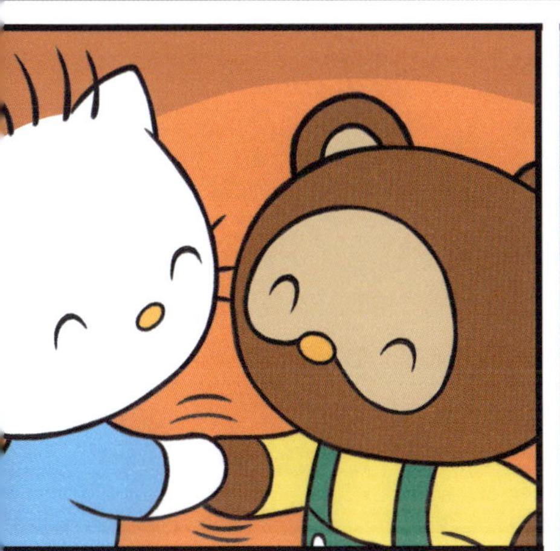

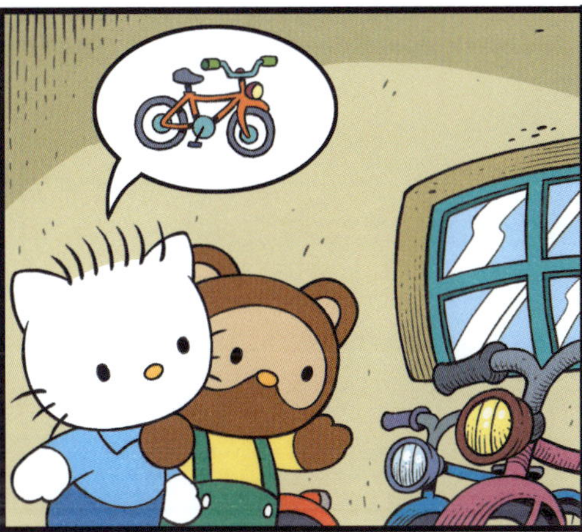

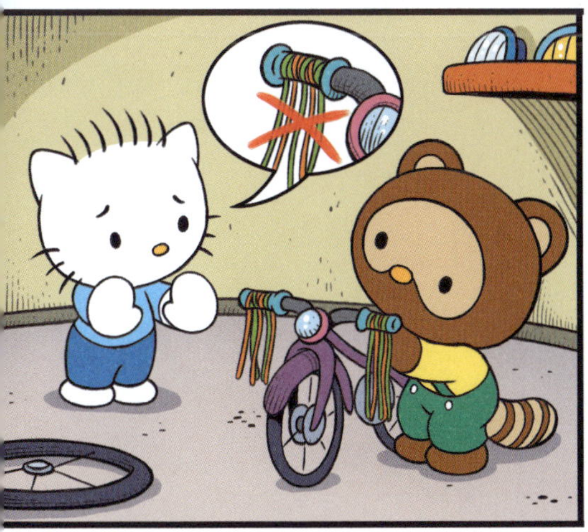

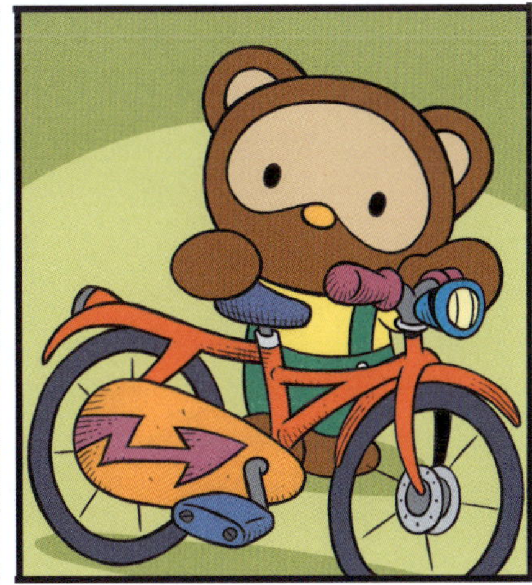

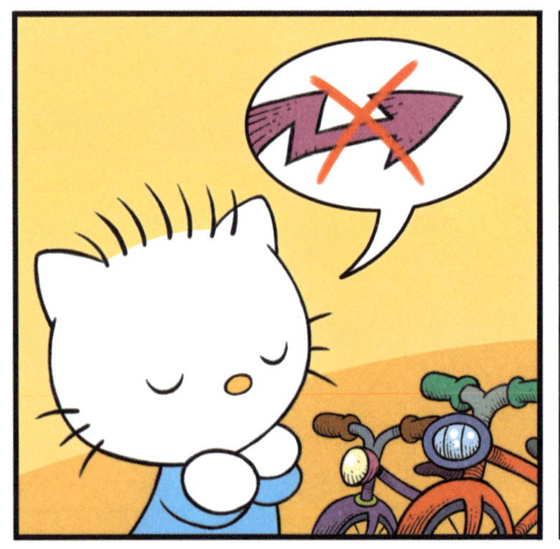
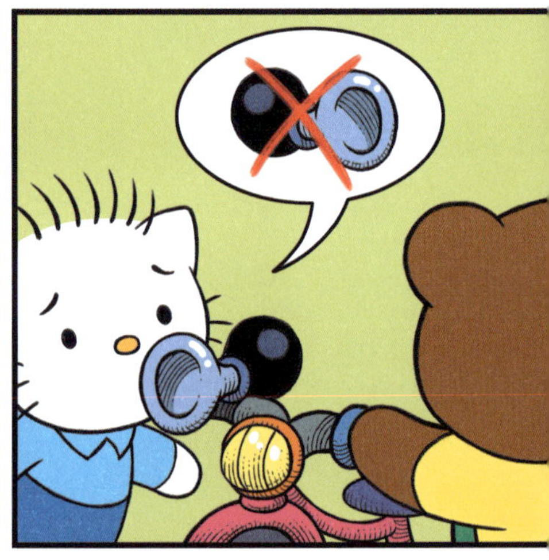
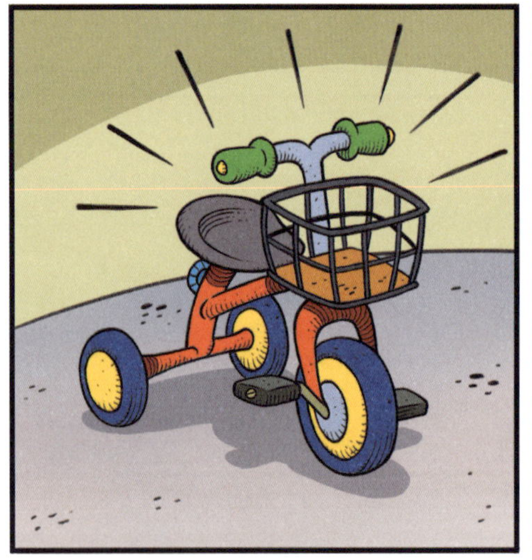
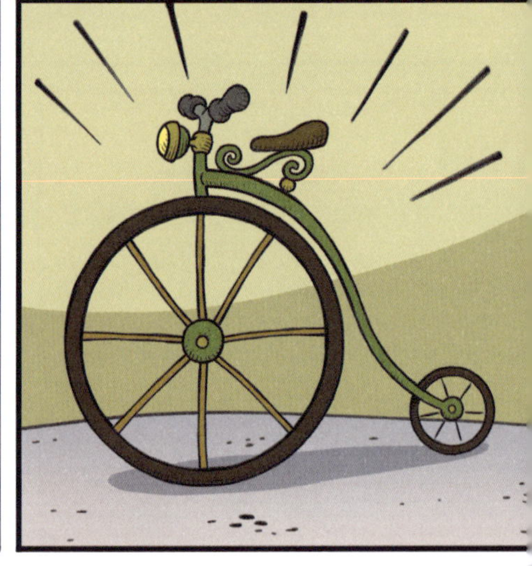
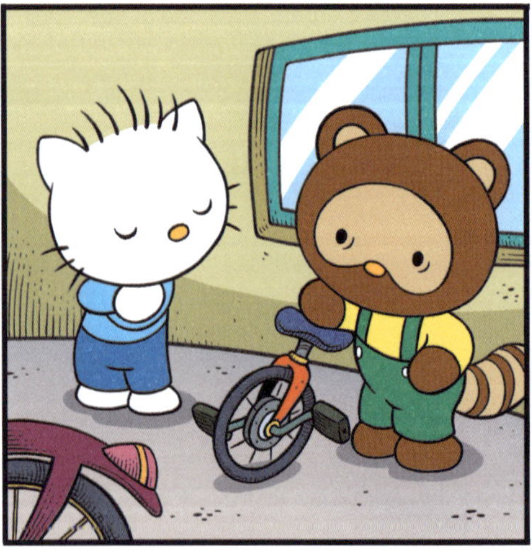
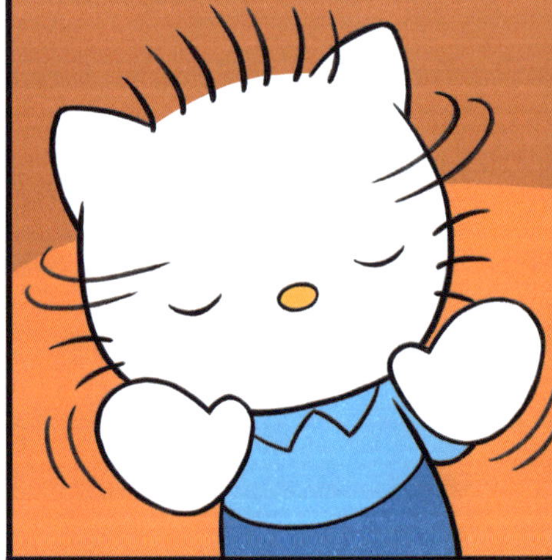

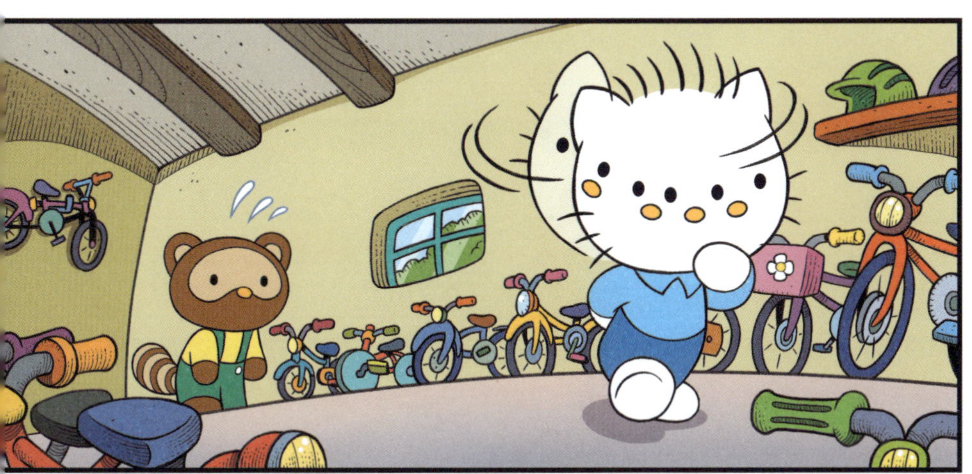
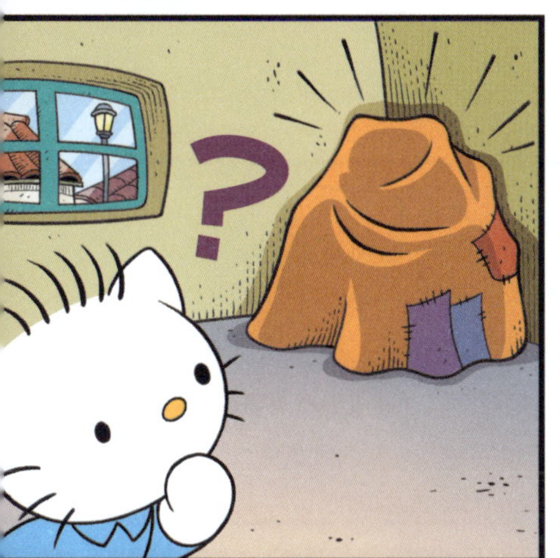

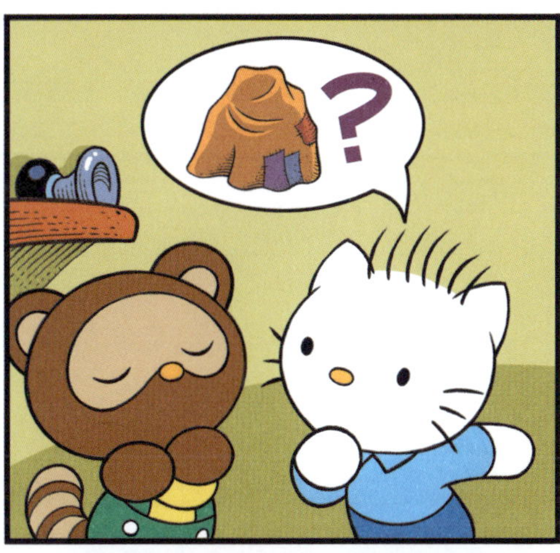

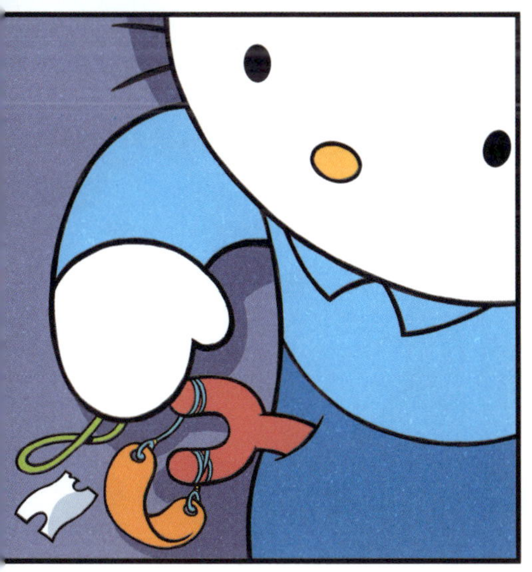
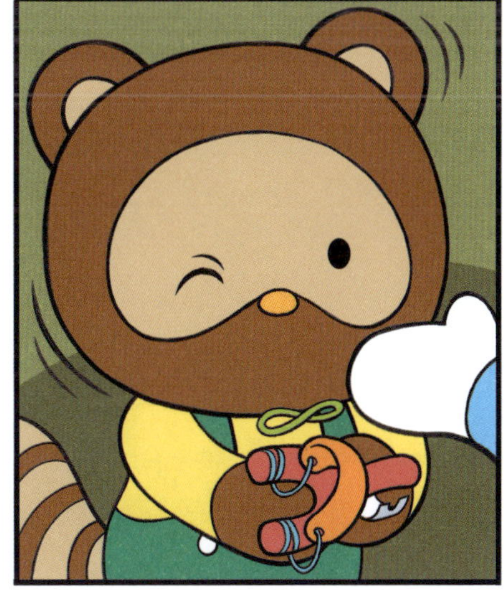

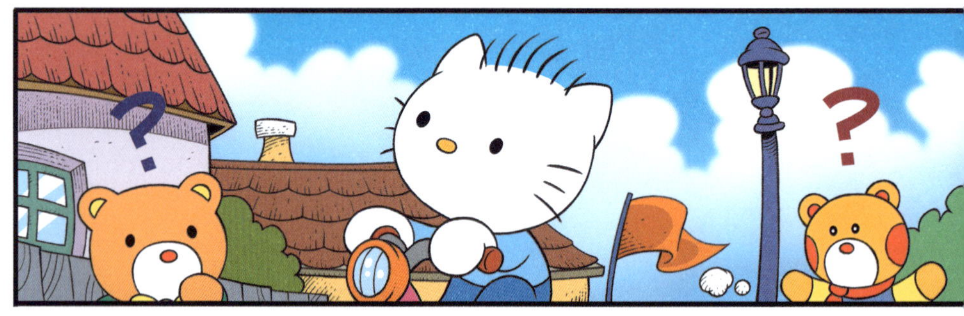

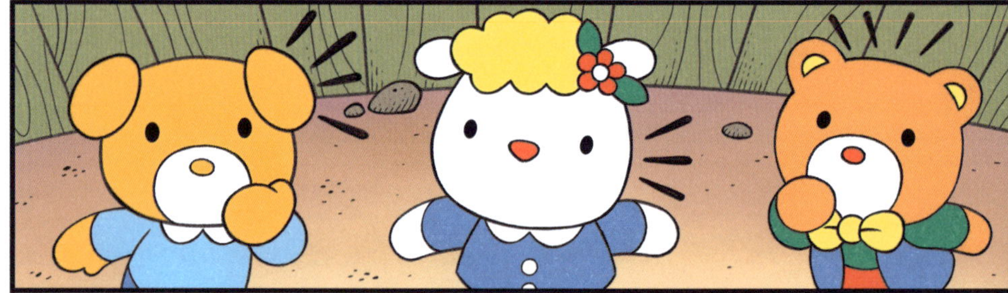
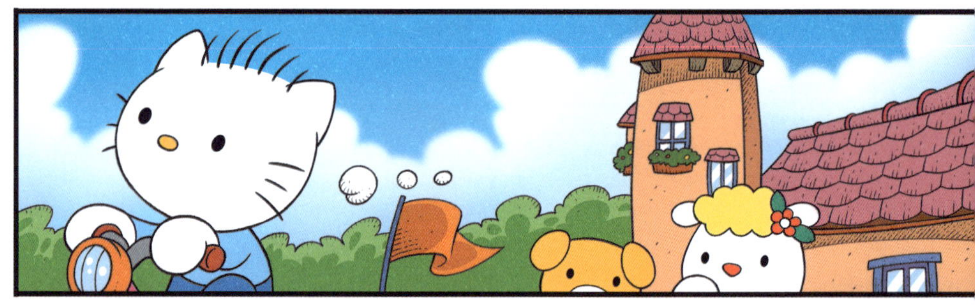
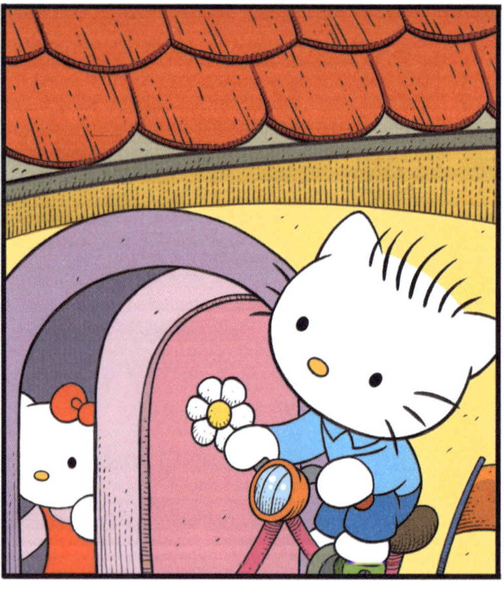
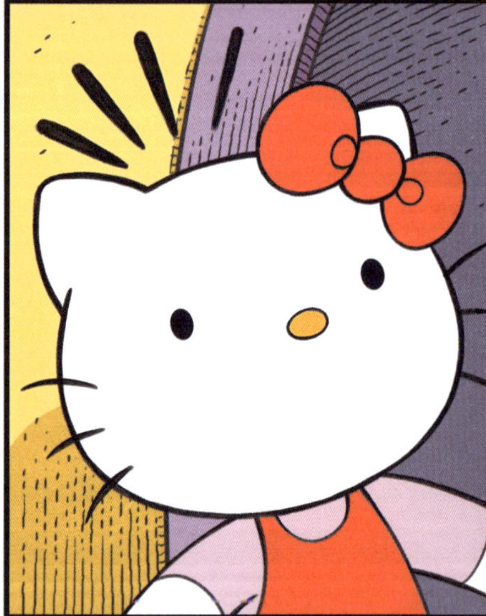

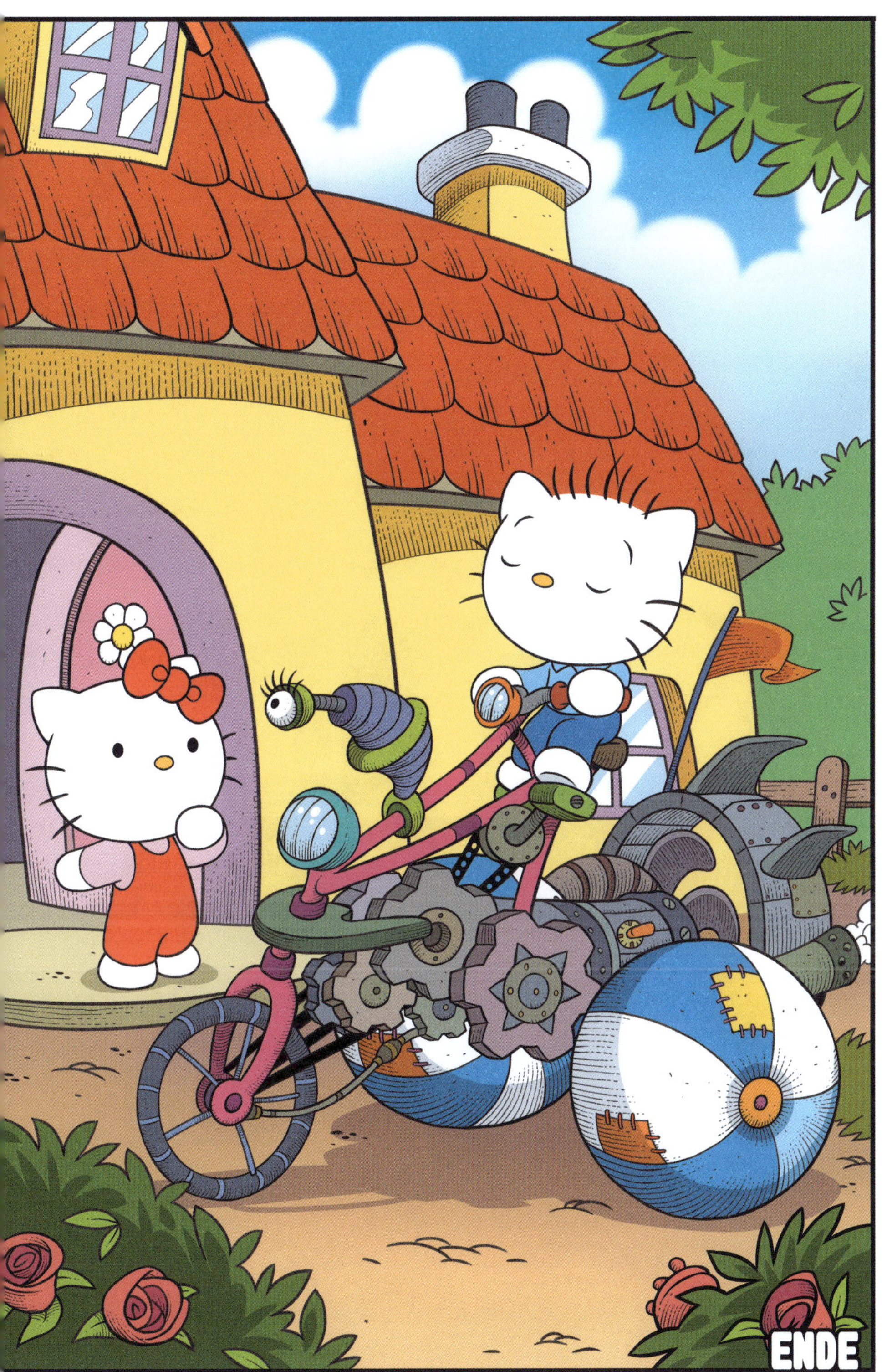
ENDE

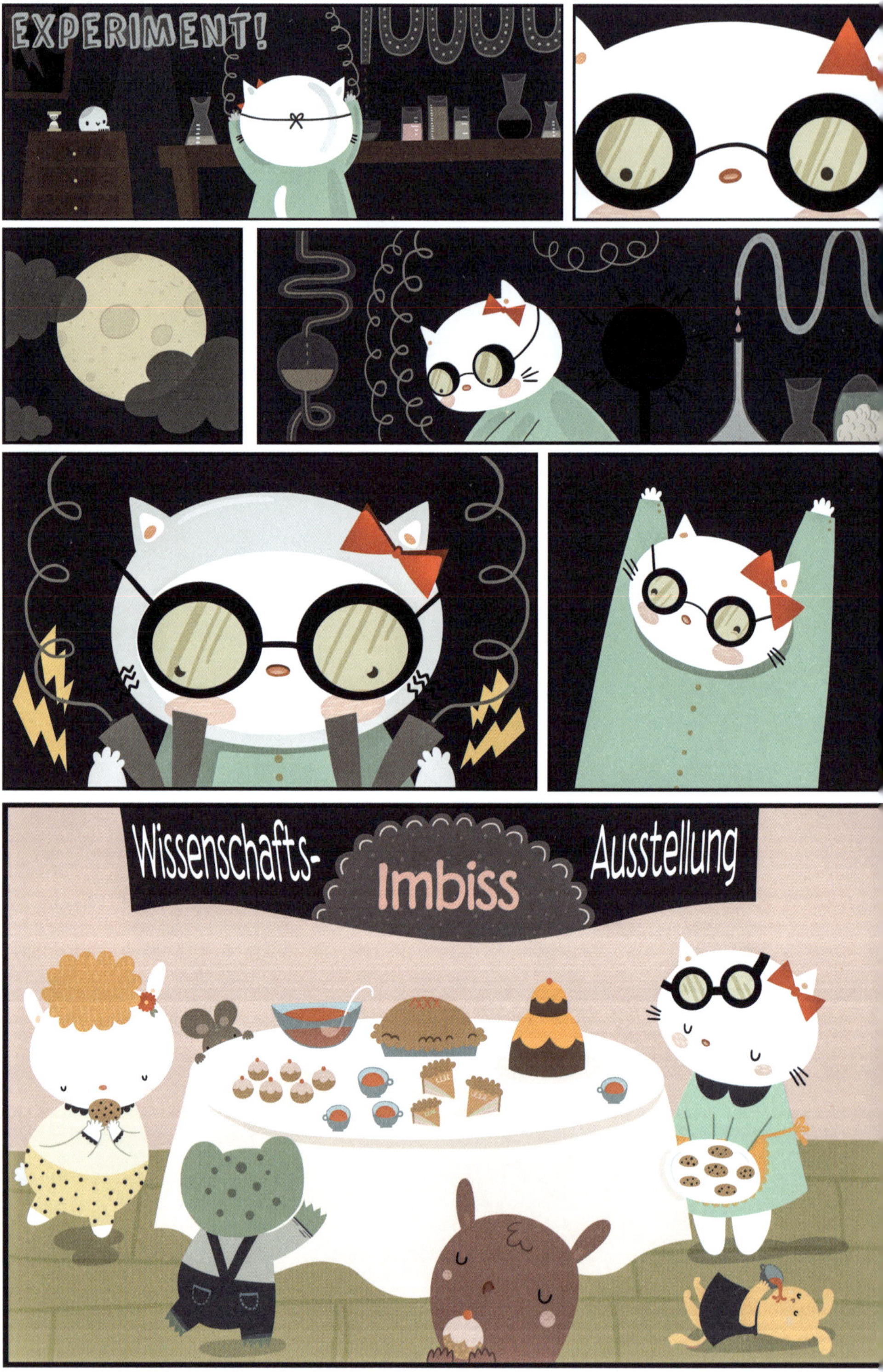

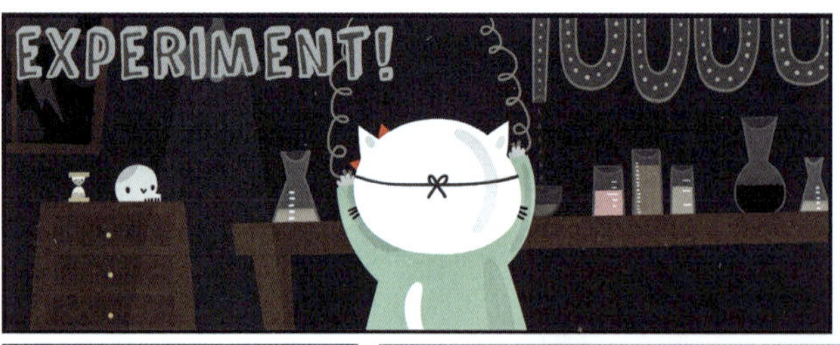

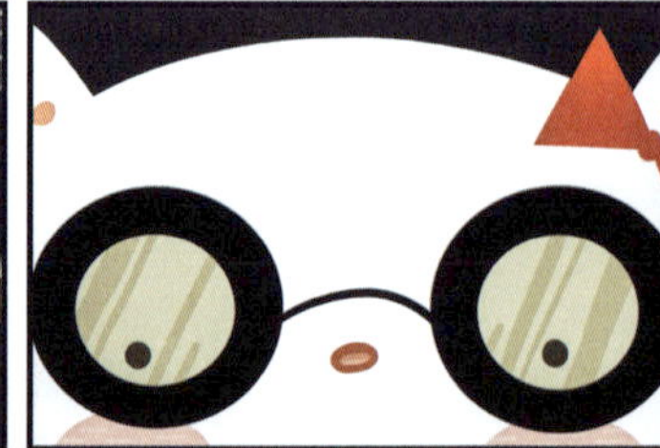

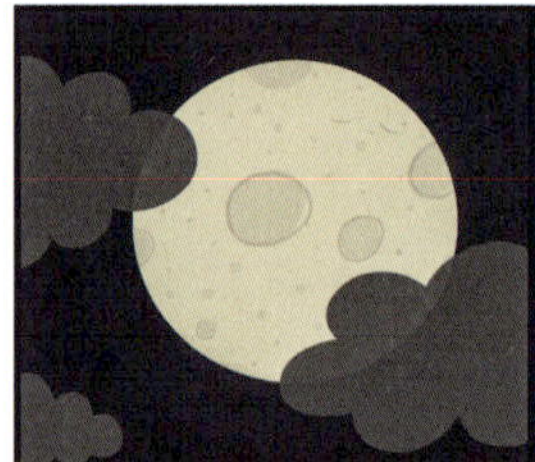

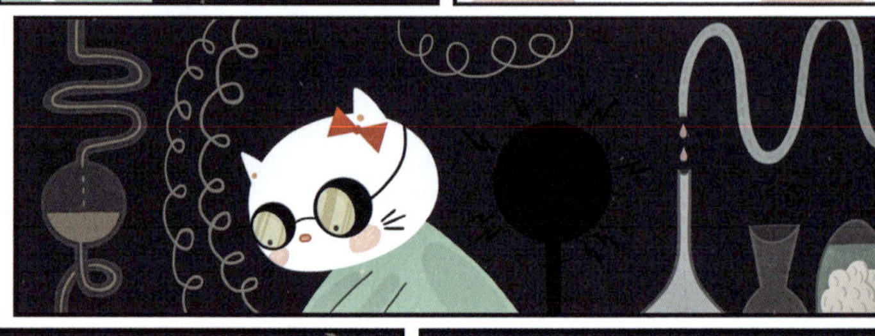

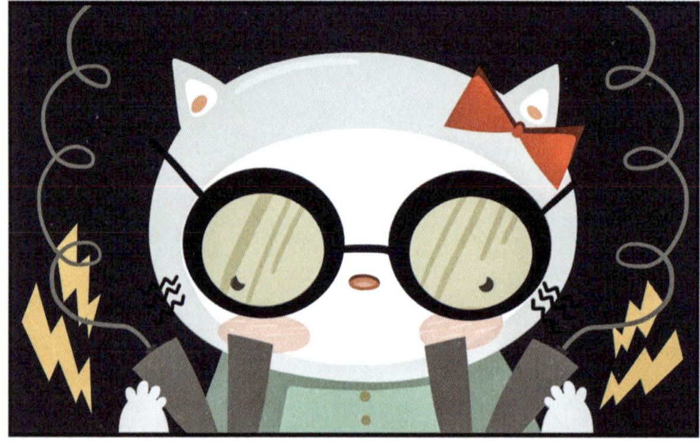

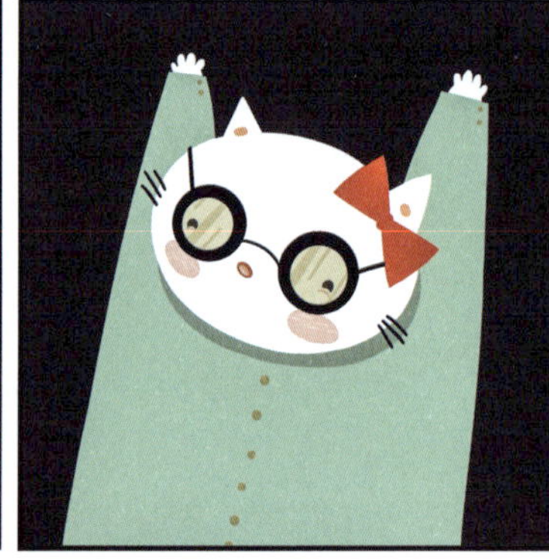

Wissenschafts- Imbiss Ausstellung

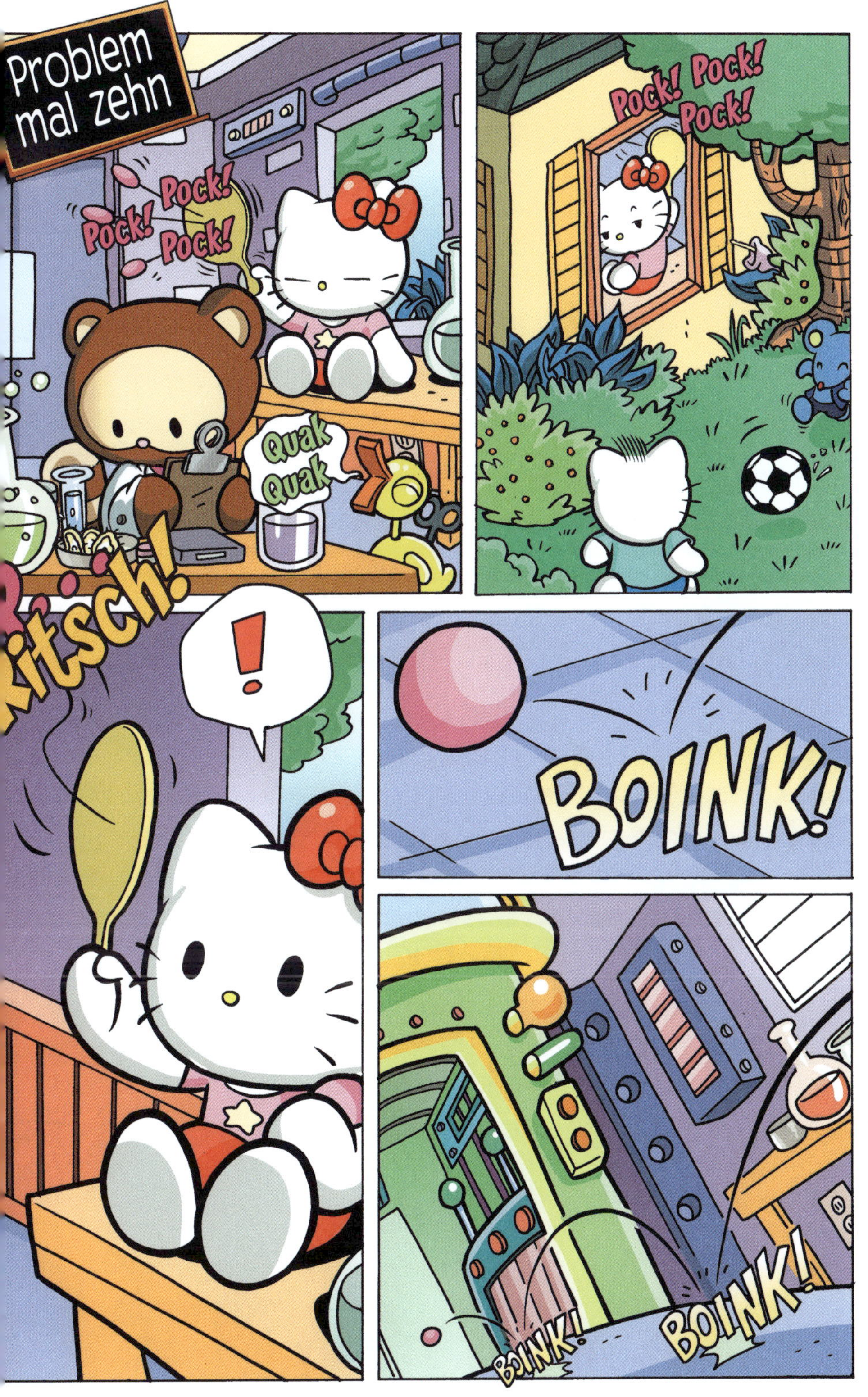
Problem mal zehn
Pock!
Pock!
Pock!
Quak
Quak
Pock! Pock!
Pock!
Ritsch!
!
BOINK!
BOINK!
BOINK!

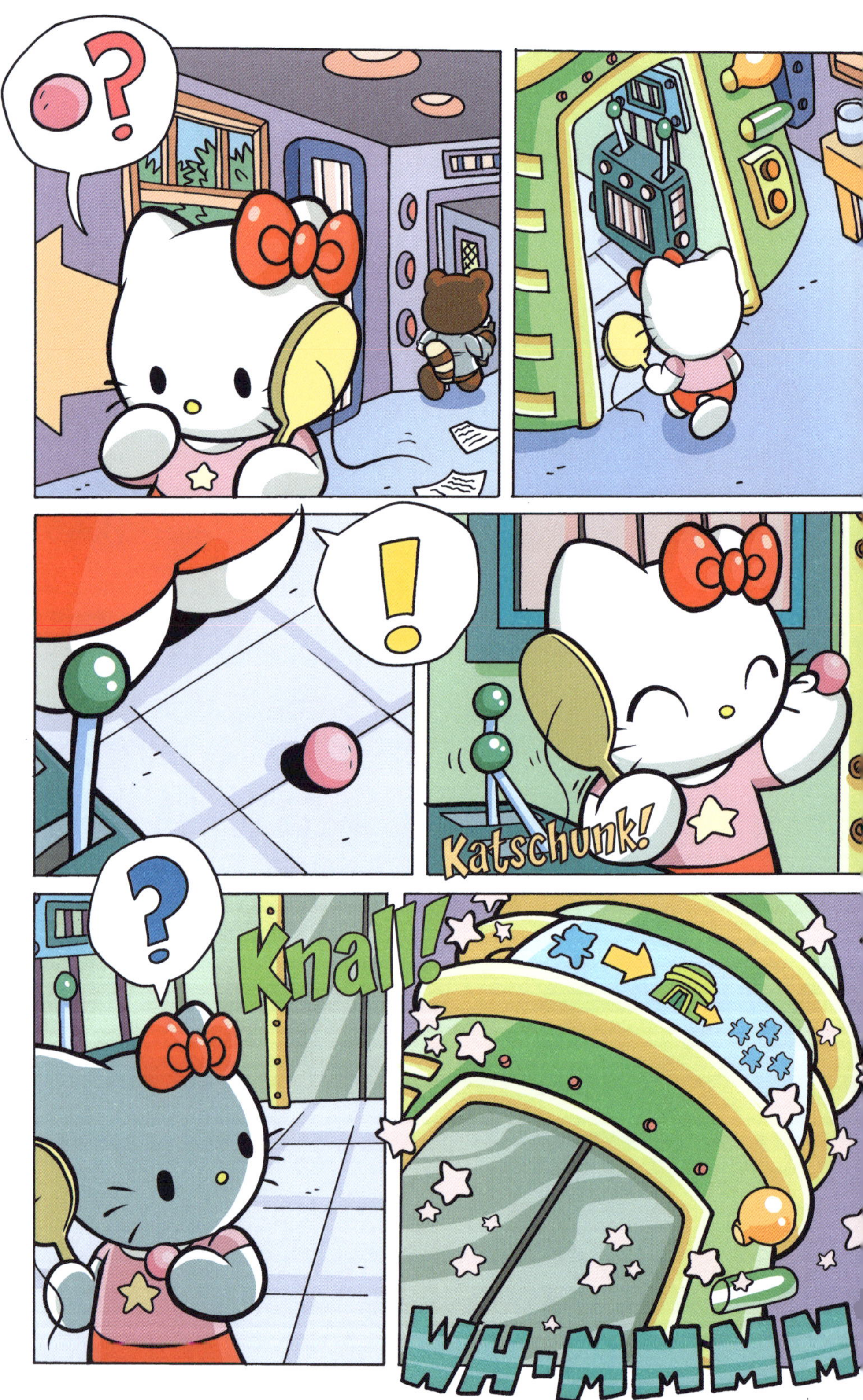
?
!
Katschunk!
?
Knall!
WH-MMMMM

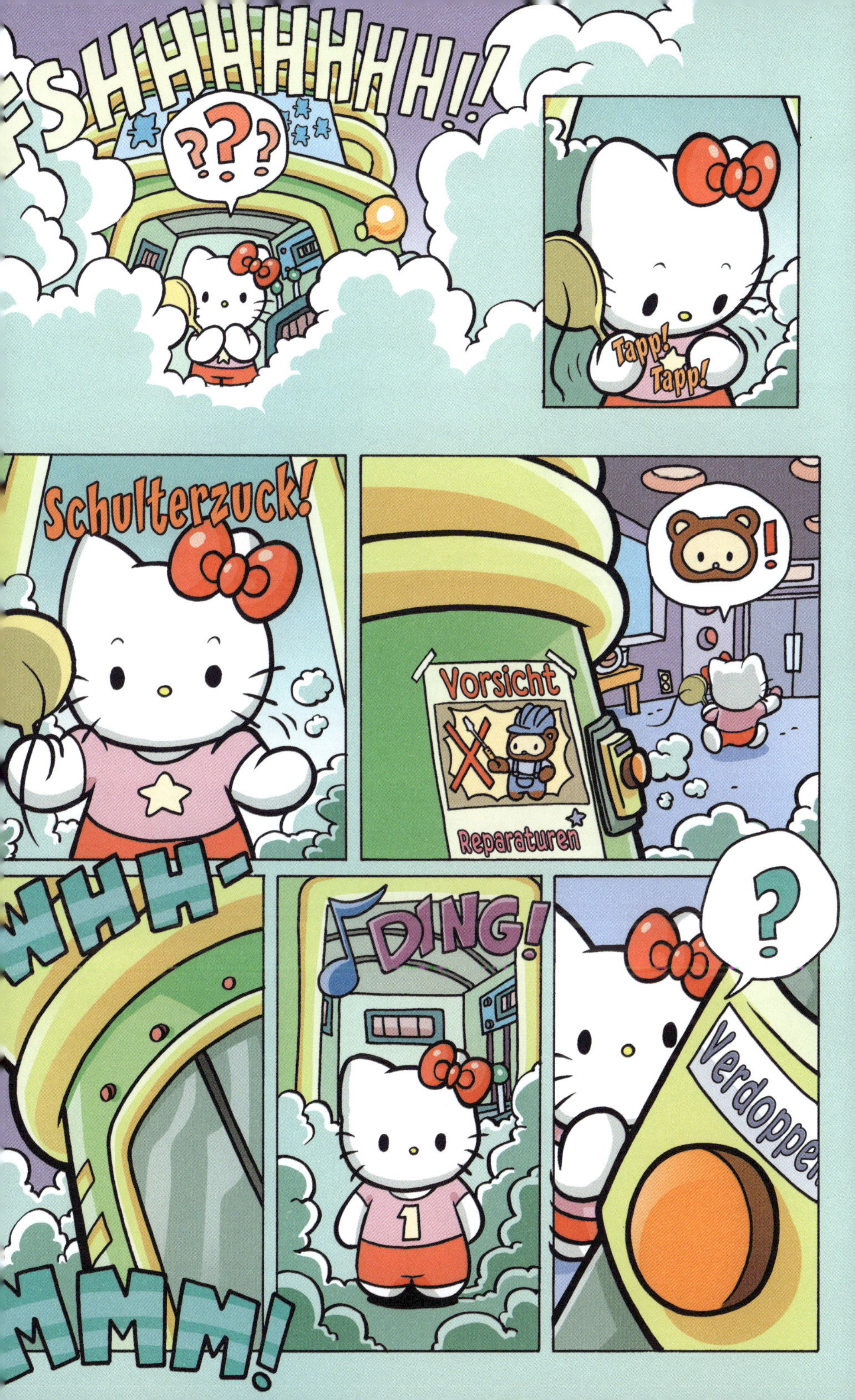
FSHHHHHHHH!!
???
Tapp! Tapp!
Schulterzuck!
!
Vorsicht
Reparaturen
WHHH-
MMMM!
DING!
1
?
Verdoppen

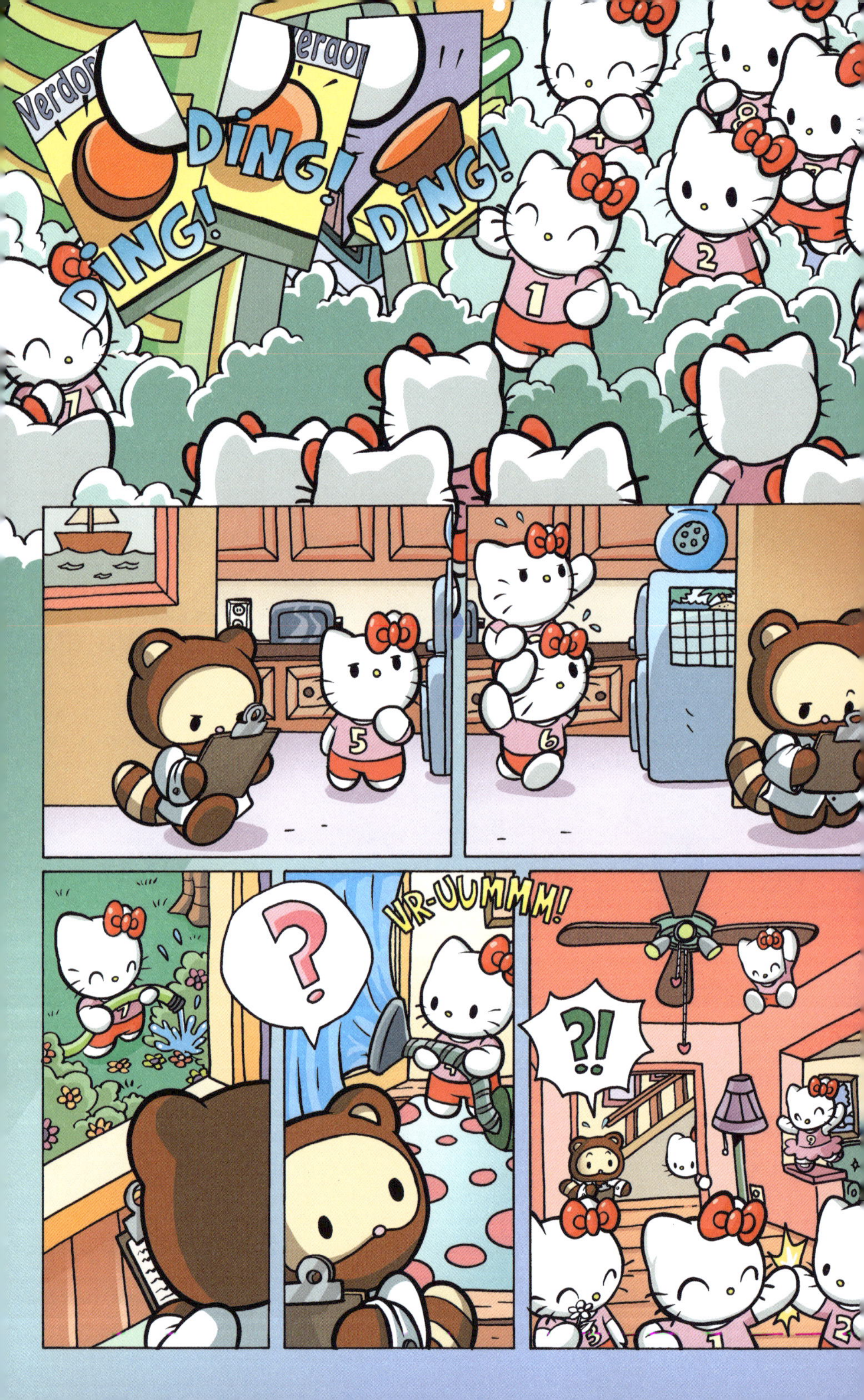
DING!
DING!
DING!
?
VR-UUMMM!
?!

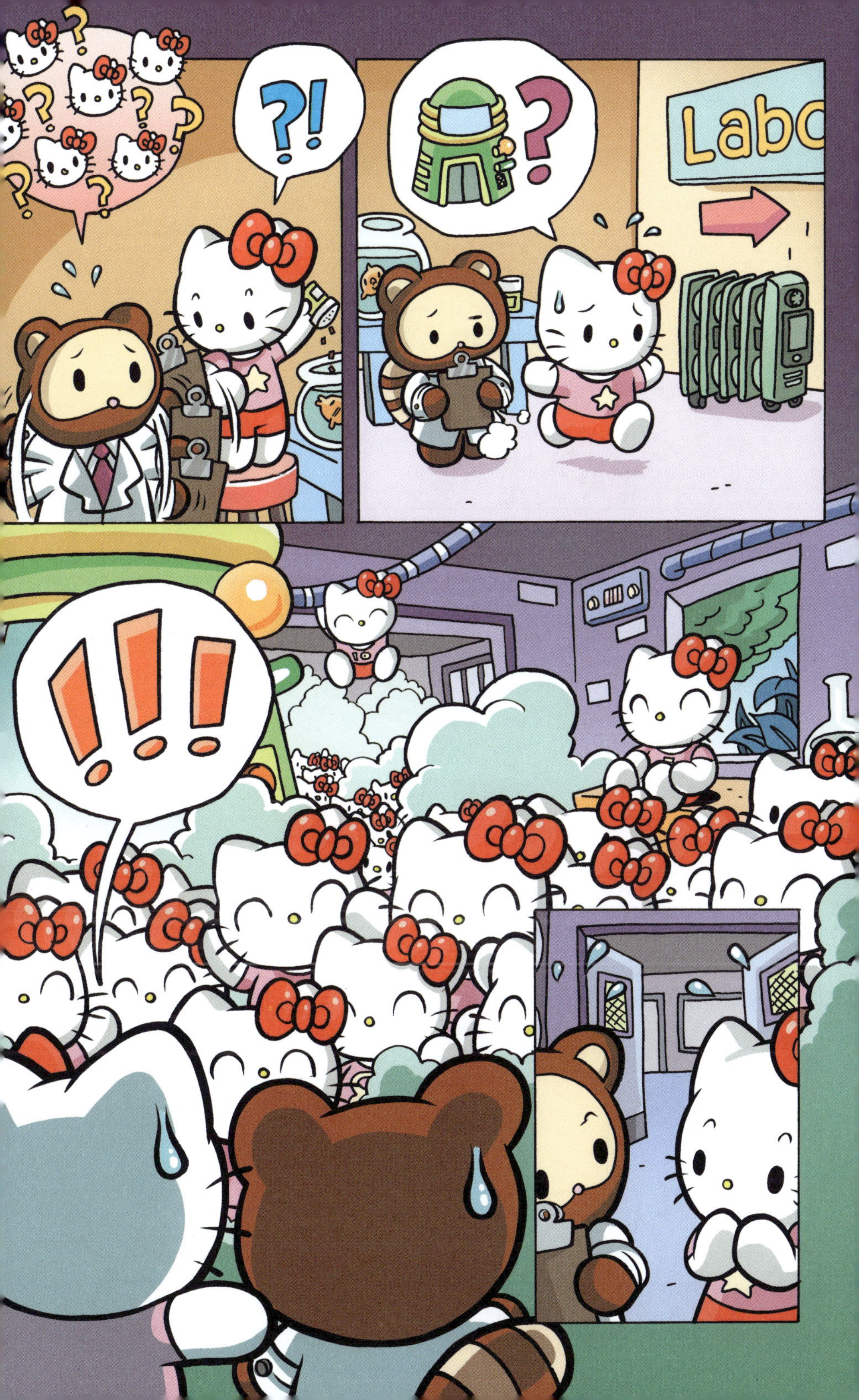
?!
Labo

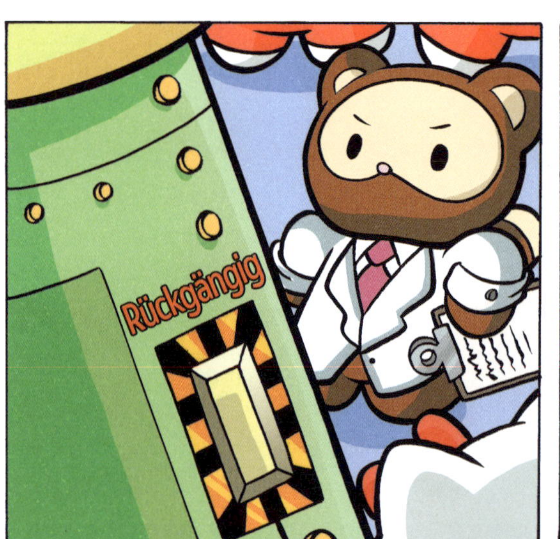
Rückgängig

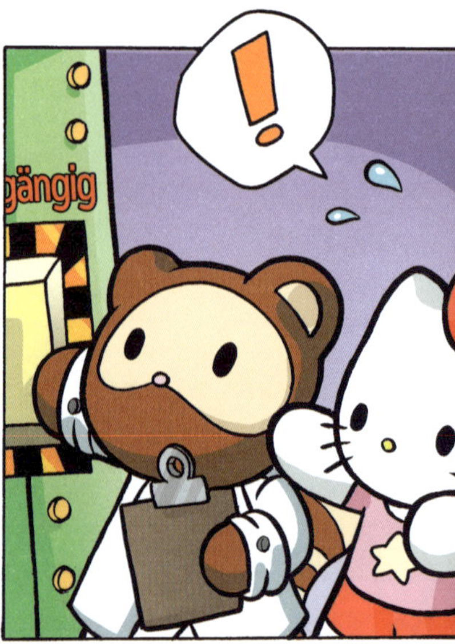
!
gängig

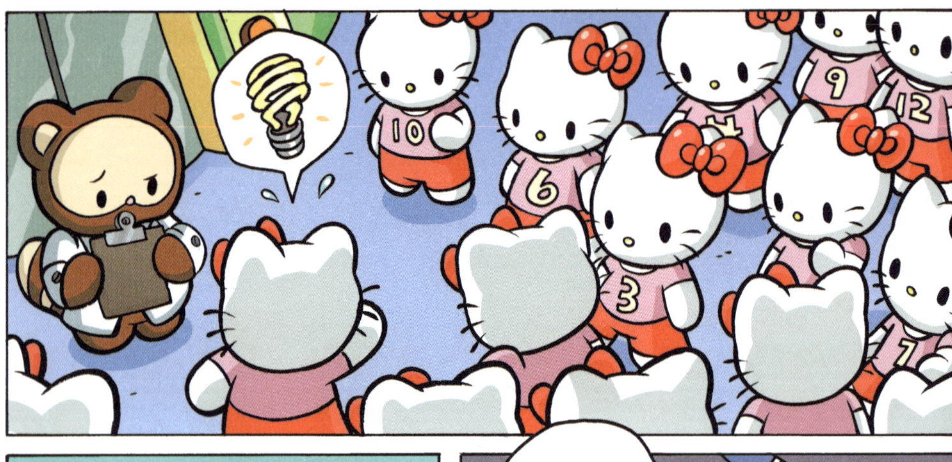

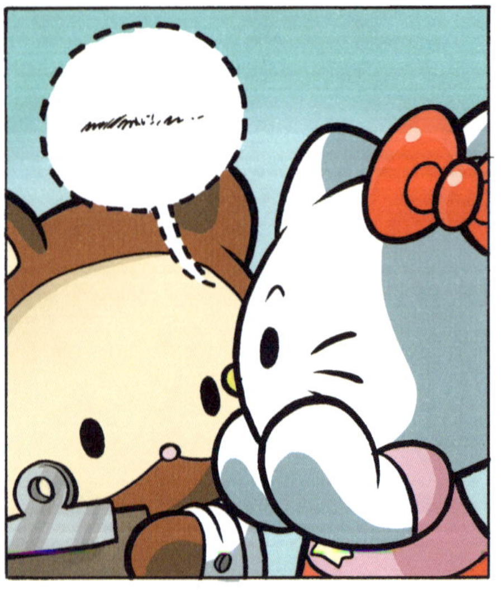

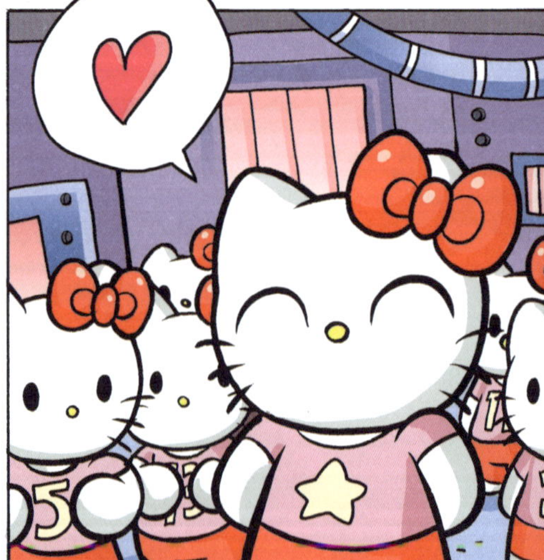

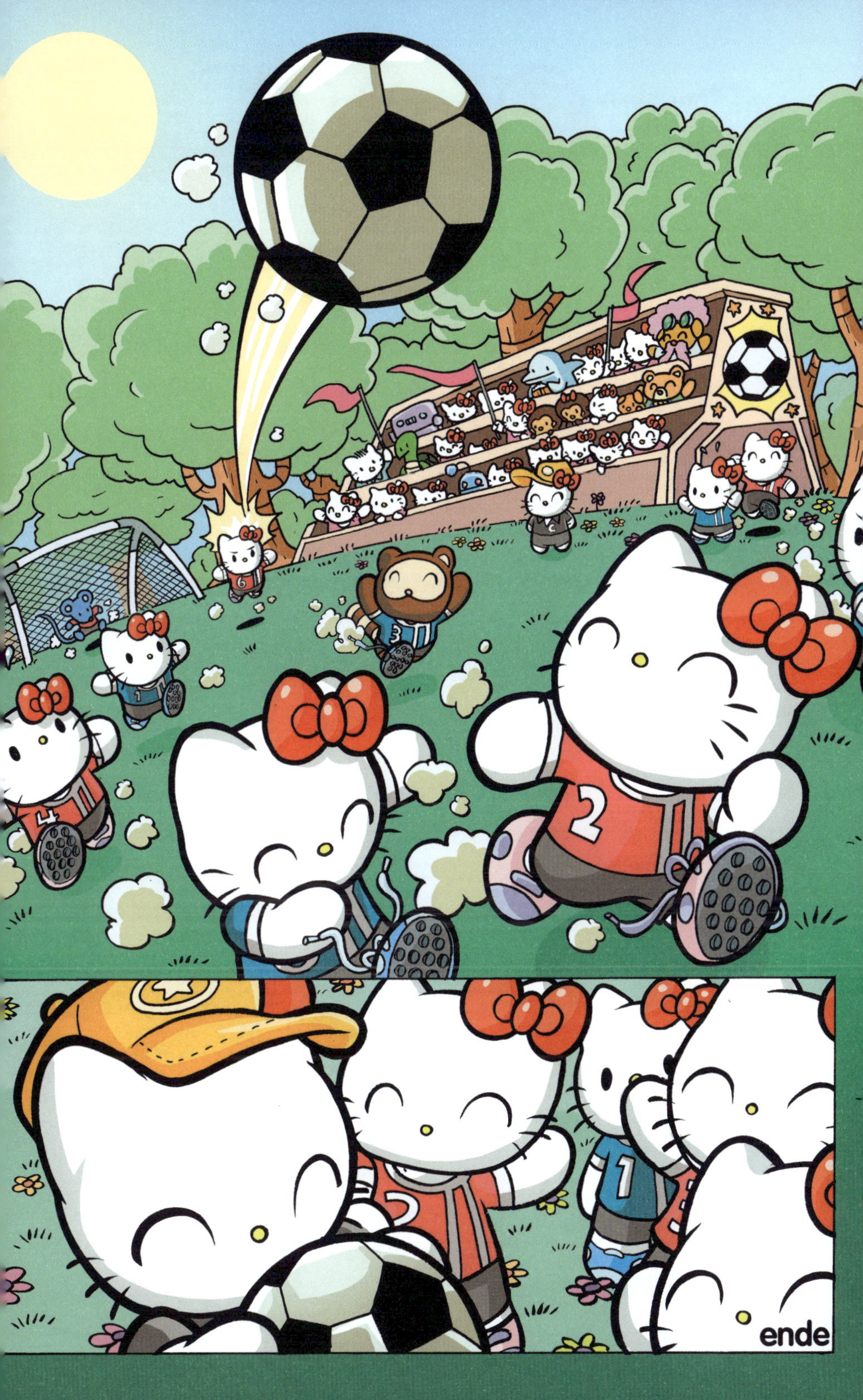
ende

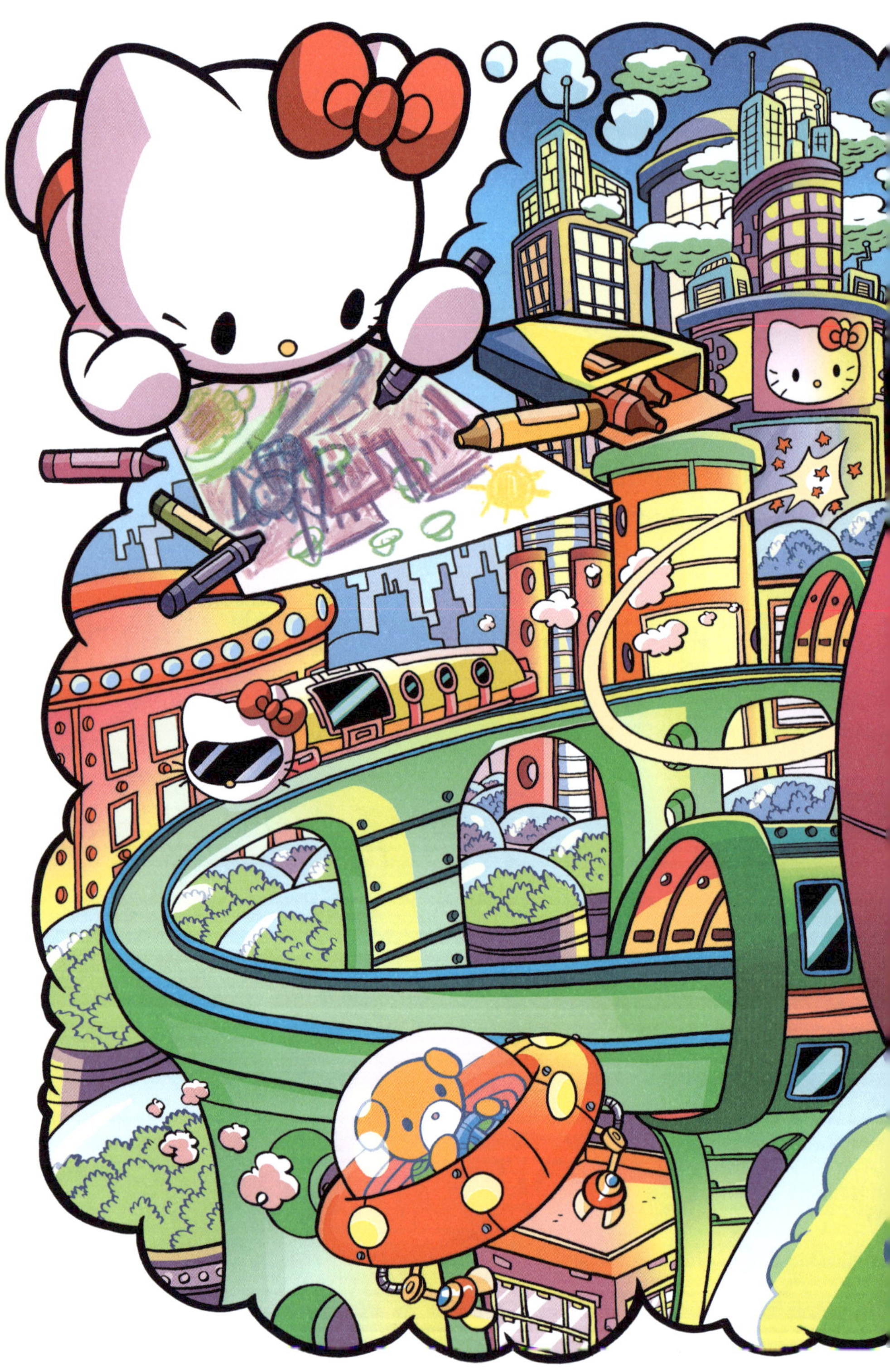

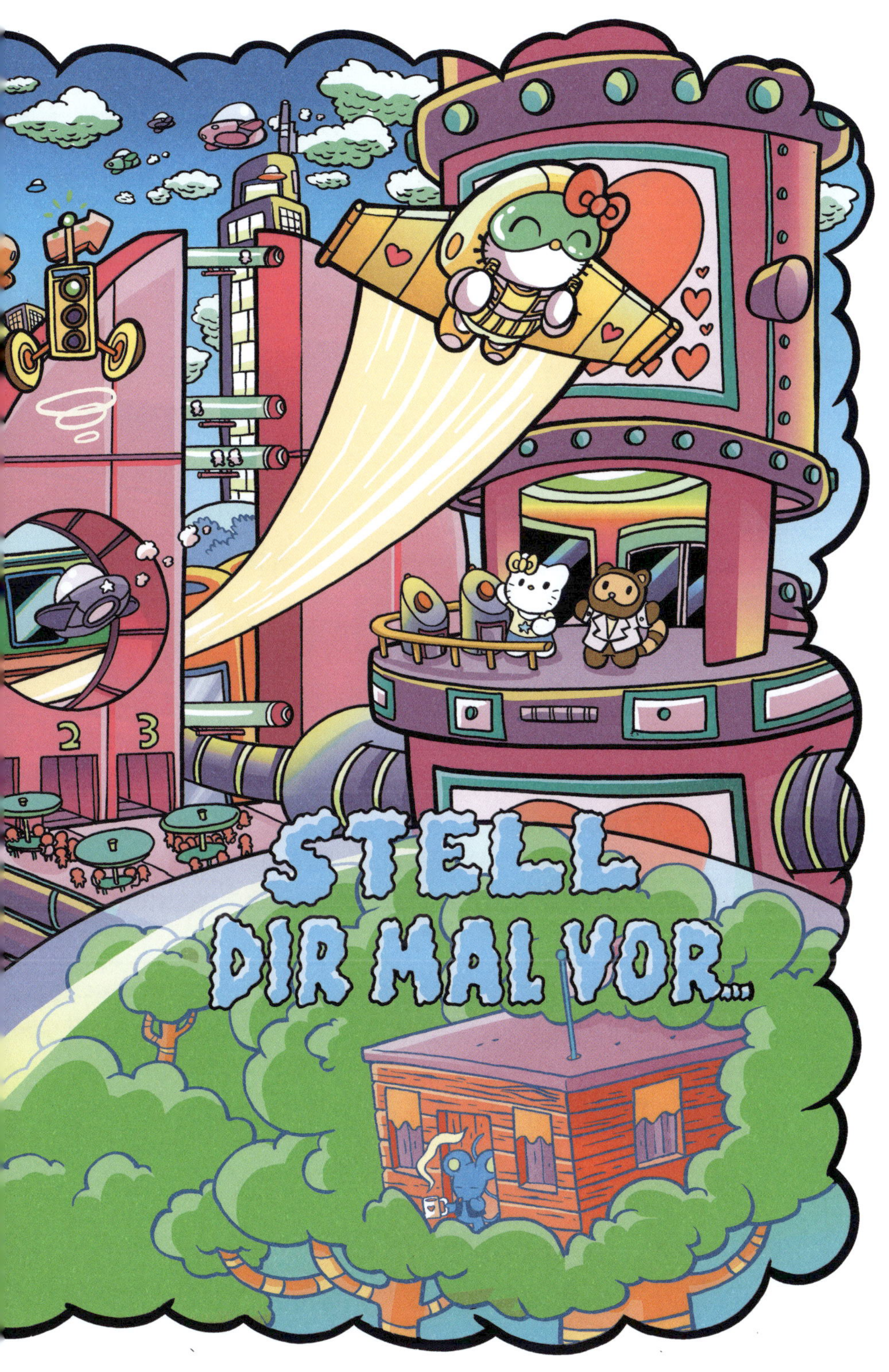
STELL DIR MAL VOR...
2
3

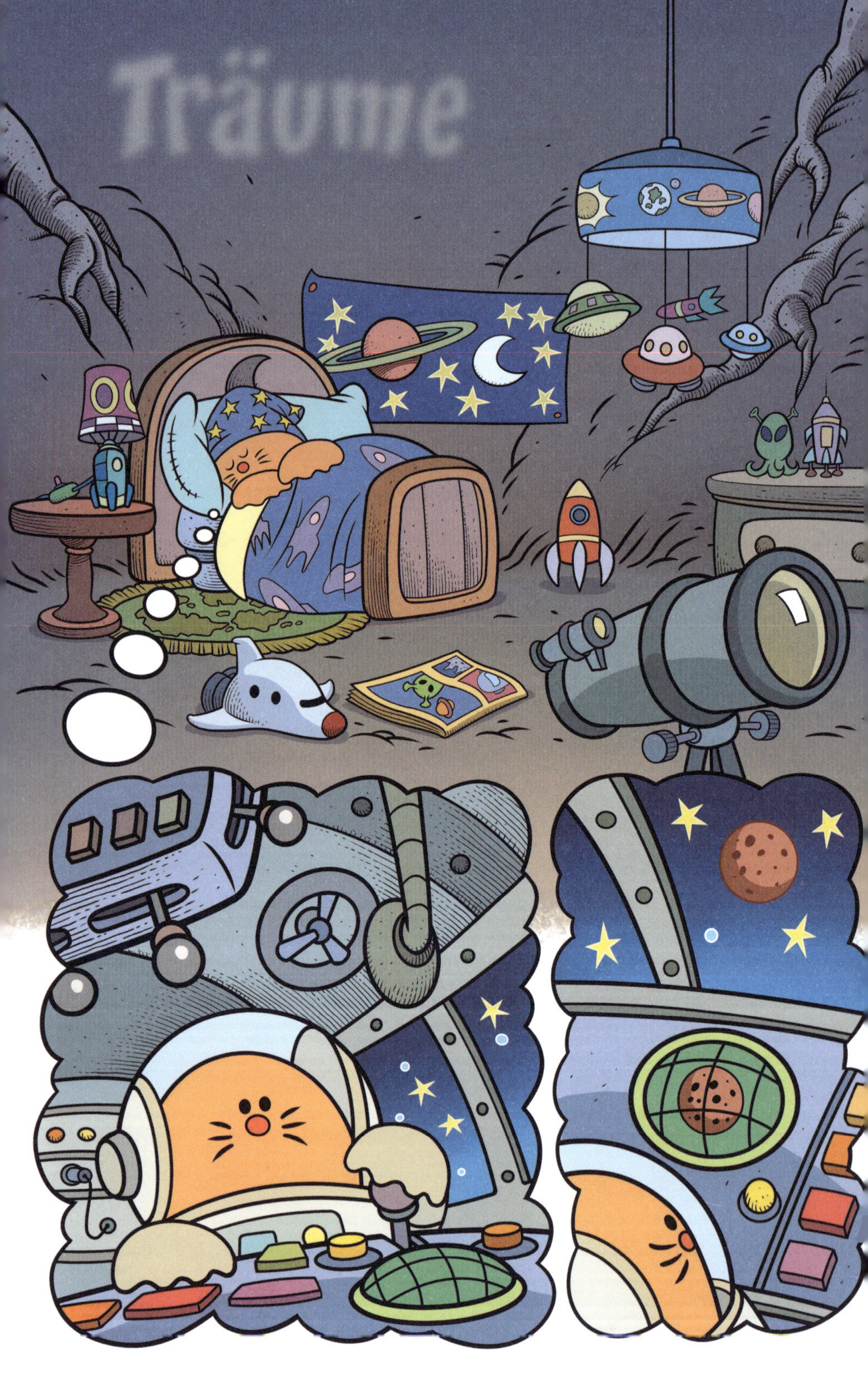
Träume

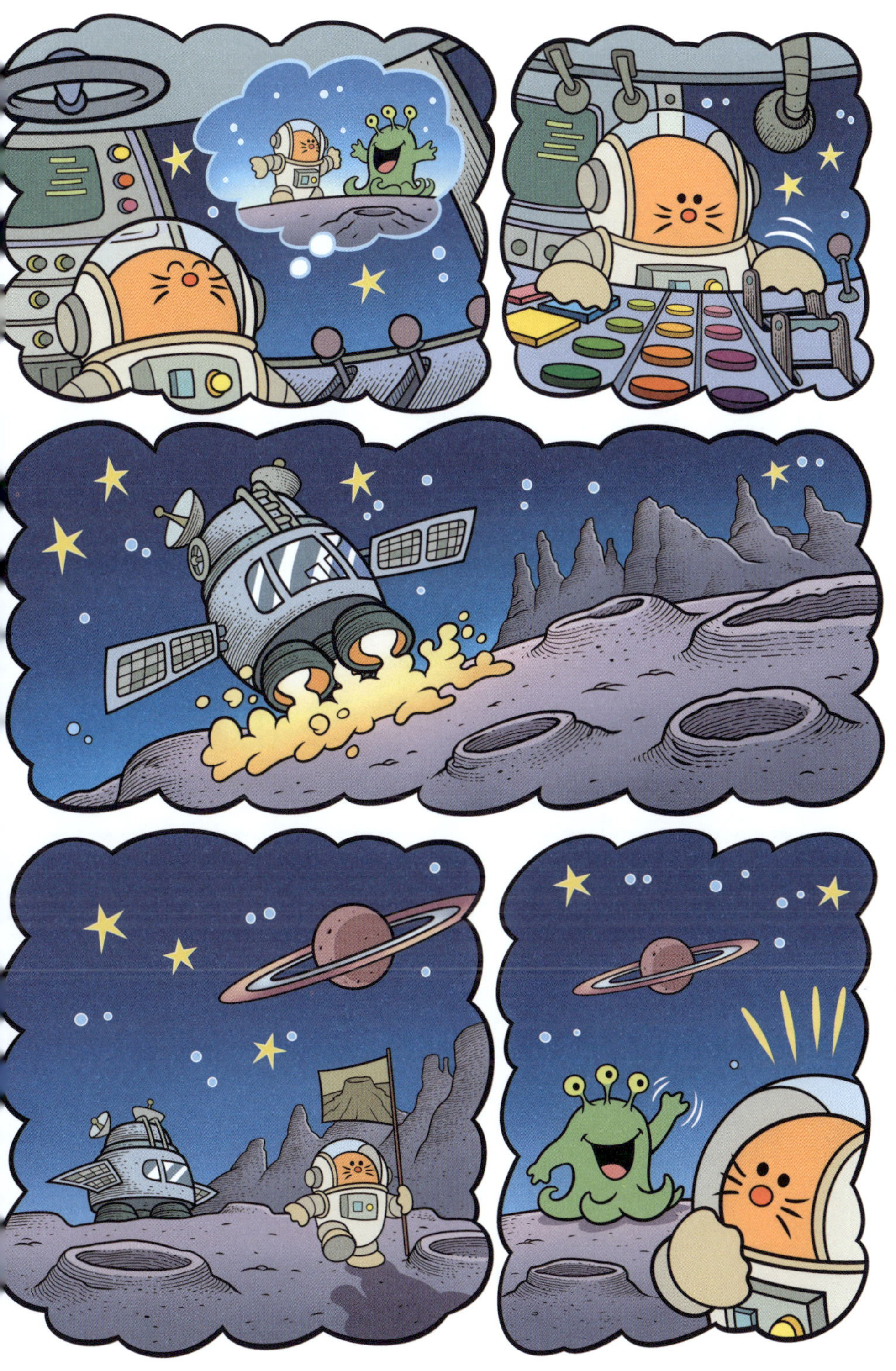

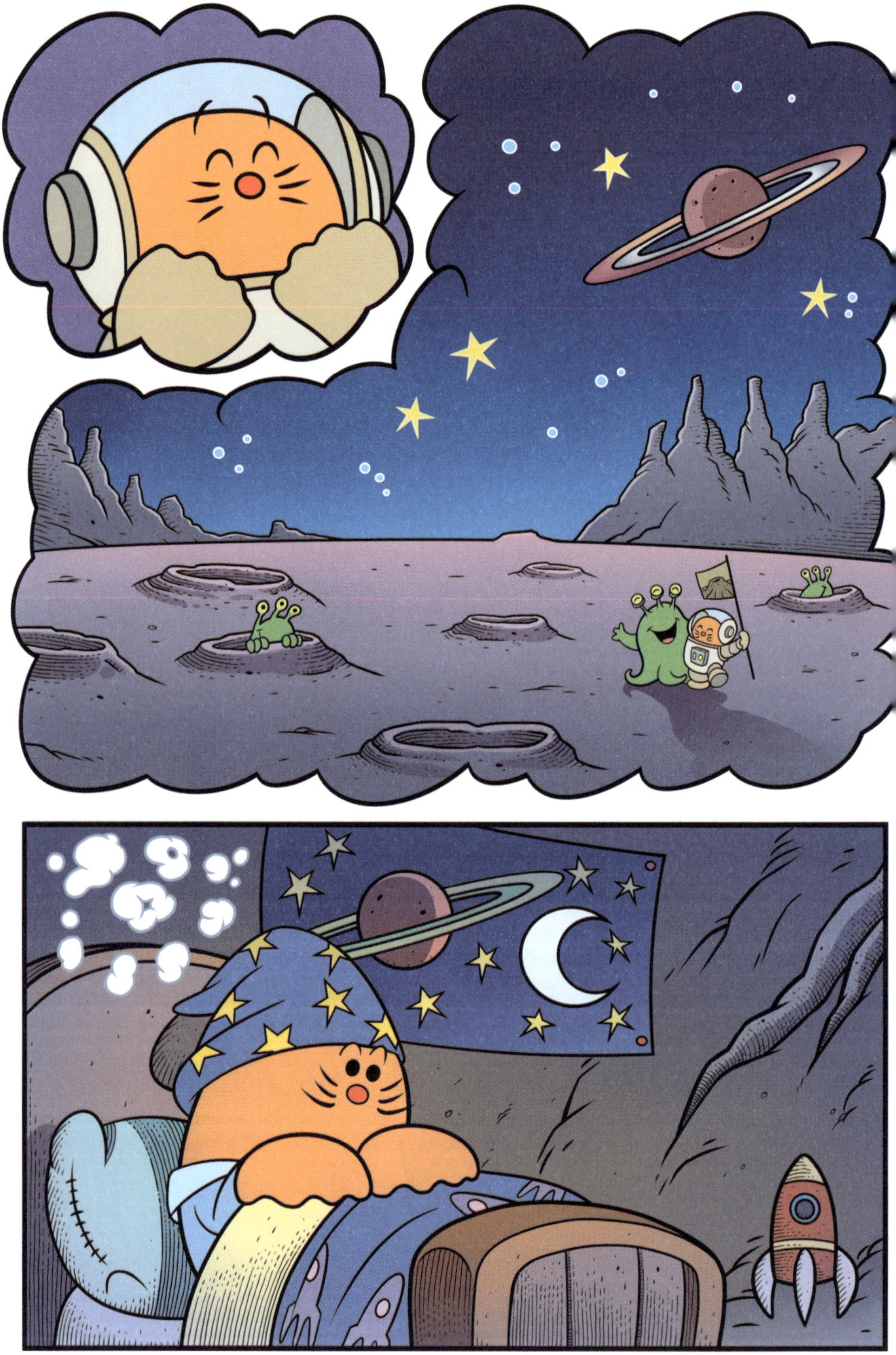

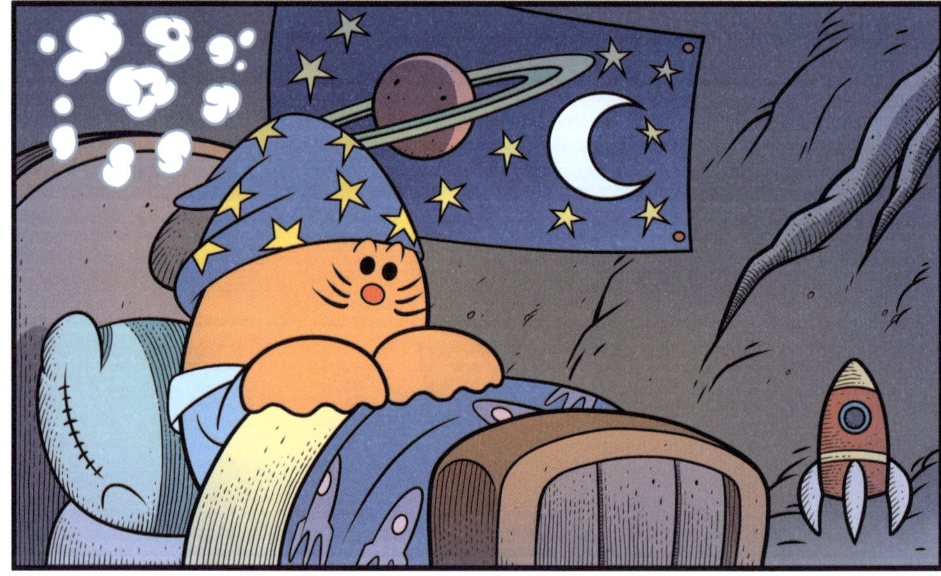

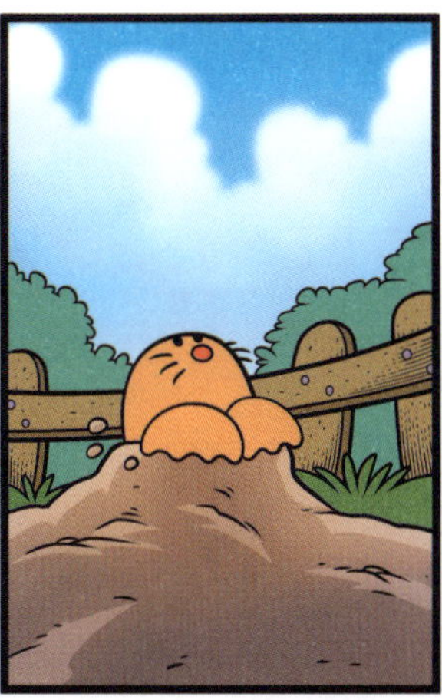

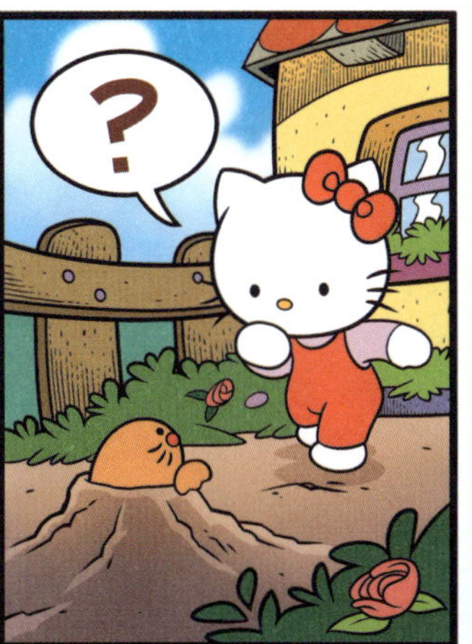
?

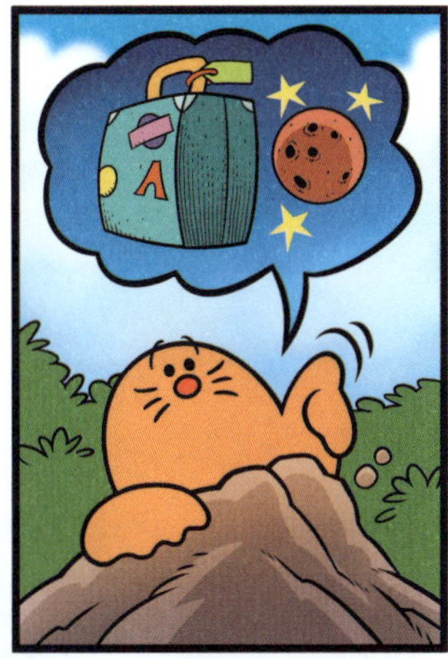

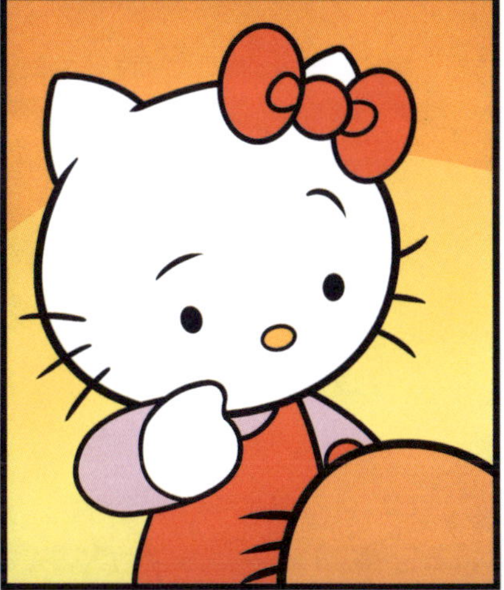

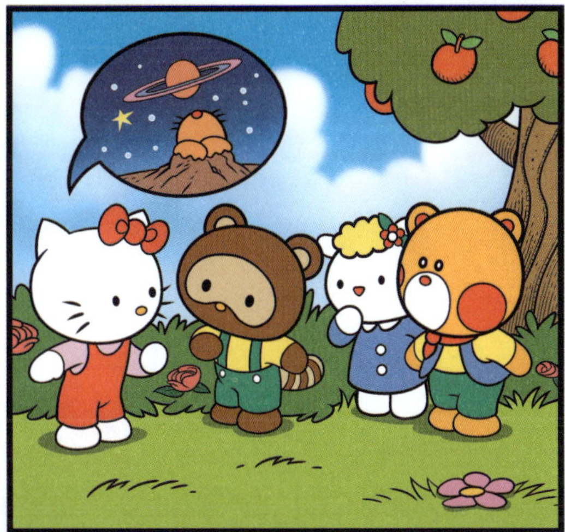

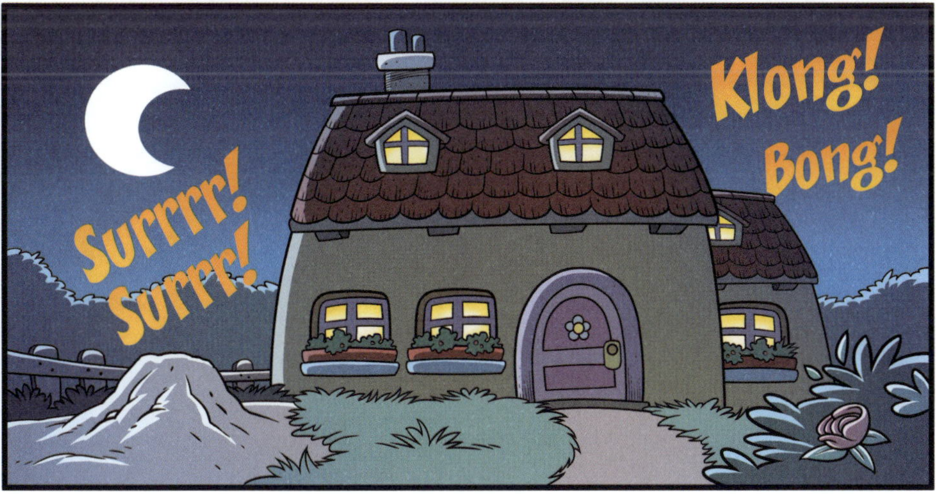
Klong!
Bong!
Surrrr!
Surrr!

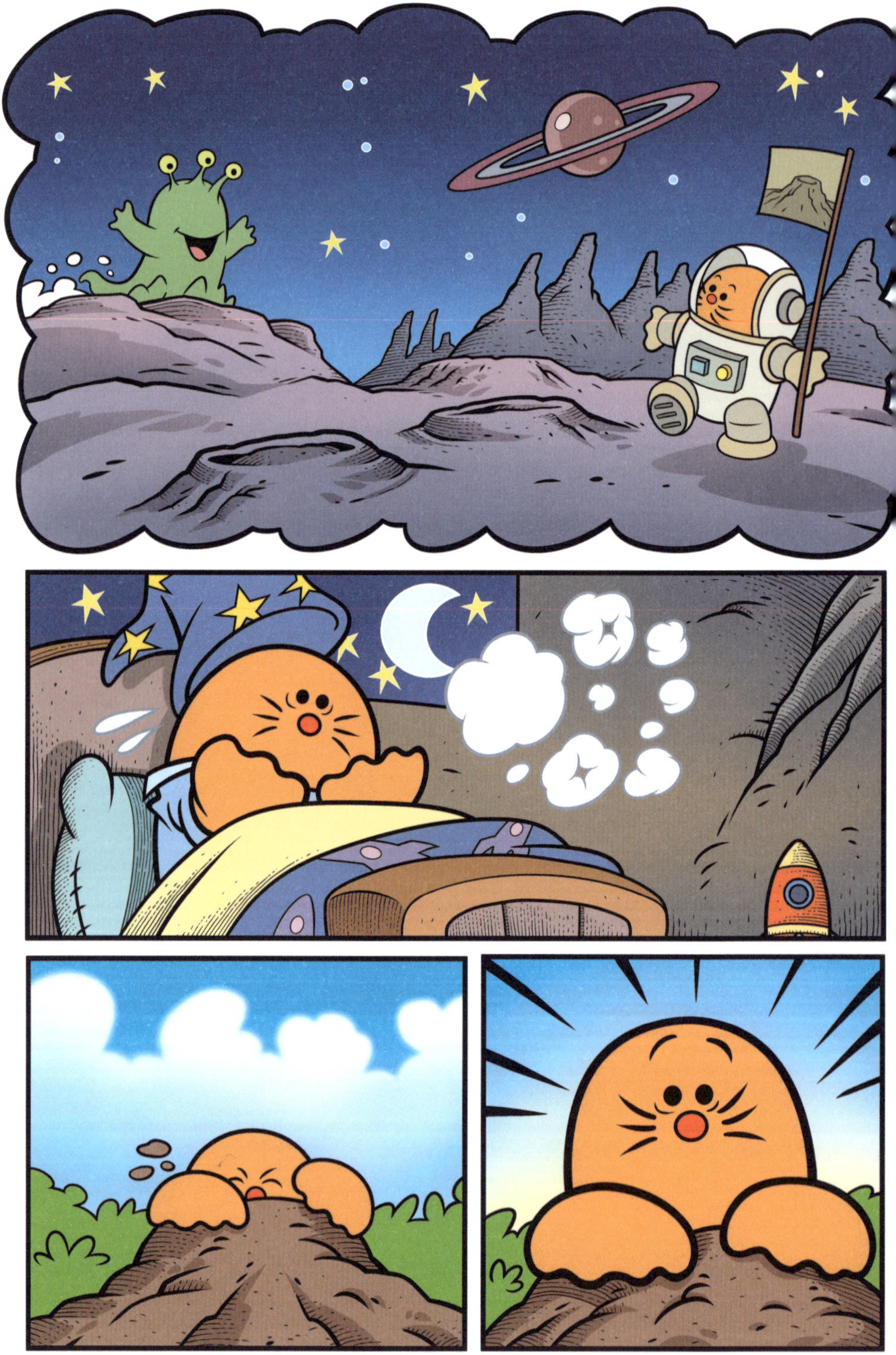

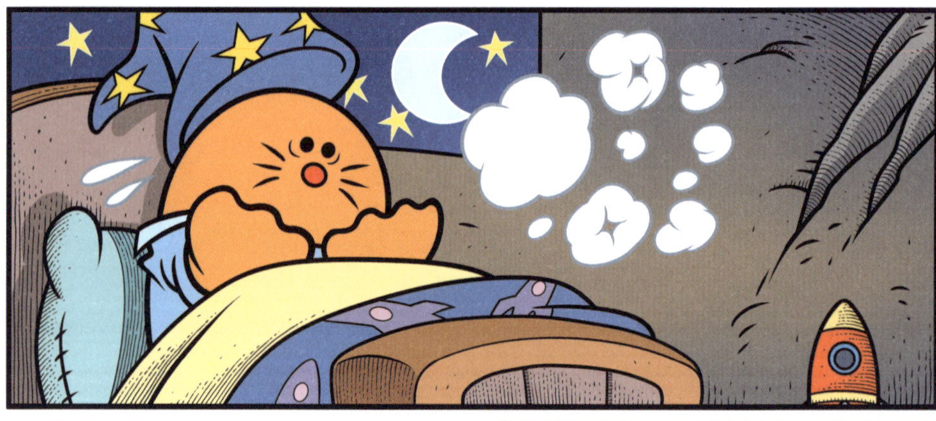

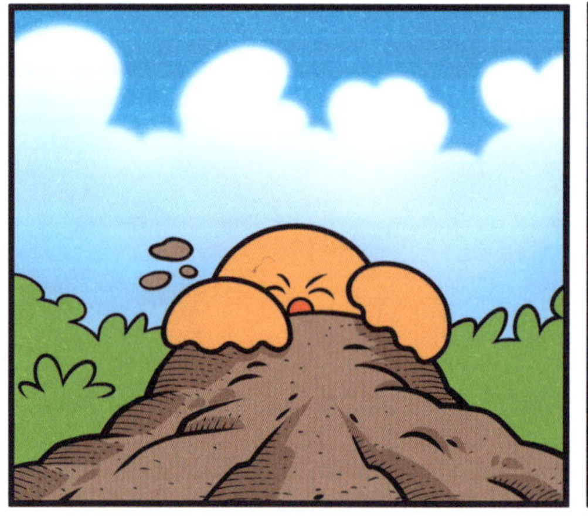

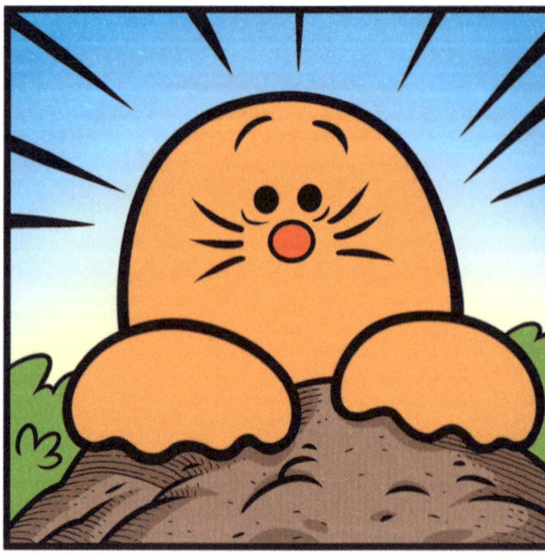

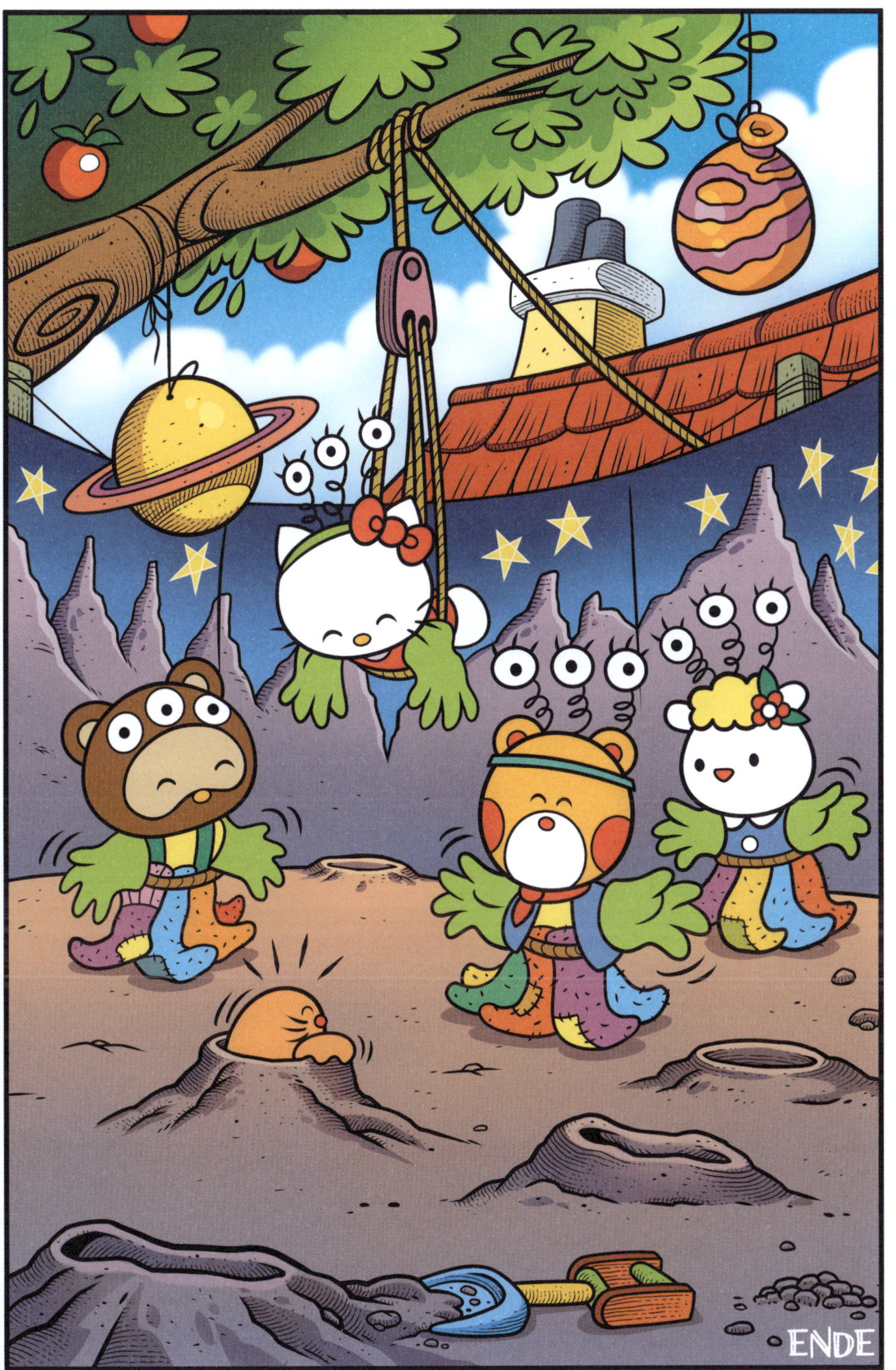
ENDE

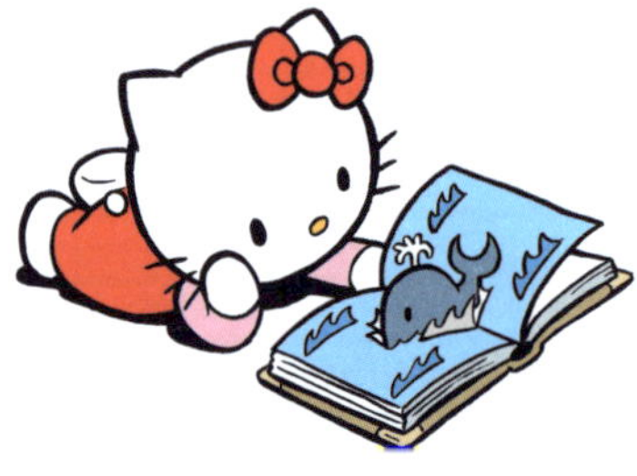

Die Autoren

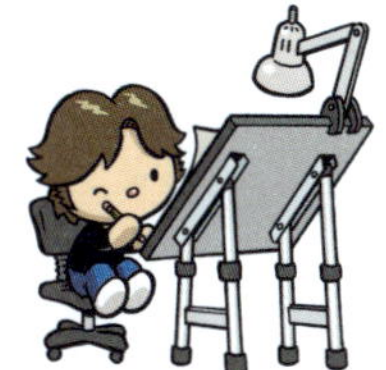

Jacob Chabot ist Comiczeichner und Illustrator und wohnt in New York City. Seine Comics erscheinen unter anderem im *Nickelodeon Magazin, MAD, Spongebob Comics* und verschiedenen Marvel-Titeln. Außerdem zeichnete er die Bände *Voltron Force: Zuflucht vor dem Sturm* und *Voltron Force: Das wahre Gesicht* für VIZ Media. Sein Comic *The Mighty Skullboy Army* erscheint im Verlag Dark Horse und war 2008 für einen Eisner Award als bester Comic für Teenager nominiert.

Giovanni Castro wurde in Kolumbien geboren, studierte dort Kunst und lebt jetzt in Barcelona in Spanien. Er arbeitet hauptsächlich für Zeitschriften und Comics, was ihm sehr viel Spaß macht. Früher arbeitete er mit traditionellen Techniken, aber inzwischen fertigt er seine Illustrationen digital an. Er liebt Science-Fiction und historische Themen und interessiert sich für Geschichte, Kunst und Sprachen.

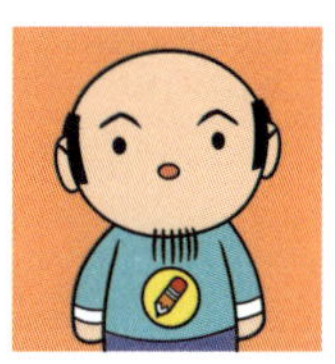

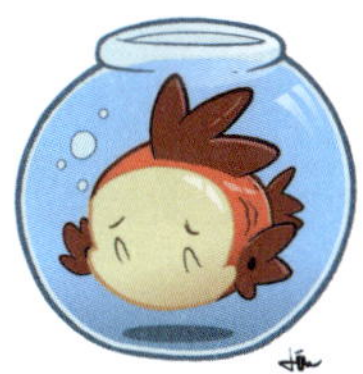

Ian McGinty lebt in Savannah, Georgia, aber auch in irgendwelchen Ecken des Universums! Ebenso auf der Erde. Wenn er nicht gerade Comics und irre Bilder von Oktopussen (oder Oktopi?) zeichnet, lacht er über komisch aussehende Hunde und macht kohlehydratarme Burritos! Ian zeichnet Sachen für VIZ Media, Top Shelf, BOOM! Studios, Zenescope und viele andere coole Leute! Aber aus irgendwelchen Gründen kann er keine Müllautos zeichnen.

Jorge Monlongo macht Comics, fertigt Illustrationen für Zeitschriften und für Kinder, designt Videospiele und malt auf Leinwand und Wände. Er verbindet traditionelle und digitale Techniken, um ganze Welten in wundervollen Farben zu erschaffen, die meist schreckliche Geheimnisse verbergen. Man findet seine Arbeiten in Zeitschriften *(El Pais, Muy interessante, Rolling Stone)* und seiner eigenen Comicserie *Mameshiba*, die in den USA bei VIZ Media erscheint.

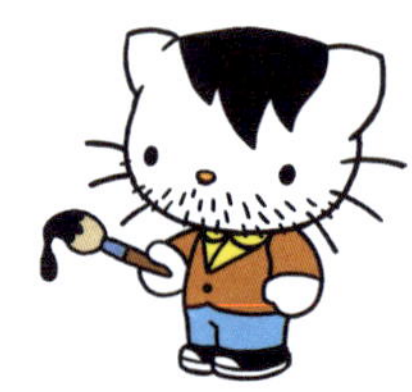

Anastassia Neislotova ist eine glückliche Künstlerin und Kinderbuch-Illustratorin. Sie verbringt all ihre Zeit damit, nette Bilder und Illustrationen zu erschaffen, in die sie all ihre Liebe und Güte steckt. Sie liebt es, die Leute zum Lächeln zu bringen. Es macht sie glücklich, wenn ihre Kunst positive Gefühle in Menschen erzeugen kann, und dafür ist sie bereit, ewig weiter zu zeichnen. Es macht sie außerdem glücklich, Eichhörnchen zu füttern, Dackel zu streicheln und die Sahne vom Kuchen zu essen.

Sarah Goodreau wurde geboren in Massachusetts, USA, wo sie auch aufgewachsen ist. Nachdem sie sich schon ihr ganzes Leben sehr für Kunst interessierte, zog sie gen Süden, um am Savannah College of Art and Design zu studieren. Anschließend verbrachte sie drei Jahre als Illustratorin in New York City, bevor sie nach Amsterdam in die Niederlande zog. Neben ihrer Arbeit als Illustratorin fährt sie am liebsten Fahrrad und erkundet gemeinsam mit ihrem Hundchen Potemkin die Stadt.

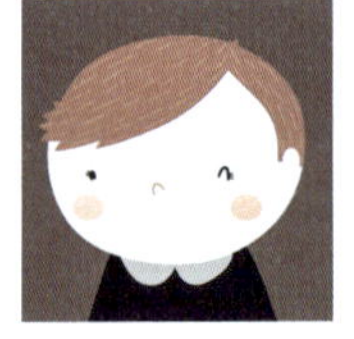

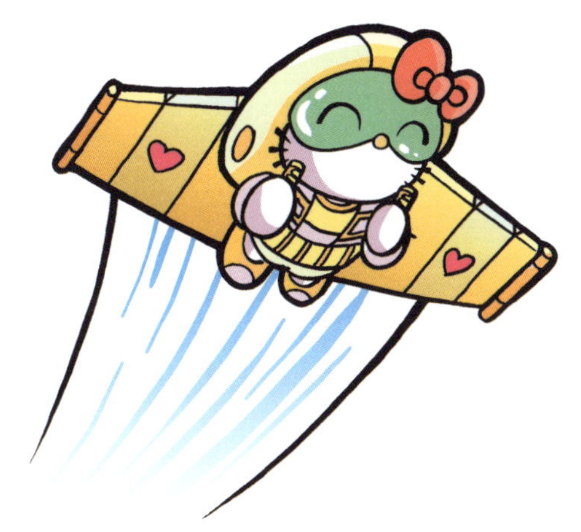